编委会

守望法大

SHOU WANG FA DA （第二辑）

高浣月◎主编

中国政法大学出版社

2017·北京

图书在版编目（ＣＩＰ）数据

守望法大. 第二辑　/高浣月主编. —北京：中国政法大学出版社，2017.4
ISBN 978-7-5620-7464-9

Ⅰ. ①守…　Ⅱ. ①高…　Ⅲ. ①法学—文集　Ⅳ. ①D90-53

中国版本图书馆CIP数据核字(2017)第068532号

出　版　者　中国政法大学出版社
地　　　址　北京市海淀区西土城路25号
邮　　　箱　fadapress@163.com
网　　　址　http://www.cuplpress.com（网络实名：中国政法大学出版社）
电　　　话　010-58908435(第一编辑部)　58908334(邮购部)
承　　　印　固安华明印业有限公司
开　　　本　720mm×960mm　1/16
印　　　张　18
字　　　数　286千字
版　　　次　2017年4月第1版
印　　　次　2017年4月第1次印刷
定　　　价　46.00元

序

2002年4月，在迎接中国政法大学建校五十周年校庆之际，学校校报编辑们曾从400多期校报中精选出部分文章汇编为《守望法大（第一辑）》，付梓志庆。岁月悠悠，倏忽又是十五年，我们即将迎来法大六十五周年校庆。

在历史的长河中，十五年只是短暂一瞬，但对于法大来说，这却是锐意进取、跨越发展的十五年。这十五年中，学校的各项工作均取得了重大突破，先后进入国家"211工程""985工程优势学科创新平台""2011计划"重点建设大学行列。而随着学校办学治校水平的不断提升、综合改革的持续深入推进和"双一流"建设目标的确立，法大的办学更加开放、更加高效，也更加稳健。

回首时光，有多少薪火相传的学人传奇，多少令人振奋的动人故事，多少婉转多情的青春誓言，多少恋恋不舍的思念情怀，都伴随着时光的变迁，由校报这位忠诚的记录者和书写者留存了下来。法大校报始终全方位记载学校改革发展的进程，展现着丰富多彩的校园生活，守望着法大人魂牵梦萦的精神家园。

追忆峥嵘岁月，书写奋斗历程，展望学校的美好未来，学校决定在法大六十五周年校庆之际，从校报万余篇文章中再次精选出版《守望法大（第二辑）》，从而记录学校奋进的足迹，烛见法大人经国纬政的理想和经世济民的情怀，全方位、多角度地呈现法大前进的步伐和面貌。

静心品读这些华章藻句，我发现，每一篇文章都饱含真诚，充满激情。作者们描绘着他们为学、为师、为人的真实体悟，也记录着自己人生历程中某一段难忘的篇章，其间不乏智慧的闪光、思想的火花、精神的灵动。他们用文字思考人生，诉说岁月，关注现实，放飞梦想。这一篇篇文章就是一部部人生舞台剧，无一不在演绎着法大人平凡而精彩的生活。

而他们的书写正是法大发展进程中那一颗颗闪耀的星星，当其璀璨的星光汇集到一处，便是整片熠熠生辉的星空。当我们仰望，就真切看到了法大的每一步发展，看到了法大人的每一记回眸，看到了一代代法大人前赴后继、矢志不渝的身影，透过他们的身影，更是看到了法大特有的精神特质和理想追求。凝视这些篇章，一代代法大人身上体现出来的那种自强不息、追求卓越的精神，特别是那种求真务实、献身国家现代化和法治建设的精神，让已走过六十五年历程的法大更显博大与恢宏。如此，《守望法大》犹如正在奏响的一首意境深远之歌。这歌时而如急流，惊涛拍岸，时而如缓溪，娓娓道来，一声声、一曲曲，都是法大人与学校同频共进的欢歌。守望法大，便是让我们一起来守望自己的精神家园。

"征程万里风正劲，重任千钧再奋蹄。"面向未来，面对挑战，砥砺前行的法大在"双一流"建设的征途上脚步坚定、足音铿锵。走过浩瀚历史，见证沧桑巨变，且看今日风光正好，更喜未来辉煌无限。

黄　进

2017 年 3 月

目　录

谈师论道

人文札记

文采风华

法大情怀

谈师论道

珍爱学生　善待学生

朗佩娟

我天生与学生有缘。中学毕业那年，我 16 岁，留校当了团委书记。后来，工作单位虽一换再换，但始终从事学校青年团工作，直到我跨入大学的校门。大学毕业，我再一次留校当了教师，依旧是和学生打交道。也许是经历使然，我始终珍爱学生、善待学生，因为我明白，学生是学校的太阳。

珍爱学生，善待学生，就要提醒学生。当整个世界比以往更加紧密地联系在一起时，校园便失去了往昔的宁静与单纯。记得在 20 世纪 90 年代初，我担任了一个班的辅导员，这是我做大学教师后唯一的一次辅导员经历。那时，学子的心被席卷全国的经商热搅得躁动不安，有的学生干脆从有名的白沟县贩来小商品在学校里摆摊。这种情况使得我忧心忡忡，我想我应该做的就是尽力引导学生走出短视的误区。于是，我和班干部策划了两个活动，一个是参观白沟，另一个是与北京大学学生就大学生经商问题进行座谈。白沟之行增加了学生的感性认识，穿行于熙熙攘攘的人群，往返于挤挤挨挨的摊位，他们既看到了人的商品意识的萌发，也看到了小商品经济的无序和潜在的危险。在与北京大学学生的座谈会上，我对学生说了如下的话：在你们的一生中，大学时代至关重要。在大学时代，你们拓展知识、培养能力、开阔眼界、增加阅历。只要你们努力，你们每个人都会因大学生活而变得更加完美。因此，你们应该珍惜你们的大学时代。珍惜大学时代就是专注于做大学时代应做之事，专注于读书而不是经商。我不反对经商，我甚至希望你们中间出几个名震宇内的大商人，但这一切都依赖于丰厚的知识，都要等到你们积累了相当的知识以后。否则，满足于做小商人，你们没有必要进入大学。面对社会变动、人心浮躁，我要求你们尽量能保持心境的单纯，把心安放在课堂。我特别鼓励你们统统去报考研究生，以延长你们的大学时代。原因是——你们正年轻。

珍爱学生，善待学生，就要帮助学生。在分小班授课时，我至少要让学生写一篇小文，然后逐篇阅读，写出评语，全班讲评。有时，我会细致到一个错字、一个标点。再有时，我会建议某个男生练字，只因为他写字太小，显现不出男孩的大气。每年研究生考试前后，都有学生（尤其是报考外校的学生）请我帮助沟通情况，这时，我会立刻翻出通讯录，向那些久不谋面的同行们毫不客气地推荐我的学生。我做这件事时理直气壮，全然没有一丝顾虑。日后，当学生们如愿以偿时，我就和他们一起欢欣鼓舞，举杯庆贺。

也许是习惯成自然，我甚至见不得任何学生有困难，哪怕他并不是我的学生。3月的一天，我带孩子到王府井买运动鞋，小家伙转眼奔向了他喜欢的音像书店，我只得坐在街边的长椅上等，可这一等就等出了故事。我注意到，在我的对面，一个男孩正举着英语书大声朗读。他的发音生硬而古怪，但勇气奇佳，如入无人之境。街上人群的眼球被他吸引了，但旋即闪开，脸上流露出好奇、不解，甚至是嘲笑。男孩不时停下朗读，虚心而友好地向过往行人请教，但没有谁肯帮助他。我静静地观察他，欣赏他，当他又一次被人拒绝时，我走向了他，我告诉他，英语要先从音标学起，读时要注意重音，我还告诉他……这时，意想不到的情况发生了，一个女孩激动地跑上前来对我说："老师，我们是北京电视台的，我们正在做节目，想测试一下北京人的爱心，您是我们等了半天所遇到的第一个肯耐心帮助别人的人。"好嘛，一不留神，我成了人家的测试对象。

珍爱学生，善待学生，就要坦然面对学生。我做大学教师17年，从政治学转向行政学，又从行政学转向行政法学。每一次转向都是我自己的选择，都极有价值，又极富挑战，尤其是后一个转向，其间更是充满了困难。我感叹，只有一字之差的两个学科，竟然像隔着一道天河。记得我第一次讲述行政法时，我甚至觉得语言表达都成了问题，这法言法语离我所熟悉、所能流畅运用的语言是多么遥远啊。为了能够在短时间内完成两个学科之间的转换，我给自己的要求是竭尽全力。与行政学的波澜壮阔不同，行政法学注重的是政府行为的细节。有时，尽管我做了精心准备，我仍会被有的细节搞晕，在讲课时露出破绽。露出破绽就要弥补破绽，我所采取的方法就是坦然告诉学生，我会说：上节课讲的某某问题有误，应该如何如何。当我这样做的时候，我一点也没有失去面子的感觉，我甚至感到轻松愉快、如释重负。因为我明白，给学生准确的知识和一个教师的面子是不能相提并论的。况且我始终认为，无论世事怎样变幻，做真实坦诚之人总是有价值的。

　　珍爱学生，善待学生，就要勤勉敬业。在我的印象中，17 年来，我没出过一次教学事故，除法定节假日和学校统一停课外，我没缺过一节课。我上过容纳几百学生的大课，在毕业的那个学期，也上过只来寥寥几个学生的小课。我要求自己，无论讲台下有多少学生，我都要以最好的精神状态去面对他们，不要有一点点的偷工减料。我从不坐着讲课，这是我的母校中国人民大学哲学系的老师给我的身教。我在中国人民大学哲学系读书时，有幸聆听过数位堪称国宝级大师的讲课，他们的学问固然令我高山仰止，可共同的，他们中间没有一个人肯坐着讲课。效法他们，我也认为站着讲课最容易和学生交流，哪怕一站就是一上午。有时，我外出开会、讲学，如果和学校的课有冲突，我就另外安排时间补课。上学期，我安排了一次晚上的补课。课上完了，我却错过了公交 345 路快车，只得上了慢车。不巧的是，这车开到半路不动了，说是没油了，一车人只好等着下趟车路过。夜晚的车极少，等到终于盼来下趟车时，司机和售票员又改主意了。他们不忍把这没油的车扔在半路，一定要把它弄回到终点站。售票员小姐问大家："哪位乘客有可乐瓶？"没人有。只见司机左翻右翻，谢天谢地，总算翻出了一只矿泉水瓶，然后，司机和售票员一起下了车。他们穿梭往返于两车之间，用那只小瓶子把后车的油灌进前车，直到他们认为够用为止。当我乘坐的车在漆黑、空旷的大街上奔驰呼啸着进城时，时间已近午夜。

　　珍爱学生，善待学生，学生也给了我丰厚的回报。每当除夕之夜，我会不时接到拜年的电话，电话里，学生的声音清晰而热烈，我仿佛看到了电话那边充满青春朝气的笑脸。我常感慨：是啊，教师应当感谢学生，是学生使教师的表达从生涩走向流畅，使教师的学问从肤浅走向深厚，使教师的人生从成熟走向辉煌，学生最终成了教师继续学习与研究的原动力。从表面看，教师的工作周而复始，枯燥单调。但是，如果问，世界上有没有哪一种工作能够像教师那样永远地置身于年轻人之中？确实没有。因此，我庆幸老天对我的厚爱，让我今生能够长久地与青春相伴。

（选自 2002 年 4 月 10 日第 5 期总第 411 期）

角色的意义

——几句嘱咐的话

商 磊

　　过去孩子远行时，大人总会嘱咐：饱带干粮热带衣。是因为那时经济落后，交通不方便。那时担心的只是生活上的饥饱冷暖，现在担心的恐怕更多的是心理上经历风雨的能力。所以也有几句祝福的话。

　　人来到世间，不管愿意与否，总要接受社会化熔炉的打造。社会的力量就好像具有一定形貌的模子，来到世间的人都要首先注进这个已经设计好了的模子。等他们长大成人以后，就会形成与模子相符的"成品"，这些"成品"，加入模塑力量再去塑造未经塑造的"原材料"。纵使有某些"未成品"或"半成品"反抗对他们的塑造，但大都因势单力孤终究难以抵抗社会的巨大惯性。卢梭曾经感叹："人是生而自由的，但无往不在枷锁之中。"这句多少有点悲观的叹息暗含了人在某种意义上的别无选择。

　　既然这样，"社会适应"就成了必须要解决的问题。个人社会化的目标或者说社会化的最终归宿就是培养合格的社会成员，即能胜任社会角色。莎士比亚在《皆大欢喜》里曾把人生比作舞台，男男女女不过都是一些演员，有上场的时候，也有下场的时候。中国人用自己毫不逊于莎士比亚的智慧表达了同样深刻的看法："尧舜生，汤武净，桓文丑末，古今来几辈角色；云霞彩，日月灯，风雷古板，天地间一大戏台。"人之于社会恰如演员之于舞台：演员在舞台上有自己明确的角色，社会成员也有自己明确的职业位置；演员按照剧本演戏，职业者也要遵守规范；演员要听从导演的命令，职业者也要清楚权要者的安排；演员在舞台上要对彼此的演出心领神会，社会成员也必须不断调整自己以适应对方；演员须与群众呼应，社会成员也追求相关人员的认可；技能不同的演员赋予不同角色独特的解释意义，行动者也因观念、能力的不同而拥有独特的互动方式。

　　所以，踏上社会前首先要有角色意识，其次，还要懂得社会角色的两重含义：社会期望与个人表演。社会对每一个处在一定社会位置的人有一定的要求，即"社会期望"；与此相应，当个体依照社会对他的要求履行一定的义务、行使其权利时，即"个人表演"。

角色之所以浸透着社会期望，是因为它规定了人与人的关系，进而保证社会系统正常地运转。由于社会的稳定性很重要，因此人们总是被精心培养以便生活在他们角色限定的范围内，谁违反了角色限制，谁就会遭到惩罚。所以，社会期望就是"演员"扮演的"脚本"。角色之所以为个人表演，是说角色扮演并非完全被动。角色社会化的过程不仅是学习的过程，而且是一个创造的过程。社会期望并没有给角色扮演者规定某种固定不变的行为方式，角色的成功很大程度上也是在自己理解基础上的诠释。如果诠释成功，就会有价值实现的愉悦。初进社会，也容易有失落与厌倦，逐渐就会领悟，生命中唯有注入实在的内容才会感到充实和有意义。

处在各种角色中应对生活是人类的独特之处，也在某种程度上造就人的异化。尤其当人面临越来越多的选择，每一个选择都不可回避地要作出伦理判断。在一个相对固定有序的社会中，这种判断可能会清晰自然，但在一个转型体制中，就会出现大量的犹豫不决，甚至可能出现角色冲突。这时，应该知道：角色只是一个人在从事某种职业时戴上的社会面具，它只是生存手段。尽管我们可能融入了很多的寄托，但它仍然不能代表你全部的人格，更不能取代你全部的自由。就像戈夫曼所说，每一个人都有一个"前台"和"后台"，进入"前台"是为了"亮相"，回归"后台"是为了放松。纯粹的角色化就是面具化、机械化了。

另外，在你的力量没有充足前，先把眼前的事做好，这同样是对自己能力的一种培养。待积蓄的力量使契机已成，相信你会打破不适应的角色，改写"剧情"，寻到更好的发展。毕竟，人类的发展就是建立在永不满足的基础上的。

嘱咐总显多余，唯愿一路平安。

（选自 2002 年 6 月 10 日第 11 期总第 417 期）

微笑背后的道德理念

段志义

　　我曾在报纸上看过这样一个故事，国内某报记者去美国采访，在一家商店看中一双皮鞋，其做工、款式和质地都很好，但标价却很便宜。当她准备掏钱购买时，商店的服务员微笑着走过来，对她说："小姐，你的眼光真不错，这鞋与你的裙子很配，不过我得告诉你，这两只鞋不是一双，而是有人买鞋时拿错剩下的，尺寸、款式完全一样，只是颜色稍有一点差别。"这位记者仔细端详，发现两只鞋确实有细微的色差，这才明白鞋价便宜的原因，可她却为商家的坦诚所打动，欣然买下了这双鞋。我把这个故事讲给我一个做律师的朋友听，这位朋友说，在美国法中，恶意、欺诈的侵权案件适用惩罚性损害赔偿，受害人会得到其财产损失许多倍的金钱赔偿。可能有这种原因吧！我们的《消费者权益保护法》（1993 年）也有双倍赔偿的规定，我在商店买东西也能享受到微笑服务，但极少有售货员主动把商品的不足之处对顾客坦诚相告，这使我沉思：我们同国际接轨，模仿到了人家的微笑服务，但微笑背后透出的仍是文明功底的浅薄，露出的微笑直白地告诉你立刻掏钱买他的东西，岗前培训可以使人们改变语言，学会微笑，但改变微笑背后的人的道德素质是不能速成的，而是一点一滴养成的。

　　我们经历了漫长的农业文明，在农业社会的自然经济条件下，每个家庭所从事的生产活动大同小异，没有严格的职业分工，当然无所谓严格意义上的职业道德，所以商业道德是随着商品经济的发展而产生的，在商品经济中，社会在一定意义上是一个"人人为我，我为人人"的社会，一个人的生活质量主要取决于他周围许多人为他服务的工作质量，一个商品经济的社会就是一个相互服务的社会，可以说，一个商品社会的成熟程度，可以用其成员的职业道德理念来衡量，社会成员有强烈的职业道德意识是商品经济长期锤炼的结果。

　　一个人的能力有大小，职业分工不同，社会角色必然不同，但只要把自己的一份工作担负起来，勤勉、尽职，这种人就让人尊重。

　　静下来想想，我们内心深处不都渴望诚信吗？我们为什么不能像那位美国售货员一样诚实一点呢？世界上各行各业中这样的人多起来，我们每个人才会活得更舒心。

　　同样，漫长的农业文明时代，使我们长期生活在相对稳定的熟人道德圈子中，我们一下子进入流动的以陌生人为主的公德领域，感受到缺乏的东西太多了。不知道在有旁人的时候，安静是一种礼貌。不管什么声音，哪怕是音乐，当别人不需要它的时候，就是一种噪音；公众场合，只要有一个陌生人在场，就应该控制说话音量，就应有礼貌地对待别人的存在。这也是一个标志，标志一个人的品位。公德意识还突出表现在遵守规则方面，先让我们看这样一个有趣的试验。在德国某城市，一群大学生分别把"男""女"两个大字贴在马路边两个并列的电话亭里，然后躲在一边观察。他们发现，打电话的人皆严格分立，男女绝不混用一个电话亭。

　　遵守规则，实际代表一个民族的文明程度，细想一下，循规蹈矩、一丝不苟会使我们节约许多精力，也会使我们的生活很轻松，否则人会活得很累很累。

（选自 2002 年 9 月 30 日第 17 期总第 423 期）

让家庭充满爱

巫昌祯

20世纪80年代，有两首歌曲流传全国、脍炙人口——《让世界充满爱》和《我想有个家》。前一首歌反映了人们对世界的热切期望，后一首歌则表达了人们对家庭的眷恋之情。这两首歌的动人旋律在社会中引起了巨大的共鸣，也给了我们一个启示：要让世界充满爱，首先要让家庭充满爱，只有家庭充满爱，世界充满爱才能实现，因为家庭是人们生活的共同体，是社会的细胞。

婚姻是家庭的基础，家庭是婚姻的归宿。什么是婚姻？婚姻是男女两性基于爱情的法定结合，这是人类社会必不可少的、最普遍、最亲密和最美好的社会关系。在历史的长河中，婚姻经历了从不自由到自由的发展过程。在婚姻不自由的年代，爱情受到了禁锢，有多少青年男女为了追求爱情而付出了沉重的代价。国外有罗密欧与朱丽叶，中国有梁山伯与祝英台，大量文艺作品都是追求爱情的经典之作。今天，基于爱情的自由婚姻已为法律所确认。婚姻法实行的婚姻自由原则，意味着男女结婚时要以互爱为前提。爱情是缔结和维系婚姻的基础，这是社会进步的体现。男女一旦结成伴侣，就是对爱情的承诺。爱是权利，也是责任，男女双方都应该忠于爱情、珍惜爱情和更新爱情。在美国，把这种爱的承诺称为"爱的契约"。但是，爱情是一种动态的感情，它具有可变性，因为任何事物包括情感都不是静止的、孤立的。如果爱情已经消失，双方已不再相爱，婚姻已名存实亡，维持这种无爱情的婚姻对双方来说都是一种不幸和痛苦，这时，离婚就是明智的选择。所以，法律在保障结婚自由的同时，也保障离婚自由。即使婚姻因种种原因已无法维持，也应尽可能地"友好分手"。记得有这样一个例子，一对再婚的夫妻，因分居两地，又因年纪稍大而调不到一起工作，一年只能相聚20天，生活上有很多困难，经过慎重考虑，觉得在当地找对象比较现实，于是协议离了婚。离婚后，男方提出，结婚两年了，两人相聚不过四十天，太遗憾了，建议到三峡旅游一次。女方欣然同意。二人旅游后还照了一张相，上面题了"离婚纪念"四个字。最后，双方在微笑中告别了。他们的婚姻虽然结束了，但是爱情转化为友情，夫妻变成了朋友，这难道不是一种文明的选择吗？

　　总之，让家庭充满爱，就是希望人们重视家庭的感情建设。夫妻之间，父母子女之间，兄弟姐妹之间，都要彼此尊重、相互理解，妥善处理和化解各种矛盾，使家庭成为人们生活的幸福港湾。9·11事件，在美国引起了很大的震动，直接导致了美国人价值观的变化，家庭观念在一夜之间增强了很多。他们体会到，人在失落和危难时，最愿意向亲人倾诉，因为"家庭最温暖，亲情最可贵"已成为人们的共识。中国有句古话，"家和万事兴"，这个"和"字含义很广，其中有夫妻之爱，父母子女之爱，兄弟姐妹之爱，以及其他亲人之爱。有了爱情、亲情，才会有和谐；家庭和睦了，人们的生活才能幸福、美满，社会才能兴旺、稳定。

（选自 2002 年 11 月 10 日第 21 期总第 427 期）

大学语文与人文教化

刘玉学

　　大学语文，是非中文专业旨在进行人文素质教育的必修课。确立全新的大学语言教材体系及其施教规程，亦是政法院校"教学结构"改革的重要使命之一。

　　优秀的大学语文，应涵养着科学而先进的、足以升华人的精神境界、提高人的社会价值的人文文化。这种文化，不仅是人们精神素质的重要"能源"，也是承传和凝聚民族精神的重要"载体"。为此，任何民族、任何国家、任何执政阶级或当政集团，总是把先进的语文教育置于整个国民教育最显要的基础地位，并且施教期数最长、最多。

　　如果说，"综合国力之争"是当代国际竞争的焦点，那么，"文化国力之争"必是其当之无愧的先导。蓄成强大的文化国力需要什么？最关键的，是需要高素质、高思维、高质量的人才，即具有高级文化智能的文化人。而综合性、社会性、文化性、智能性与工具性极强的大学语文，在社会精神、民族传统、人文素质、思维智能、审美感知、语言表达等方面，对人的陶冶、感染、教化与指导作用，是其他任何学科都无法取代的。这就是说，在培养高级"文化型"的包括政法人才在内的各类专业人才方面，大学语文的人文教化功能是巨大而独有的，是不可能短视的。

　　高校必须大力加强人文教育，而大学语文无疑是向学生传播优秀的人文文化、发挥育人作用的重要课程。

　　据悉，我国政法院校，多无优秀的完全适应人文素质教育的语文课，甚者根本不设立此课。有些院校所通用的语文课程或大学写作一类的教材，鉴于其文化容量过于单薄，编设体例过于狭窄，人文意蕴过于虚弱，且仅满足于一定专业的附庸地位或仅满足于个案及单一智能的讲析，因而不能从新时代更高远、更深广、更科学的整体性视野来审视、探寻、发掘和观照中华民族乃至世界各先进民族的大文化。这无助于让我们的学子们以清醒的头脑、进取的资质来"面向现代、面向世界、面向未来",无助于培育包括政法人才在内的各类专业人才的"高能思维智力"与开拓创新精神。

当前,随着世界性的大抓素质教育气候的形成,我国众多高校的非中文专业,纷纷大增以大学语文为重心的人文文化课。这是全球性文化国力之争与我国市场经济迅速发展的必然结果。

基于上述认知,政法院校教学改革的决策者、语文工作者乃至广大学生,在大学语文领域的设课、教材、施教与学习等方面,须有所立、有所破、有所为。那种安于现状、循于陈规,把语文课当作聋子耳朵摆设的短视行为,是误国误民的。为此,以反传统、破陈习、敢创新的治学精神,大力突破通用语文的篇目性、个例性与教据性,大力发掘语文人文内涵与外延的系统性、整体性、综合性、文史性、兼容性和智能性,进而切实而有效地确立起承传于民族精神、有资于古今传统、不同于陈规陋习、适合于政法高教的当代法科大学语文教材体系与施教程序,是迫在眉睫的一个极其重要的教改任务。

（选自 2003 年 8 月 31 日第 42 期总第 448 期）

读书给我们知识

龙梦晖

奥斯特罗夫斯基说:"光阴给我们经验,读书给我们知识。"我一直有着一种十分强烈的爱书情结。小学时,我就爱读书,新学期发下来的新书散发出来的淡淡油墨清香常令我陶醉。市图书馆、街区的阅览室是我常去的地方。那里的图书管理员都认识我这个小朋友,还常常为我留下我爱看的书籍。新华书店也是我常去的地方,只是经济上不富裕,想买一本书,那可是要下一番特大的决心。记得有一次,市新华书店两位阿姨到我在读的小学售书,见到我还送了我两本连环画,书上还题写了鼓励我学习的话语。上中学时,校图书馆更是我最爱去的地方,在那里我阅读了大量的中外名著。记得上大学第一堂大学语文课,老师搞了一次了解学生阅读面的问卷调查,那是一张印有一大串各种中外名著书名的问卷。读书最多的几个人中就有我。大学毕业时,我分到了外省,所带行李,除了不多的几件衣服和被子,就是一大纸箱的书。工作后,只要有自己喜欢的书,就尽力去买。从加拿大回国,所带行李中又是几十斤的书。按说我的行李件数和重量都超过了规定,但行李托运处的工作人员竟没让我补交行李托运费,也许是他看到我的一个大包里装的都是书的缘故。

书对于我,就是朋友。诚如伏尔泰所说:"当我们第一遍读到一本好书的时候,我们仿佛找到了一个朋友;当我们再一次读这本好书的时候,仿佛又和老朋友重逢。"读书使我们能更加广泛深刻地了解我们周围的这个世界。高尔基曾经这样说过:"读了一本书,就像对生活打开了一扇窗户。"读书越多,书籍就使我和世界越接近,生活对我而言也更加光明和有意义。读外国名著让我了解到新奇的绚丽多姿的异国风情。高中开始学英语,我的英语老师曾经从事过外交工作,他常谈起他的那些国外经历,使我神往。在高中时,我各科成绩都很突出,毕业考试数学和物理都是满分,但我高考填志愿时却选择了英语,我的数学老师连呼失去了一个数学人才。就这样，我走上了终生从事英语教学的道路。我深信：掌握一门外语，就等于多了一双了解外部世界的眼睛。

高一时曾经看过兰姆姐弟改写的《莎士比亚戏剧故事》中文译本，爱不释手。上大一时，一次去王府井东安市场中国书店，在旧书摊上淘书时，欣喜地发现了一本英文的《莎士比亚戏剧故事》（*Tales From Shakespeare*）真是高兴极了。那时读起来虽有些难度，但读完之后，不仅是一种精神享受，而且觉得自己的英语水平也提高了不少。于是，我就在书的扉页上写上了 I Like This Book Best。就这样，我更加爱上了英语专业，喜爱上了英美文学和英语语言学，在美国和加拿大作高级访问学者时，我有了进一步深入了解英美文学和英语语言学的机会，也近距离地了解了西方文化。我对我所从事的英语教学工作的意义又有了更深刻的认识，从而也有了更深的热爱。

（选自 2003 年 9 月 20 日第 44 期总第 450 期）

永远的教科书

黄道秀

　　莫斯科，新圣女公墓。秋风拂面，婆娑的白桦向人展示俄罗斯特有的金秋风韵。我站在一座紫红色大理石的墓前，轻轻地奉上手中的鲜花和一瓣心香，对墓碑上的战士说：感谢你用笔，用生命为我写了一部永远的教科书。

　　那是很多年前，我在十四岁生日时加入了共青团，团委书记送给我一件礼物：封面上印有五角星的一本旧书。从此，这本书的主人公——一位在暴风雨中诞生和在血与火中成长的青年的故事便无数次地感动着我，激励着我。在同外国干涉者作战的岁月里，"大地在怒号，战马在喘息，战士屹立在马镫上"，他献出满腔热血；秋风苦雨中，他和他的同志们睡在地上，没有门窗，破靴子踩着泥泞，伤寒几乎夺去他的生命。24岁双目失明，瘫痪在床。他曾经沮丧，曾经绝望。然而，他写道："即使在生活变得不堪忍受的时候，也要善于生活。要使你的生活变得有用。"在永久的黑暗里，他用四年的时间为几代青少年塑造了一个不朽的英雄——保尔·柯察金，而作者本人，"理想变成了现实。禁锢的铁箍扯断了，而他带着新的武器归队，投入了新的生活"。

　　稍长，我又将这本书转赠给了由我介绍加入共青团的同学，而我已经能够阅读俄文原著了。令我惊叹不已的是，它的语言是如此优美，词汇是如此准确，丝毫不逊色于当代其他许多名家的著作。我不由得想起只有三年小学文化程度的保尔写的第一篇小文章，女编辑用红铅笔标出了三十多个修辞错误和不少的拼写错误，说他根本"不懂俄语"。

　　可以想见，这个残废的乌克兰青年为了精通俄语所花费的气力和心血绝不亚于库班草原上的浴血厮杀！一部俄文原版的《钢铁是怎样炼成的》连同其中密密麻麻的圈圈点点，陪伴我走过近半个世纪的人生风雨历程。无论何时何地，任何困难和苦难都不曾把我摧垮，因为保尔的鲜活形象无时不在我的心中。那种为追求理想而勇于牺牲的英雄主义气概，战胜一切困难的钢铁般意志，就是我最好的楷模。"在那些火热的日子里，他没有睡大觉。在为政权而进行的铁血战斗中，他找到了自己的位置，在殷红的革命旗帜上，也有他的几滴鲜血。"年过花甲的我，不敢懈怠，时时用这些语句衡量、审视自己已经逝去的岁月。年轻的朋友们，你们也许会尊称我们是理想的一代，可能还会嘲笑我们的天真和幼稚，甚至讽刺我在讲述一个"老掉牙"的故事。然而，在关系复杂、物欲横流的今天，一分高尚的理想会使人生十分纯粹……"手风琴在歌唱过去，回忆那战火纷飞的年代和吟诵今天的友谊、斗争和欢乐。"

在结束这篇短文时，我还是想重复书中那一段脍炙人口的关于人生意义的格言：人最宝贵的东西是生命。生命给人只有一次而已。人的一生是应当这样来度过的：当他回首往事的时候，不会因为虚度年华而悔恨，也不会因为碌碌无为而羞耻。在临死的时候能够说：整个的生命和全部的精力都贡献给了最壮丽的事业——为人类的自由解放而斗争。

愿以此与我的青年朋友们共勉。

（选自 2003 年 9 月 20 日第 44 期总第 450 期）

法学论文之我见

张守东

　　怎样的法学论文算好，肯定是仁者见仁、智者见智。对于法学这样方兴未艾的学科，这个问题就恐怕更是棘手。不过，这个问题实在重要，涉及如何确立学术标准的大问题。一个求真的学者，肯定不能像20世纪30年代的无聊文人那样信奉"老婆是人家的好，文章是自己的好"，而会希望自己和他人的文章都能在学术共同体公认的标准之下得到公平的评价。我自己在拜读他人文章时也有一些体会，拿出来求教于大方之家。

　　我认为，好的法学论文应该充分把握到写作时为止学界在相关主题方面的基本学术成果，并在此基础上进行推进，使问题得到进一步的澄清，或作出进一步的结论，提出自己的主张，或辩驳自己认为错误的观点，从而使其研究能够被人引证，成为他人进一步研究的一个环节，不必重复，也不可替代。如果有可供引证的名言隽语，就更是难得的佳作。

　　方流芳先生的《公司词义考：解读语词的制度信息》堪称法学论文的范例。他利用维特根斯坦的语言哲学厘清"公司"一词在中英早期交往中的用法和所指，从而为我们展现了当时中英双方是在人为造成的语言不通的情况下进行交往的真实背景，进而在制度层面解释当时的中英商人参加的是一场由制度决定胜负的竞争，深刻揭示"清政府的过度管制和腐败吏治""注定了（中国）行商的败局，个体优势再强，也不足以挽回败局"。清政府在自己人为的语言障碍造成的制度缺陷中不能自拔，削弱了本国商人的同时，也使自己注定成为列强角逐中的弱者。不仅如此，方先生还顺理成章地发挥了他对误译背景下法律移植的洞见。他提出了"误译治国"这乍看似乎有点夸张但又符合实际情况的概念，浓缩了近代中国巨变中的话语沧桑。

　　由一个关键词切入一个大时代，在追踪语词用法的语义脉络的同时展现文化冲突的前因后果，充分显示了作者独到的视角、深厚的学术底蕴和熟练驾驭语言的功力。方先生的这篇文章颇有值得引用的佳句。"中英双方在无人通晓对方语言的情形下交往了一百多年，多半是自说自话，而不是对话。""西方知识在中国的传递是发生在一个非常狭窄的范围之内，而且是一个真实信息递减和误述递增的过程。""在商人和官员之间，贿赂取代了人类语言而成为最有说服力的交流工具，在极权政府之下，一切管制的最终效果都是给官员增加索贿的机会。""一种制度使商人丧失创造能力和进取冲动，它同时也就注定了整个国家的劣势。"

方先生的行文给人以"水到渠成"的语感。当他写到某处，在作出进一步推论时，常让人产生话必须说到这个程度才到位的感觉。我认为这是文章写作最难能可贵的地方。比如，他说："最初的外来语常常是最蹩脚的翻译……最初的外来语越是大众化，越是深入本国制度和意识形态，它们被取代的可能性就越小。"话说到这个地步，有的作者也许就此打住。但文章高手往往在他人止步处向前迈出一步，从而把读者带到"更上一层楼"的境界。方先生接着写道："在某种意义上，我们都是最初的外来语的奴隶。"如果没有这句话，则误译的祸害不足以揭示，而下文"误译治国"的论断也就会显得突兀。文章如果到了"恰到好处"的地步，也就炉火纯青了。

总之，有没有新颖的观点，有没有值得引用的名言隽语，都是一篇文章是不是好文章的标志。否则，古人为什么要说"文章千古事，得失寸心知"呢？

（选自 2004 年 11 月 10 日第 76 期总第 482 期）

慎把青春读明天

郭世佑

　　自客岁暑期揖别钱塘而加盟于"法学帝国主义"，校报记者约稿不下十次，我都一一辞谢，因为自量浅陋，言多必失；加之所约都是命题作文，还要编排个人"经验"，令我生畏；遑论初来乍到，人地两疏，自当少说为佳。然而，人生处处有两难。既当师职，倘若将学生的吁请峻拒到底，则不啻失职到底，学生自有理由抱怨说，学校不过引进了一个不称职的冷血动物和自私自利的家伙而已。考虑再三，这次就得应酬一回，但愿以往相约诸君不要以为此应就与彼约毫无因果关联。

　　记者这次出题曰"大学生活的定位与规划"，"定位"也许不难，"规划"云云，却是"十个先生九本书"，十本或十本以上也有可能，全在自己去把握。至于个人经验，吾等在当年高考制度恢复时步入学府的那种情境、物境与意境均已时过境迁，似无太多的可比性。据说，如今除了那个曾使徐志摩在"星光与波光默契中"醉过也醒过的康桥之外，普天之下能严拒商化和节日化的学府已经难觅了，沉甸甸的未名湖与清华园尚且如此，可随扬尘起伏的昌平一隅大概也不例外。倘若把吾等昔日求师问道的心得和盘托出，再来一番格式化或理论包装，恐怕也难以抓住那些挺喜欢欣赏故事的后继者还去扮演削足者或入瓮者。他们毕竟机灵得很，也现实得很。

　　不过，话说回来，历史是人类所共有的精神家园与智慧宝库，大学的角色就在历史的演化中日益彰显。自从大学模式在意大利北部那个叫做波伦亚的小镇向四周扩散以降，大学就不再是一个行会式的学生自治团体，而渐次成为各国与人类共同体培养人才的主要管道。自学固然也可以成材，为数更多的人才毕竟都是从大学的校园穿过的。况且，尽管不是每一个置身高等学府的学子都懂得珍惜光阴的重要，但奇怪的是，至今还找不到一个不感叹大学时光之珍贵的过来人。他们都曾试把青春读明天，差别只在于读什么和怎样读，从而决定读得怎样，是"临轩问策有渔施"，还是"书到用时方恨少"。

在一个高等教育还不那么普及而且潜意识里还库存着"万般皆下品，唯有读书高"和"书中自有黄金屋"之类民谚的国度里，大学总是年复一年地承载着如百鲫过江的高考者的光荣与梦想。无论现代化的物流与后现代主义思潮将把人类推向何方，大学之于青年学子的重要性不是被弱化，而是在加强。当今日大学毕业生不再是"皇帝的女儿不愁嫁"时，如何在寒窗十年之后打发自己的大学年华，更应成为各位"天之骄子"的首要话题。

如果说程序化的高考制度尚存古时举业中"野无遗贤"的那份"平等"，那么，登榜诸君以优胜者入场的成本与代价就是先把自己的脑袋变成中小学教科书的复制品，让反智化的思维方式与残缺的价值体系制造对话障碍。对部分学生来说，读书的乐趣恐怕早在充当考试机器的过程中就已连同童趣挤压殆尽，甚至还把想象的空间也赔上去了。既然外面的世界是如此热闹和精彩，还与时俱进，大学的自由管理方式又在随时拥抱和抚慰这些苦考过来的久旅者和已够委屈的"家庭太阳"（独生子女），追求轻松、愉悦，洗刷十年寒窗的清苦如同洗刷耻辱一般干净利索的享乐主义就容易结伴而行，如何把他们引向继续"寒窗"之途，简直都有点难于蜀道了。

至于怎样迅速打破死记悉思的读书方式，抵制来自世俗与体制的功利主义诱惑，摒弃那种满足于背教材、抄听课笔记而谋高分、争优、评奖、入党、"提干"的功利主义读书观，怎样让学习的奴隶去珍惜学习的主人这一角色转换的机会，从岁月无痕的经典书籍与品位不俗的学术演讲中营造与智者对话的自由通道，尽量感受来自心灵的碰撞与震撼，找回读书之乐，从求真、求善与求美的自我折腾中启动思想之帆与超越之旅，感悟人生的责任与价值，在"快乐的猪"与"痛苦的哲学家"中果断地作出选择，乃至重构，凡此种种，可谓难上加难，实在需要立志，需要大智与大勇。不过，前贤常说，大勇往往是无形的，大智又总是"若愚"的，说来说去还是不容易啊！

东坡居士宣称："古之成大事者，不惟有超世之才，亦必有坚忍不拔之志。"在我看来，"成大事者"是如此，成小事者也未必无需"坚忍不拔之志"。不断抄录名人格言或自拟警句，不断改订读书计划，本是历代上进学子的一大嗜好，不过，无志者常立志，有志者立长志。倘若朝三暮四，朝令夕改，从来不动真格，必将自欺欺人，鲜有实效。近人曾国藩就在家书中悄悄告诫子女："盖士人读书，第一要有志，第二要有识，第三要有恒。有志则不甘为下流，有识则知学问无尽，不能以一得自足，有恒则断无不成之事。此三者缺一不可。"对于曾氏的窃窃私语，我们不妨偷取一二，这里绝对没有版权纠纷。不管上帝是否还活着，时间之神赐予个人的每天24小时都是平等的。秒钟滴答着的时间每天都在开宗明义地流失，学子们每天都在向毕业的期限与出口走近。待到互道珍重和各走一方时，蓦然回首就不难发现，每人用四年一单元的青春所读出的明天将是那么迥异可惊。如果把那些既喜欢读书又善于读书的同学与虽然善于读书却懒于读书或者虽读书颇勤却不太会读的同学相比，彼此的距离就已初露端倪；如果再拿前者同那些既懒于读书又不会读书者相比，其差别就俨然一个像样的教师与不大合格的学生之间的不对称，任何抱怨都将无济于事。谓汝不信，不妨追问一下叔叔阿姨，留神一下师兄师姐，或者拭目以待。

当然，相对于漫漫人生旅途而言，大学四年毕竟是短暂的，它既来不及塑造一个现成的学者或现成的政治家与思想家，也难使被塑者的前程由此一锤定音。但问题在于，既然为数更多的创业者都是带着那个使人成其为人的熔炉所赐予的第二个胎记而乘风破浪的，就不难发现，他们的价值能量与社会贡献原来就在较大程度上取决于各自当年的知识构成、创新能力与思想境界所曾准备的程度。昨天、今天与明天，原本就是一条剪不断的因果链，未来就是历史的延伸。我曾发现，虽然古今中外的名人名家留下过许多无需从头尝试的治学经验与成功诀窍，却唯独没有提供无需读书便可一夜成材的法门。这就意味着，读书不比中彩省事，还得一本一本地读；明天的路就在脚下伸展，需要一步一个脚印地走，机会往往只为准备者而存在。

因而可以说，只有真正刻苦读书者才能尝到读书的苦味，也只有真正刻苦读书者方可感受读书的甜头。

（选自 2004 年 12 月 10 日第 79 期总第 485 期）

真正的大学与真正的大学学习

杨　阳

　　大学期间应如何学习？对性格各异、追求不同、具体情况千差万别的大学生来说，讲这个问题难免有制造普罗克拉斯蒂铁床之嫌。最初接到这个稿约，原本很想推掉，但面对约稿同学渴望的眼神，还是硬接了下来。接了稿约，就要完成。在笔舞龙蛇之间，却不免有些忐忑，唯恐自己的想法成为那"铁床"。写就之后，再一思量，却又不禁哑然失笑。现在的学生早已过了将老师的话当圣旨的时代，决不会愚蠢地为适应老师的"铁床"而挥剑削足。想到这一层，交卷时便显得一身轻松。

　　大学应怎样学习？这个问题颇类似一道多项选择题，任何一个条件的变化，都会有不同的答案。抛开学生个人的特点不论，它涉及的主要变量有二：首先是作为教育主体的大学对自身功能的定位；其次是作为学习主体的学生对自己人生目标的设计。

　　在当今这个世界上，被称或自称"大学"的到底有多少，已成为又一个哥德巴赫猜想，不论查阅多少资料，你能够得到的主要印象也就是"多"而已。大学多了，就不免玉石杂糅，在这样的情况下，任何涉及大学或大学如何学习的问题，都需要从区分大学层次、辨别大学的真伪说起。在真正的大学，才有真正的大学学习。

　　真正的大学是那些在高等教育大众化潮流面前高昂头颅，顽固地保守着贵族风格，信守精英化教育取向的大学。在今天，这样的大学当然是少数，却仍牢牢占据着高等教育金字塔的顶端。它们与其他大学的区别，不在于其能使学生掌握更多的日后谋生所需的技能，而在于它们有着更为宏大的目标追求。文明传承、文化传播、文化创造，以及为此持续造就公共知识分子，是真正意义上的大学与生俱来的"宿命"。

　　公共知识分子至少要具备三种品质或能力。首先是丰富的知识。由于现代文明不再以整全的方式而存在，于是一个人拥有知识的数量和质量已越来越表现为他在特定领域内的专业素养。在现代社会，任何大学的教育都是专业教育，"通才教育"只有建立在专业教育的基础上才有正面意义。这种专业教育性质，引发出按照学科的划分设置专业的现代教育体制。知识被按照不同的学科谱系组织起来，构成了大学各专业的教学内容。

专业教育就其特点而言，注重的是在某一领域内徐徐渐进，要求学生在尽可能掌握该领域的知识的同时，逐渐形成与专业相联系的思维习惯。这种学习，就好比是在一个无底的洞穴中摸索，虽然有时不免要横向移动，但总的目标却是要向深处行进，其学习的成就也主要是以行进的深度来评估的。

专业教育不反对涉足其他领域。培养公共知识分子，不仅需要扎实的专业知识，还需要造就敏感的人文情怀和对丑恶现象的批判能力。这是两种由情感与理性交融凝结而成的能力。大学教育有着唤醒它们，将它们传播到社会各个角落的功能。唤醒沉睡着的灵性，赋予它以理性的力量，这不仅需要大学将专业知识传授给学生，还需要引导学生去体验内心深处情感的细微变化，教会他们如何去爱去恨，也需要将真实的社会呈现给他们，让他们学会如何将社会纳入专业的知识范畴和思维框架中去分析、去批判。对真正的大学来说，它不仅要求学生在"洞穴"中踯躅前行，还要求他们在社会这个"海洋"中做横向的游动。"专"与"博"相辅相成，共同服务于造就公共知识分子的基本功能。

真正的大学虽各具风格，但都自觉地担当上述功能。放弃这一责任，就根本不配称大学。在这些大学中，学生如何学习，首先受制于上述教育目标的定位。学校的课程体系、教学方式，弥漫于日常生活的校园文化，都默默地服从着这一目标。对学生来说，选择进入这样的大学，其实也就不得不选择能适应这一教育目标的学习方式。

大学的教育目标对学生学习的方式虽有较大的塑造作用，但它的强制性毕竟是有限的。人生目标的定位有明显的主观性，其中还牵扯学生个人自主选择权的问题。对此，不论是学校还是教师，都有提供意见的责任，却没有强求一律的权利。在大学里，学生可以根据自己的意愿选择人生的目标，进而选择能够有效服务于这一目标的学习方式。毫无疑问，他们有权将学习看作职业培训，更多地去关注或选修应用性较强的课程。然而，这样的学生尽管在数量上往往占据上风，但却不是大学所要造就的精品。

没有超越情怀，很难有执著真理的热情和批判丑恶的勇气，甚至也很难有为知识而知识的动力。能够进入真正大学的学生，在人生的自我设计上主动迎合学校的教育目标，其实是很正确的选择。对此，有人或许问：以公共知识分子作为人生的目标，是否太过高远？这样的疑问陈述了部分事实，却忽略了更为重要的问题。

每个人在其一生中都可能会设计出许多不同的目标，但最终实现的却往往很少。对人生来说，目标的意义并不在于是否能完全实现，而在于它是否能够为人们提供努力的方向和动力。一个人如果没有"法乎其上"的目标设计，想收到"得乎其中"的效果往往是不可能的。其实，不论是目标的设计，还是目标的追求，本身都是难得的生命体验。在每一次体验告一段落时，收获往往在不觉之中。

在大学教育资源还相当匮乏的中国，能够有幸到真正的大学度过生命中最灿烂的四年时光，在校学习期间，以准公共知识分子自居，这本身就是大多数人可望不可即的难得的生命体验。虽然这一目标将来未必能实现，但是这一追求却很可能促使你养成一种独特的精英气质。在生活中，它往往会潜移默化为一种处世的态度，一种内敛于中、形之于外的风度，在成功的时候，它能够给予你平和与恬静；在困窘时候，它能够给予你雍容与自信。我们有什么理由，辜负大好的生命，不做出这样的选择呢？

（选自 2004 年 12 月 10 日第 79 期总第 485 期）

依法治校理念随想

陈智元

　　依法治校已经成为我校发展的战略选择。那么依法治校工作如何开展？它的发展方向是什么？是不是也应该有某种甚或某些理念为支撑呢？如果有，这些理念之间是什么关系？因为工作的需要，促使我对这些问题有所思考。尽管思绪有些零乱，还是想与大家共同探讨。因为这项工作关乎学校的发展，也就关乎我们所有人的发展。

　　很显然，依法治校绝不能简单地理解成用各种制度治理校园。那实际上是把"法治"庸俗化，是对"法治"的曲解。这些制度如果不能体现某种精神，进而在这种精神的统领下有序组织、协调运作，那么这些制度就是死的制度。可是这些制度具有什么精神呢？我认为，从徐显明校长对依法治校和依法治国的关系的论述中可以窥见一斑，即"依法治校的原理就是依法治国原理的体现"，而依法治国的完整价值表述就是"依法治国建设社会主义法治国家"，"依法治什么表达的是工具价值，而建设社会主义法治国家才是目标价值，工具价值和目标价值应该统一起来，且应把目标的实现作为最终的追求"。依法治国如此，依法治校当然也应如此。也就是说，一个法治的校园是应当有一些符合法治精神的观念为支撑的。这里就引出了对法治精神的探讨。而法治精神又包括了法律至上、权利平等、权力制约、权利本位等基本的价值理念。为避免论点分散，我们暂且承认依法治校的理念基础至少是包括这样一些"法治"的基本理念的。

　　那么，法治的理念和教育理念、大学的教育理念又具有什么联系呢？或者说，法治的理念与大学这种特殊的组织有什么联系呢？这里又促使我们对大学、对大学精神有明确的认识。大学致力于"追求最高形式的学识"。目的在于培养亚里士多德所谓的"自由人"，也就是培养具有高尚品德而非甘于卑俗的人，追求真知而非听命于摆布的人，践行伦理而非恣意而为的人，能够面对世间的根本冲突，担负自己言论和行动后果的人。在洪堡看来，大学的重要目的是型塑性格，造就伦理，培养或教化能感受到真善美的人，能领悟做人的尊严。而人的真正目的，是使自身的各种力量构成一个最崇高、最和谐的整体。这也是教育的最高目标。也许蔡元培先生所说的"教育是帮助被教育的人，给他发展自己的能力，完成他的人格于人类文化上能尽一分子的责任；不是把被教育的人造成一种特别的器具，给抱有他种目的的人去应用的"正体现了这一教育的最高目标。而现代大学生"完全人格"的形成的一个重要的教育途径就是公民教育。公民教育的目的就是通过这种教育形式，真正培养出兼具理性和改善现在的热情的真正的自由人。也就是通过公民科学进行自由教育，借助二者的张力来塑造真正的自由人。而公民教育与法治社会又互为因果。于是，法治校园的建设又与法治社会、法治国家的建设在教育的理念上有了更深层次的联系。由于这种联系，我们可以说，法治校园所制定的规则应是符合人的理性、符合教育的理念、符合大学教育发展规律的。

由此，我们可以说，依法治校的目标是建设法治的校园，而法治校园应在以追求人的真正自由为目的的基础上，构建起一套符合法治精神、符合大学发展规律、符合教育目的的一整套制度体系。理念是制度的灵魂，明确了法治校园所应秉持的理念，也就明确了制度设计的方向，找到了制度设计的落脚点。但这只是开始，更艰巨的任务还在后面。

（选自 2006 年 6 月 11 日第 124 期总第 530 期）

你们一路走好

张树义

同学们：

　　三年前，你们来自五湖四海，驶进中国政法大学这个港湾；三年后的今天，你们即将扬帆远航。这，是一个离别的时刻，也是一个伤感的瞬间，全为那一段三年"激情燃烧的岁月"。

　　在这即将离别之时，作为老师还能说什么呢？三年来，高头讲章、宏大叙事，博古论今，该说的也都说了。那就说一些该说而又未说的。三年来，和你们一齐探讨秩序，那是因为这个社会在许多方面还存在着混乱。

　　三年来，和你们一齐讨论法治，那是因为当下的中国法治还不健全。三年来，和你们一齐争辩平等，那是因为我们这个社会还存在歧视；三年来，和你们一齐憧憬自由，那是因为我们这个社会还存在着太多的束缚；三年来，和你们一齐寻求公正，那是因为我们现实生活中还有许多的不公正。秩序、法治、平等、自由、公正，那是我们追求的目标；混乱、人治、歧视、束缚以及不公正，那却是你们即将面对的现实。

　　我时常内心自责，是不是给了你们太多的呵护，以至于使你们成为温室的花朵，难以经受外面世界的风风雨雨；我也时常心存内疚，出于我们理想的情怀，没有让你们直面那惨淡的人生；其实，这个世界并不那么美好，甚至可能还有一些险恶；我也时常感到愧疚，虽然教会了你们许多知识，但是否真正使你们具备了自主的人格、自立的能力。

　　三年校园生活，或硕士，或博士，那只是人生旅途短暂的一段时光，你们还有漫长的路要走。当今中国社会正处于转型期，这是一个剧烈变动的年代，也是一个浮躁的年代；这是一个充满了希望的年代，也是一个潜藏着太多诱惑的年代。

　　面对这样一个时代，你们或走"白道"为学，或走"红道"从政，或走"黄道"经商，但绝不希望你们走"黑道"。面对这样一个时代，你们也许著书立说，建功立业，经世济民；但我更希望你们永远怀有一颗平常之心。在你们即将离去的时刻，想说的话可能太多。但这已然不是一个说话的时刻，既然你们终归要扬帆远航，作为老师只能倾吐自己的心愿：你们一路走好。

老师的祝福将永远陪伴着你们！

（选自 2006 年 7 月 2 日第 127 期总第 533 期）

今天的师德预示着明天的国民素质

—— 在 2008 年教师节表彰大会上的发言

马 皑

尊敬的各位校领导，尊敬的各位老师、各位同学：

十分高兴在我们自己的节日里和大家一起分享快乐，也十分荣幸能够代表法大的老师们畅谈节日的感言。暑假前，学校组织教师体检，由于我有课晚去了一天，恰好赶上和老干部处的离退休教师们一起体检。那一天，我见到许多我做学生时的老师，他们当中的大多数人已是白发苍苍，有的甚至是坐着轮椅来的，看到那一幕，我心生感慨。遥想当年，他们和今天的我们一样，意气风发、踌躇满志，他们在课堂上谆谆教诲、循循善诱的精彩似乎就是昨天的事情。那一刻，我感悟到，法大能有今天的成就是经历了几代老师和同学的努力，老师们用奉献一生的勇敢，铺设了我们走向成功的台阶。我首先代表法大全体老师，向我们自己的老师们，向所有曾经在中国政法大学工作过的老师们表达教师节的问候，向他们说一声谢谢，老师您辛苦了！

尊师重教在我们国家有着久远的传统，为人师表、注重师德也是每一个教师追求的目标。我们知道，无论是过去还是将来，就国家与民族的强盛而言，教师承担着高尚的社会责任。百年大计，教育为本；教育大计，教师为本；教师大计，师德为本。可以说，今天中国的师德水准，预示着明天的国民素质。师德以责任为架构。教师职业是我们在生活中扮演的一种角色。在心理学上，社会环境对各种角色的扮演有着不同的要求，在法律上可以理解为权利与义务，在生活中可以理解为责任。社会对于教师职业的角色要求是多元的，传道、授业、解惑是我们最基本的职责；以学生的人生发展为视角，培养他们适应社会的能力，是社会赋予我们的职责。社会对教师职业的要求，对我们来说，是一种荣誉，更是压力和鞭策。这要求我们有强烈的责任感和使命感，将教书育人视为自己义不容辞的职责而不是职权，从教师角色的扮演中体验成功与帮助他人的快乐。

师德以爱心为内容。无论何时，爱永远是温暖人心的太阳。对学生的爱应该是一种平等的姿态，一种包容的心境，一种负责到底的行为。因材施教，以人为本，公正公平对待每一名学生，用爱自己的心去爱学生，才能使每一位学生感受到空间的自由，才能激发创新的激情。

师德以修养为基础。对每一位教师而言，具备良好的修养、健康的人格首先使自己受益。我自己本科学习法学，从事的工作是法律心理学。我深刻体会到健康的人格对自己心态的影响。注重人格的健康能够使我们有优良的现实知觉，有接受他人和自己的态度，有更加民主的性格，有良好的人际沟通能力，也就具备了教学相长的素养。不要轻视自己对学生的影响，我们的一言一行都会在他们的大脑中留下印迹。黑板上的错字可以擦掉，而写在学生心灵上的错字可能永远难以抹去。

师德以付出为实践。师德的培养不单纯是一种追求或理念，它需要用我们的付出去实现。包括工作上的付出，对自己专业水平的完善。温家宝总理曾道："教师是知识的重要传播者和创造者，连接着文明进步的历史、现在和未来，更应该与时俱进，不断以新的知识充实自己，成为热爱学习、学会学习、终身学习的楷模。"

师德是一种崇高的境界，语言无法描述。今年5月，我在四川灾区做心理援助志愿者期间，切身体会了什么是师德，感受了伟大的师德对灵魂的震撼。在灾区，我的主要工作是为教师进行心理危机干预，在他们的谈话中，表达得最多的总是深深的自责，是因为未能亲手救出更多的孩子而自责。在汉旺的一所中学，一位班主任老师伸出右手去拉因栏杆倒塌即将摔下4楼的学生时，楼上掉下来的楼板齐刷刷地削去了他的右手，学生没能得救。他又毫不犹豫地伸出了自己的左手去拉住了另一个学生，掉下的混凝土几乎砸烂了他的头，他却始终没有松手。绵竹一所小学的张老师，在地震发生的第一时间疏散学生，3个因惊恐无法动弹的学生未能跑出教室，张老师冲进去一边抱起两个学生向外跑，一边向另一个孩子大叫"别动等着我"。可惜，张老师再要冲进教室时，一切已经来不及了，最后一个学生被埋在地下。就是这些老师，他们在最危难的一刻完全忘记了自己，他们已经尽力了，在人类无法抗拒的灾难面前，他们不可能救出所有的学生。可是，在我们进行交流时，张老师总是忏悔般地重复"如果"，

"如果我再快一步"，"如果我不让学生等着我"……大爱无疆，师恩无限。在灾难面前，灾区那些中小学的老师以自己无私的献身诠释了什么是高尚的师德。重责任胜于重生命，爱学生胜过爱自己，是我对师德真谛的理解。

各位同学，教师、师德是服务于学生的，你们才是法大的主人，你们的成长意味着学校的成长，你们的成功才是老师的成功。希望将来当你们回忆起在母校的日日夜夜，回忆起关于老师们的点点滴滴时，仍然会有——曾在沧海激水、浪遏飞舟的感动。

（选自 2008 年 10 月 7 日第 208 期总第 614 期）

学术评价的性质和作用

张保生

学术研究内在包含着学术评价

学术的本质是求真，其灵魂是创新。学术以追求真理和知识创新为目的，这构成了学术评价的抽象基础、逻辑起点和最终理由。学术评价是以学术标准为尺度对学术活动效果作出价值判断的过程，因此，学术标准内在地包含着学术目的。"学术评价需要考察：是否有严格的研究准备，是否对知识体系有所贡献。"当然，对知识体系的贡献即学术价值并不排斥社会效益。因此，应用研究成果的评价包含着社会效益或经济效益的价值考虑。

学术评价的客观性和主观性是一对矛盾。任何学术评价都力图对对象作恰如其分的评价，因此，客观性或评价结论与评价对象相符，是学术评价所追求的目标。从学术评价的客观性来看，小同行比大同行的评价包含更多学术因素，其评价结论具有更大的可靠性。

学术的可评价性与不可评价性也是一对矛盾。学术评价由评价机构主持和同行学者主导，必须遵循学者共同体认可的一般标准，遵循规范的评价程序。然而，学术研究特别是人文社会科学研究本身存在着个体研究、独立思考的个性化特点。对于这样的个性化研究，只要研究者不申请立项资助、不申请成果评奖，也不以此为应聘、晋升的砝码，甚至不要求学术共同体给予其任何带有功利性的评价，它就超出了学术评价的管辖范围。从这个意义上说，学术评价具有某种程度的被动性，它需要评价对象发动。但严格说来，不公开发表并接受学术评价的学术研究，其实并不是真正的学术研究，因为交流是学术的基本特征，也是学术研究的价值所在；学术只有交流才能为同行所用、所参考，并对学术思想的发展和人类知识体系作出贡献。

可评价和不可评价的问题还涉及评价的内部标准和外部标准问题。前者是推理和证明，后者是实际应用。同行学术评价所采用的是内部标准，它对基础研究成果的评价比较有效。对于应用研究成果，同行学术评价虽然可就其价值作出一定的判断，但实际上只有采用社会效益或经济效益的评价方法才最具有权威性。所以，学术评价的外部标准，实质上是以实践作为检验真理的根本标准。即使是基础研究成果，也会遇到可评价和不可评价的问题，也有一个实践检验的问题。

学术评价与学术批评之异同

学术评价与学术批评有时候很难区分，因为它们具有一些共性，从广义上说，学术批评也是学术同行的一种评价。但从狭义上说，它们之间有以下三点区别：

第一，学术评价的社会性和学术批评的私人性。如果说学术评价是同行学者对评价对象是否符合一定学术标准及符合程度作出权威判断的学术活动，那么，学术批评就是同行学者对评价对象作出个人判断的学术活动。学术批评带有某种主动性，即使不申请，批评也会落到研究者头上来。

第二，学术评价具有权威性，它是由评价机构主持的评价活动。学术评价的权威性与评价机构的中立性和公认性有关，如果没有评价机构主持，学者之间自发的学术批评就会因其缺乏统一标准而表现为不确定，各种评价结论可能相互冲突，从而失去权威性。学术评价的权威性还源于其公正性和客观性。公正性主要指学术评价制度和程序的公正性，评价结论的公正性只是其副产品；客观性主要指评价结论与评价对象实际情况相符的程度，歪曲性评价是学术评价的大忌。所以，学术评价要求建立公正的制度和程序，统一标准，实现评价工作规范化，社会行为的特点比较突出。而学术批评则不需要这些条件，个人行为的特点比较明显。所以，人们一般不用权威性对自由的学术批评进行挑剔。

第三，学术评价遵循民主原则，学术评语则遵循自由原则。学术评价以少数服从多数的民主形式对评价对象作出判断，它所体现的是程序正义而非实质正义。

学术评价遵循民主原则，而学术研究崇尚自由精神。二者如何统一呢？俞吾金教授的办法是把学术活动分为"学术研究活动"和"非研究性的学术活动"两种类型，前者如学术研究课题的酝酿和提出、学术研究的具体过程、学术讨论的展开和深入、学术成果的言说、发表或出版等；后者如学术课题的申报和评审、学术成果的鉴定和评奖、学术组织的建立和相应的学术领导机构诞生等。他认为，学术民主并不适合于前者及其规范。因为学术研究活动的本质是自由的而不是民主的，人们在学术研究活动中完全可以坚持自己的观点，即使在这种观点只有少数人赞同的情况下，也没有必要放弃自己的观点而去认同大多数人的观点。一旦把学术民主的原则引入学术研究活动，也就必然会导致多数人观点对少数人观点的霸权和暴力，必定会导致这种研究活动和研究规范的毁灭。

学术要发展，光有学术评价是不够的，因为一些学科、一些学者自己不发动，学术评价就不能进行。在这种情况下，不请自来的学术批评就成为学术发展至关重要的因素。待到被批评者被挑剔得忍无可忍，不得不进行反击的时候，学术创造力便受到从未有过的激发，正是在这种批评与反批评、挑战与应战的学术竞争、学术争鸣中，理论得到锤炼，思想碰出火花，方法受到洗礼，推动学术共同体不断地从相对真理逼近绝对真理。

学术评价的作用

学术评价是一种价值判断。"评价，即评定、估量、比较价值，是人把握价值的主要精神形式。"学术评价所要把握的价值是研究成果的学术价值，是它对人类知识体系的贡献，因此，对机构、团队或学者的评价往往都是通过对研究成果学术价值的评价来实现的。当然，对研究成果学术价值的评价不一定等到研究工作完成之后，它也包括对研究项目计划、研究机构目标的预测，"学术评价……是对一定理论、学说、观点、方法的学术价值或理论价值的评估和预测"。

从直接和积极的作用说，学术评价通过鼓励知识创新、引导学术遵守学术规范、控制越轨行为、激励评价对象来提高学术水平，发挥着推动学术事业发展的重要社会功能。学术评价引导科研资源的分配，从而对学术活动具有"指挥棒"的作用。学术评价可以激励评价对象努力实现和达到一定的学术目标，比如，加强机构建设、加强个人专业修养、完善课题设计、提高研究成果质量、促进国内外学术交流，等等。在这个作用过程中，价值目标如果与公正程序相结合，则可以保证评价的客观性，客观性又起到鼓励公平竞争、激发学术创造力的作用。从间接和消极的作用上说，学术评价因为社会目的性太强，可能给评价对象造成直接压力，并产生一些负面效应。学术评价规范主要指学术评价的程序规范，设立规范的目的是为了充分发挥学术评价的积极作用，减少消极作用，防止学术腐败。学术腐败的产生有一定的社会土壤，主要是与学术评价制度不健全有关。因此，建立科学、公正、客观的学术评价机制，对于促进学术发展、遏制学术腐败具有重要意义。

公正性作为学术评价制度之首要价值理念，目前已成为学术界的共识。但是，对于如何重建学术评价制度，目前存在两种不同意见：一是取消论，二是改造论。前者认为，学术腐败的主要原因是学术制度未能随经济体制改革而变迁，因此，要治理学术腐败，就应彻底取消由政府参与学术评价活动的办法，包括取消人文社科方面的政府项目，取消政府评奖活动，取消核心刊物制度，等等。

在学术评价制度建设方面，教育部印发的《高等学校哲学社会科学研究学术规范（试行）》作了明确规定：学术评价机构应遵循科学的评价标准、公正的评价程序，采用同行专家匿名评审制，实行严格的回避制度、民主表决制度，建立评价结果、意见公示制度。评价机构和评审专家应对其评价意见负责，对不当的评价、虚假评价等造成的后果承担相应的责任，并对评审专家名单和评议过程负有保密义务。

按程序正义设计的学术评价制度应包括以下规则：

第一，评价机构中立规则。学术评价机构的公正性源于其独立性或中立性，即不受任何非学术因素干扰，包括行政干预、评价对象或利益集团的劫持等。尽管目前行政机构在职称评定、项目审批、成果评奖、机构评估等方面都引入了同行专家评价的机制，但学术评价带有很多行政管理色彩，因此，建立独立的中介评价机构是学术评价制度建设的重要任务。

第二，评价标准先立规则。像立法先于司法一样，学术评价的标准和程序应在具体学术评价活动之前，由学术界充分讨论、取得共识后确立，并正式颁布。

第三，评价专家分散回避规则。学术腐败与评审专家职务化有关，后者易造就"学霸"并导致"寻租"活动，也给利益集团和评价对象劫持或收买评审专家提供条件。所以，应根据具体评价工作的需要，在大型专家库中随机遴选评审专家。评审专家回避规则旨在消除非学术因素对评价工作的影响。一是本人回避，申请者不能任评委。二是利害关系人回避，与评价对象有利害关系者回避。一般来说，在通讯评审中，回避规则的实施比会议评审更加容易和彻底。

第四，小同行评价规则。小同行评价能真正体现专业评审的特点。现代科学的发展，在学科综合趋势不断增强的同时，专业研究领域的划分越来越细，"隔行如隔山"的话语障碍愈益明显，无所不知的"万金油"越来越少。因此，学术评价应当取消以一个多学科专家评审组对多学科评价对象进行评审的做法，组织二、三级学科或专门研究领域的小同行专家评审。

第五，评价程序规则。投票规则：一是差额投票，二是无记名投票，三是计票监督。一票否定规则：对弄虚作假者，一经查实，在评价的任何阶段及之后均应取消其申请资格，宣布对其评审的结果无效。

要充分发挥学术评价对学术发展的积极作用，还须处理好定性评价与定量评价的关系。学术评价指标体系是学术标准的量化，它是通过对各种评价标准设置不同权重而实现的，具有导向性。指标体系的设计应注重成果引用等客观量化评价、社会影响等指标的设置，科学设计主观判断指标。我国高校自 2000 年以来采用 CSSCI（中文社会科学引文索引）作为学术评价的重要指标。CSSCI 等检索系统提供的关键数据，不在于作者发文篇数的多少，而在于作者学术成果的被引用量。它从一个方面反映了学术研究对知识体系的贡献，因此，有助于高质量论文的撰写和揭示研究成果的价值，有助于增强论文及著作评价的客观性，有助于较为客观地认定个人和机构的学术水平和研究实力。此外，计量化也有助于衡量学科发展和国际比较。然而，学术研究的知识或智力劳动的特点，使单纯的定量评价可能会产生学术泡沫或背离学术自由的精神。因此，定量评价与定性评价应当结合，从学术研究是发现真理的自由探索和知识创造过程来看，仅靠定量或定性评价均不能准确刻画真理性认识的阶段性和相对性。

从学术评价的民主性来说，学者共同体制定的评价标准尽管有统一性，但每个评价者都是独立主体，其思想观点和观察角度不同，因此需要参照一定的客观量化指标作出定性评价。学术评价主体即同行学者各自拥有独立的思想、观察问题的独特视角甚至不同的偏好，而且评价结论又涉及评价对象之难以定量把握的价值问题，这些都是学术评价体现出主观性的原因。

学术研究是一种科学探索事业，是一个从相对真理向绝对真理不断迈进的认识过程，学术评价作为一种认识活动，它对另一种认识活动的认识，更受到人的认识能力和历史条件的制约而具有相对性。"人们受各种历史条件和主客观条件的制约，不可能最终一劳永逸地把握全部决定条件和因素。正因为如此，评价及其预见性应该不断充实、发展和验证，不能作为绝对的、一成不变的指标和律条。"在学术发展史上，有许多新理论、新观点在刚一提出时并不被学术共同体所接受和承认。这说明：学术评价的结论具有暂时性，学术评价本身也是一个不断发现真理的过程。

（选自 2009 年 5 月 5 日第 231 期总第 637 期）

在八十寿辰祝贺会上的致谢词

陈光中

今天，由我的门生组成的筹备组经过长期准备，举办了这样一场热烈隆重的祝寿会，与会人数之多、规格之高，让我于心不安，我对今天与会的各位来宾、亲朋好友、家乡代表和门生们表示衷心的感谢。特别是大家对我个人的称赞，实在是"盛名之下，其实难副"。

回顾八十年的人生历程，我在自序上用"风雨阳光八十秋"来概括。新中国成立六十年以来，我个人的命运是和国家的命运紧密相连的。改革开放和尊重知识、尊重人才的政策，使我得以施展才能，取得了一定的成就，实现了我少年时所立下的理想——成为一位"立言者"，并赢得了一定的学术地位和社会地位。抚今追昔，真是感慨万千，心潮难抑。此时此刻，我要感谢党和人民对我的栽培，感谢小学、中学、大学母校对我的培养，感谢朋友的关爱和学生的支持，感谢父母的养育之恩，感谢家人对我事业上的支持和生活上的照顾。

此次活动也是《陈光中法学文选》三卷的首发式，我想对此讲点真心话。文选三卷尽管其中不乏平庸之作，但它是我有代表性的学术成果的汇集，凝聚着我一生学术研究的心血，系统地体现了我的学术思想、立法建议、司法改革主张，具有自主创新性。同时也从一个侧面见证了我们国家刑事法制尤其是刑事诉讼法及其理论的创建、曲折和繁荣发展的历程，具有一定的历史资料价值。老诗人臧克家有一句著名的诗："有的人活着，他已经死了。有的人死了，他还活着。"对照这句寓意深远的诗句，我想：自己不仅活着，而且还算有意义地活着。我不是什么能留名千古的大学问家，但是我的学术思想确实已形成一家之言并希望在百家争鸣和历史检验中，在中国乃至国际上发挥着一定的影响。

在人生态度方面，我是一个乐观主义者。如果说人生似朝露，我愿以生命之露滋润着祖国的一小片沃土；如果说人生如花朵，我希望我的人生之花开得鲜艳灿烂。因此，我不愿浪费年华，要使个人对社会的价值得到最大化的体现。我更希望能够弥补那些被浪费的时间，要争分夺秒地在学术科研、培养人才和社会工作中不分昼夜、不分节假日地勤奋工作。正因为如此，我在近三十年，尤其是古稀之年至今的十年里，取得了较多科研成果，为推进我们国家民主法治的事业做出了微薄的贡献。

作为一位年长的老知识分子，我一直深受传统的爱国主义思想激励，一直铭记"国家兴亡，匹夫有责"的古训，国家的繁荣富强是我工作的原动力。从我近六十年的人生经历中，我深深感到，一个现代化的国家一定是一个民主法治的国家，一个真正的社会主义国家也一定是一个民主法治的国家。因此，我在自序中说：对我们国家的政治进步和政治体制改革问题"我情系之，我心思之，亦或忧之"。我愿意在推进政治体制改革方面尽我的一份责任。

今天我实足年龄满八十岁了，身体健康状况还算良好，但听力下降，视力衰退，所幸思维还清晰，思想仍活跃。因此，我希望在有生之年能够为推进我们国家的社会主义民主法治事业再做一点力所能及的事情，也以此作为对今天各位领导、朋友、门生献给我的掌声和鲜花的答谢。

七十寿辰时，我曾作了一首诗："走笔蛇龙五十秋，亘古真理难觅求，伏枥壮志应犹在，文章风流期九九。"现在我再赋诗一首感怀明志，并作为我的致谢辞的结束语："风雨阳光八十秋，未敢辜负少年头。伏生九旬传经学，法治前行终生求。"

注： 伏生，西汉时人，在秦始皇"焚书坑儒"时匿藏《尚书》原稿，并在九十岁时将记忆的《尚书》缺失篇章授受于晁错，使《尚书》得以完整流传。

（选自 2010 年 4 月 27 日第 267 总第 673 期）

教师的使命与光荣

王卫国

　　说起当老师，我有很多感慨。我第一次当老师是在 1972 年，是在农村插队的时候。当大学教师是在 1985 年，迄今已经 25 年，现在已是两鬓白发。我的人生就是教师生涯。在当教师之前，我当过知青、解放军。但是，将来离开人世的时候，在我的墓志铭上要写下的，就是两个字——教师。教师这个职业是光荣的，也是神圣的。在教师节的前夜，我重温了韩愈的《师说》，再次领悟"传道、授业、解惑"。从事教师职业以来，我始终在感悟做教师的使命，体会做教师的光荣和幸福。我体会到的教师使命大体上分为三点：守望理想、树立人格；传授知识、启迪智慧；秉持道德、呵护未来。

　　第一，守望理想、树立人格。中国的教育讲求的是传道。道比真理更高一个层次。搞学术研究追求真理，真理在英语里面是 truth，而道是 the essence of truth。所以，道不仅仅是真理，更是真理的灵魂，是人类的社会赖以维系的永恒的价值、永恒的精神。这就是人类的理想。人类总是要不断地去追求并接近这个理想，尽管永远都不会达到，但是追求的过程是有意义的。我把这叫作"地平线理论"。所谓地平线，就是这么一个地方：你永远朝着它走，却永远也走不到。亚当·斯密讲的完全市场，就是一个地平线，因为现实社会中不可能有完全市场。《大学》里讲的"止于至善"，也是一个地平线。孔子讲的"克己复礼，天下归仁焉"也是一个理想，你永远实现不了它。但是人类社会要永远不停地向这个方向走，朝着这个方向走就是有意义的。教师就是要坚持这个理想，每天向同学传达的就是对这个理想的追求和信念。要让一代又一代的人坚持这个信念，这就是教师的伟大使命，由此来树立一种人格。宋人张载说"学以变化气质"，就是强调对学生的人格培养。守望理想的目的是要培养学生的人格。陶行知说"千教万教教人求真，千学万学学做真人"，也代表了教育家们对教师育人使命的真谛的体验。

第二，传授知识、启迪智慧。知识有两个系统：人文知识和工具性知识。自儒家以来，中国的教育一直是人文教育，强调塑造人格的教育。现如今，工业社会给我们传授的是另外一种教育，即工具性教育。长期以来，我们讲教育现代化，不知不觉地，至少在一段时期，我们忽略了人文价值教育的重要性，忽略了教育的人格塑造的使命。一些人理解的现代教育就是向学生们传授工具性知识，对他们进行职业性训练。20 世纪 50 年代来自苏联的工业化的教育给我们一种误导，把大学教育的使命定位在工具性知识的传授，一种职业培养的目标上。在这个问题上，我们要反思。儒家经典《大学》开篇就说"大学之道，在明明德，在亲民，在止于至善"。这是儒学教育的基本原理。大学教育的第一原则就是传承人类社会赖以存续的人文价值系统，而不仅仅是工具性知识。育人的一个目标就是求道，一旦得道，人的精神面貌就会有巨大的改变，就会成为一个新人。人们对至善的追求是没有止境的，因而个人人格的提升也是永无止境的。要实现崇高的价值理想，也少不了丰富的知识系统。为此，《大学》设计了基本的八个步骤：格物，致知，诚意，正心，修身，齐家，治国，平天下。求道的过程首先还是从格物致知开始。格物就是去研究客观事物，在此基础上学会认知。这个时候才会诚意正心，把心端正了，才能修身、齐家、治国平天下。学习知识不是终极目标，而是一个必要的步骤。学习知识不仅仅是为了谋生，不仅仅是为了实现某种生活目标，更是为了提升人格。做教师的人应该随时随地把这个使命记在心里。我从教以来，尤其是我担任学院领导工作以来，始终把这个理念作为我们的指导思想。我们要反思，恢复中国的法治昌明，不仅要传授法学知识，更要教给他们做人的道理，让他们明确他们的人生目标和事业目标。

我曾经说过法学匠和法学家的区别。法学匠是把从事法律职业作为谋生手段的人。如果从事法律职业只是一种谋生手段，那么今天他为了谋生可能忠实于法律，明天他为了谋生也可能背叛和践踏法律。法学家就大不相同了，法学家有理想，把法学作为他的信仰和生命。所以，在大学里，一定要有理想的。谁来坚持这个理想，树立这个理想，这就是我们的老师。如果我们的老师都没有理想，都是精神萎靡、目光短浅的人，我们怎么可能教导学生，让学生树立远大的理想。我是深有体会的。用现在的语言来讲，大学教师要传承的首先得是普世的价值关怀，其次才是实现这个价值关怀所需的知识素养。大学应该是寻求价值理性和工具理性相互平衡的和谐系统。一个从大学走出去的人，一定要成为能够服务社会和造福社会的具有人格素养和知识素养的人。这要求我们的学生要不断地治学修身，提高两个素养，最终才能服务社会、造福人民，才能赢得社会的信任和尊重。所以，我们民商经济法学院的院训就是"治学修身，经世济民"。

第三，秉持道德，呵护未来。老师们常常会感到困惑的是：我们讲给学生的道理与他们在社会上所看到的现实有很大的差距。我们有时候也感到学校的人文环境、文化环境和我们在社会上得到的体验有很大的冲突。我们是要屈从社会的现实，还是要坚持我们的目标？在大学，不管社会处在什么发展阶段，不管现实如何不如人意，总要坚持自己的道统和学统。大学应该是一根点燃的蜡烛，哪怕周围是一片黑暗，也要发出自己的光。孔子带着学生周游列国，四处碰壁，甚至"厄于陈蔡"，仍不懈地传播他的主张和精神。虽然不为当时的人们所认同，但是他的坚持，就好比在黑暗中点燃的蜡烛，使人们看到了光明和希望。这样，终究有一天，会有更多的蜡烛放出更多的光亮。我们要有这么一种想法和坚持，而不要计较能否在当下或一定时期内取得成功。

所以，社会可能把我们的学生置身于一个不同的环境，我们在教导学生的时候要教给他们如何适应社会。在这个时候，教师的职责就是要坚守君子之道。我们要持之以恒，越是在容易发生动摇的情况下，我们老师就越是要坚持。易经中说："日月得天而能久照，四时变化而能久成，圣人久于其道而天下化成。"什么是持之以恒？第一是要坚持，第二是要坚韧。在碰壁的情况下，在社会现实对你不理解、不容纳的情况下，你不能灰心、气馁，更不能放弃。坚持就是心中相信光明、向往光明；坚韧就是不管环境怎么变化，都要乐观豁达、保持生机。在这里，我再说说我体会的教师的光荣，归纳起来有三句话：你的志向有多远大，你的目标就有多坚定，你的职业忠诚就有多深厚。你的思想有多深刻，你的境界就有多高尚，你的学术追求就有多执着。你的爱心有多真诚，你的付出就有多持久，你的人生感受就有多幸福。

改革开放以来，我曾面临过人生的十字路口，或从政，或经商，曾有机会摆在面前。但是一路走过来，我仍然坚持做教师。这不是因为我"好为人师"，而是我深深感受到了做教师的价值。我曾经在和一个日本教授交谈的时候说过生命延长的三种形式：生儿育女，这是自然生命的延长；著书立说，这是精神生命的延长；教书育人，这是人格生命的延长。只有教师，特别是教授，才能做到这三点。生命的三个延长能兼而得之，这是多么荣幸和幸福啊！

（选自 2010 年 9 月 26 日第 279 期总第 685 期）

我的为师之道

焦洪昌

存在主义之父丹麦哲学家克尔凯郭尔将人生境界分为三个阶段：一是审美阶段，二是道德阶段，三是宗教阶段。我想，为师之道与为人之道其实是一样的。

想当老师的念头萌发于中学时代。1961年，我出生在北京顺义农村。1975年，在顺义的一所中学读书。每天放学看到老师手里端着喷香的饭菜，就浮想联翩：长大能当教师多好呀！既不用风吹日晒下地干活，又可衣食无忧教书育人。1979年考入北京政法学院，1983年我们30位同学分配留校任教，实现了我当教师的梦想。屈指算来，至今已经27年了。今天有幸站在这里发表心得，扪心自问，何德何能？"我来自偶然，像一粒尘土，有谁知道我的脆弱。我来自何方，我情归何处，谁在下一刻呼唤我"，这是《感恩的心》里的一句歌词，它表达了我此时此刻的心情。

这是一个什么样的心情呢？我的眼里常含泪水，因为我对这母校爱得深沉，我不会忘记上大学时给我们授课的老师、教育我们的辅导员、勤勉的校领导、炒菜做饭的师傅们。他们有的健康长寿，有的已升入天堂。作为学生和弟子，没有别的，洪昌只有深深地鞠上一躬，衷心感谢你们的教诲与关爱。我更要感谢现在的领导、同事和亲爱的弟子们，没有你们的抬爱与宽容，我无法走到今天；没有你们的掌声，我无法获得做教师的自信，请容许抱拳向你们致敬。在这里，在这个教师节，我要特别提到我的恩师朱维究教授。她不仅是学术业师，更是人生导师。她说，从事公法教学特别是宪法学研究，既要有理论，也要有实践，而加入民主党派是实现政治协商、民主监督、参政议政的重要渠道。在老师的举荐下，我顺利参加了中国农工民主党，后来当选为中央委员和北京市第12、13届人大代表，在国家民主法治建设中发挥一些作用。我深知：大恩不言谢，只有努力工作，才能报师恩于万一。客观讲，在法大，像我这样的老师一抓一大把。要说为师之道、为学之道，我都是跟老师们学的。他们当年怎么对待我，我如今就怎么对待我的学生。有一次，中国人民大学的许崇德老师跟我说，当年在外交部开会，你们学校的钱端升院长和曾炳钧教授参加，钱先生眼神儿不好，要去洗手间，作为先生的弟子，曾炳钧虽然腿脚不便，还是赶紧上前搀扶。两位白发苍苍的老人慢慢前行的场景至今印在我的脑海。他说：这就是你们法大的精神，这就叫师承。

许老师的话很经典，但我觉得法大精神还不止这些，总结起来最核心一条是蔡元培先生讲的：思想自由、兼容并包。自由是学者的天性，兴趣是学术的源泉。诚如柏拉图所言：大学是学术共同体，它的品格是独立追求真理和学术自由。所以，比起"厚德、明法、格物、致公"，我更喜欢这样的校训：真理与光明（耶鲁大学）；愿学术自由之风劲吹（斯坦福大学）；与柏拉图为友、与亚里士多德为友、更要与真理为友（哈佛大学）。孟子曰："君子有三乐：父母俱存，兄弟无故，一乐也；仰不愧于天，俯不怍于人，二乐也；得天下英才而教育之，三乐也。"作为教师，我从事着传道授业解惑的快乐职业。不过我觉得，教师的存在意味着接受作为教师身份的承诺，教师的生命里应该融入一种与众不同的职业操守。这一操守指什么呢？我同意德国教育家雅斯贝尔斯在《什么是教育》一书中的观点："教育是人的灵魂的教育，而非知识和认识的堆积，教育的本质意味着一个灵魂唤醒另一个灵魂，如果教育未能触及人的灵魂，未能引起人的灵魂深处的变革，那么它就不能成其为教育。"作为一名宪法学教师，我的体会是，教育的功能关键有两项：一是把动物变成人，二是把人变成公民。前者解决人性问题，后者解决人格问题。真、善、美是人性的构成要素，是教育的基础，也是学校承担的社会责任；自由、平等、博爱是人格的构成要素，是法学教育特别是宪法教育的目标。目标的实现有赖于理论的灌输，更赖于实践的养成。所以，我敬重有高深学问的法学大师，也敬重那些不做沉默的大多数、勇于为民发声维权的实践者。因为法律生活永远是实践，而不是逻辑。

教师是个高尚的职业，这个判断意味着它拒绝庸俗，追求卓越。教师不是政治家，更不是商人；他不以追求权力和金钱为己任，他是国家和社会的良心所在，正所谓"适度的清贫才能保持批评的精神"。不过教师要吃饭，要买房，要生儿育女，要养家糊口，要有体面的交际，否则高尚从何而来？这样问题就集中在学校怎样考核老师和老师怎样对待他的职业。其实真实情形是：学校有什么待遇就能吸引什么老师？这样说是否降低了老师的人格修养呢？答案是否定的。其实每个教师心中都有一股气，一股从孔圣人那里传下来的职业精神：为天地立心、为生民立命、为往圣继绝学、为万世开太平。苏州大学将之转化为校训：养天地之正气，法古今之完人。这股气循环往复，连绵不绝，已融入每个知识分子的血液中。毕竟教书是个良心活，对得起饭碗，更要对得起子孙后代。

有人认为，教师是世界上最富足的行当，课上有许多粉丝，课后有很多弟子，每天与青春做伴，经常使身心放松。这话说对了一半。其实，我就时常陷入孤独和寂寞之中。夜深人静的时候，自己仿佛独自置身于旷野，迷失于黑暗中，不停地追问：我从哪里来？到哪里去？现在何处？真是前不见古人，后不见来者，念天地之悠悠，独怆然而涕下；潜心备课时，一方面为民主、法治、人权、公平、正义这些大词所显现出来的价值激动不已，另一方面又为权力腐败、社会失信、环境污染、食品安全、生命无常感到失望甚至绝望。我为什么活着？靠什么活着？什么是支撑我生命的力量和信仰？有一首网络小诗常触动我孤独的心绪：从冷冷的夜到清凉的早晨，有无数个影子从我眼前淡淡飘过。一滴泪，清晰地在我的脉搏里爬行。枯瘦的手挥毫将寂寞燃烧成火。灵动的文字缠绕成我多情而柔媚的样子。将干未干的墨滴润泽成我盈盈的两点秋水。诗里的风情荡漾开来，在我两腮慢慢开出两朵桃花，一朵在你眼里，一朵在我心上。情如叶，风吹散。

老师的心是敏感又柔弱的，当他用高尚的心灵去处理凡俗的事务时，他自己的心也需要阳光温暖；老师的灵魂是孤独和寂寞的，当他的身体跟上历史的脚步时，他自己的灵魂也需要信仰来呵护。这就是我对审美、伦理、信仰人生三阶段的体悟，也是我为师之道的感言。

（选自 2010 年 10 月 19 日第 281 期总第 687 期）

让教学点燃学生心智的火焰

石亚军

　　提高人才培养质量是《国家中长期教育改革和发展规划纲要》以及全国教育工作大会寄予高等教育改革和发展的重托。心智和人格，代表着人才质量的核心量度。深化高校教学改革，最急迫、最根本的任务就是要把所有的教学要素汇集起来去启迪学生的心智，升华学生的人格，从这两个着力点出发，迈向高等教育人才培养质量的新高度。

　　培养有思想灵魂的心智型人才是现代大学的智育特色。大学教育的基本元素是知识，根本内核是思想，大学是传授知识的场所，更是哺育思想的圣殿。改革开放以来，高等学校教学改革在为新知识的创造和传播构建观念体系、专业平台、师资结构、课程框架、培养模式等方面，做出了较大的贡献。但是，创建现代大学的智育机制，使教之于学，成为有思想的知识传播过程，使学之于教，成为会思考、有灵魂的学习经历，却显现不足，造成不少大学生有知识而缺乏灵见，长于复述而拙于建树。深化高等学校教学改革的根本，是要帮助大学生掌握功能化知识而不是工具化知识的本领，因此，教学改革应该致力于点燃学生心智的火焰，赋予学生灵活探索世界真谛、能动创造新生事物的精神力量。

　　在大学，衡量教学质量高不高的标准有三个：一是教学效果是否有利于提高学生广泛适应社会发展需要的综合基本素质，实现政治素质、文化素质、业务素质和身心素质的综合提高，使学生全面具备较高的认知能力、价值能力和审美能力；二是教学效果是否有利于培养学生定位适应职业岗位需要的专业品质，实现专业基础理论、基本知识和基本技能的整体提高，使学生掌握既有历史背景又有时代特征的思想源泉，既有研究方法又有研究成果的知识体系，既能灵活掌握又能自觉运用的动手本领；三是教学效果是否有利于培养学生动态适应社会角色转换需要的创造品格，实现专业创新、知识拓展和创业升级能力的全面提高，使学生掌握主动应变的思维品质、能动创造的创业能力。这三个标准指向的共同目标，就是培养有心智的人才；蕴含的实现过程，就是学生有灵魂的学习。通过构建有灵魂的学习程式培养有心智的人才，关键取决于教师素质、课程资质、教学能效三个要素，只有这三个要素在教学中共同发挥点燃心智的火焰的作用，才能保证教学的高规格质量。教师只是执教的身份，教师素质才是执教的资格。当上教师并不等于就成为教师，"当上"的身份与"成为"的资格之间的本质区别在于是否具备了教师素质。教师素质的特征是掌握教育教学规律和人才成长规律，具有先进、合理的知识结构，富有强烈的责任感，善于启发学生独立思考，使之在学会谋划、学会选择、学会学习、学会补短中实现学业进步。具备优良的教师素质是提高教学质量、培养高水平人才的根本。应该看到，经过 20 世纪 90 年代后期以来席卷全国高校的师资队伍再造浪潮，各高校教师队伍整体学历层次和结构得到显著的优化，广大教师的知识水平和表达能力普遍提高。但由于只注重专业学历的提升，相对忽略了教师其他素质的培养和训练，使教师队伍的素质和能力结构参差不齐，一些教师擅长专业学术研究，疏于教育科学研究，看重教学任务指标，忽视教学责任要求，导致缺乏了解教育规律和人才成长规律，缺乏对科学的教学流程、节奏、强度、方式的把握，甚至缺乏教书育人的责任感，成为影响教学质量的关键因素。课程只是教学的剧目，课程资质才是教学的剧本。不是所有的课程都具备课程资质，缺乏课程资质的课程无疑只是教学的摆设。高水平的课程资质表现为：课程体系符合专业培养目标和规格，符合素质、知识、智慧、能力全面发展的要求，符合跨学科拓展的需要；课程结构彰显基础培养与专长培养的统一，彰显理论教学与实践教学的统一，彰显学术训练与职业训练的统一；课程内容贴近经济社会发展的趋势，贴近学科专业发展的前沿，贴近大学生求知的需要。这样的课程资质对回答理论和实践问题具有极大的证明力和说服力，对提高学生的思想境界和知识水平具有极大的吸引力和促进力。21 世纪交替前后循序渐进的高校课程改革，无疑对各专业课程设置注入了新的要素，高等教育课程体系畸形、课程结构失衡、课程内容陈旧的状况在整体上渐行渐远。然而也应该看到，素质教育与专业教育的关系、基本原理与实证案例的关系、教师个人兴趣与培养规格需要的关系、理论逻辑演绎与实际问题回应的关系，依然没有在课程设置中完全处理好，成为影响课程资质的瓶颈问题。教学过程是育人的模具，教学能效是育人的工艺。实施了教学过程，未必就能形成教育的成色，缺乏优质的教学能效，教学过程只是门面之作。卓越的教学能效体现为教师在课堂上运用先进的教学方法，充满思想性、灵见性、辨析性和创造性地与学生进行能动的沟通、交流、对话，而不是把课堂教学仅仅当作著述的阅读、信息的告知和符号的传递。进入21世纪以来，教学方法的改革普遍成为高等学校教育教学改革的重点，多媒体、PPT、现代网络技术手段的广泛应用，使大学课堂教学面貌发生了可喜的变化。但是，由于观念作祟、体制制约和路径依赖，书面知识的机械传播强而思想启迪弱，提供现成答案强而授予研究方法弱，照本宣科强而灵活讲授弱，在大学教学中依然普遍存在，同时伴随着考试中考核单项知识多而考核综合知识少，考核知识记忆多而考核知识应用少，静态式考核多而动态式考核少，使学生依然习惯于机械重复的求知技能，以及线性应答的学习模式，教学能效十分不佳。教育不授渔，教书不教术，教学不点穴，必然导致对学生科学学习指导的缺乏，使一些学生处于迷失方向的盲目学习状态，并突出表现在三个方面：

第一，在学习内容的选择上，处于目的迷茫中的手段性学习状态。比如，大学本科生普遍在四年中遭遇一年级下学期和三年级上学期的两度困惑，一年级下学期时困惑于不清楚学什么、怎么学，窘于不会合理安排每一天的时间和精力，三年级上学期时困惑于不知道毕业后干什么、怎么争取，疏于对考研、考公务员、考资格证的统筹兼顾。对学生的两度困惑，在现行的教学制度中，教师很少解答，课程从不涉及，课堂基本不提及，使学生处于目的迷茫，导致上课、阅读、考试成为只是为了获得课程成绩和学分的手段。

第二，在学习方法的掌握上，处于价值不清的工具性学习状态。比如，一些学生缺乏学习的主体性，对学校提供的课程、环节、平台、机会，缺乏能动选择的主见、动力和能力，往往按照获得学分最现实而不是自身发展最需要的标准选择课程。又比如，近年来，在不少重点大学中出现了一些身心状况良好的大学生产生厌学情绪，提出退学。这种现象与在教师、课程、课堂中得不到指点有直接的关联。学生在不清楚学习价值的情况下，只能是把学习作为工具，而不是作为价值。

第三，在主业与副业的关系上，处于实体虚弱中的条件性学习状态。比如，一些学生在学校中分不清主业与副业的关系，盲目热衷于属于生存条件的岗位资格证书考试，却把专业学习放在对付的地位。这些学生在学习中追求的是条件满足，而不是实体充实。

上述三种状态虽然未必是大学中的主流，但警示我们：大学在培养学生心智上是值得反省的。本来，在几十年如一日的教学模式中，几十个学生集于一个专业，在同一间教室里，在同样的教师采用同样的教学模具、流程、方法下接受教育，以同样的背功应对考试，就必然缺乏问题意识和超越情怀，再加上上述三种状况的存在，很难使大学生具有悟性高、灵性强、有活力的创新精神和创业品格。深化大学教学改革，必须围绕如何点燃学生心智的火焰，致力于在以下三个方面下功夫：

第一，切实加强教师队伍的建设，着重加强教师素质的培养。通过建立健全教师准入和退出机制，形成教师素质优胜劣汰的流动局面；通过加强师德师风建设，强化教师教书育人的责任感；通过系统地教育学训练和开展经常性教学研究，使教师不断提高教学的科学化程度。在综合努力中，使教师不仅把教学当作职业，更善于当作事业；不仅把育人当作任务，更善于当作道义；不仅把讲台当作舞台，更善于当作工厂；不仅把教材当作范本，更善于当作创造，从而在教学中履行起启迪学生心智的本职。

第二，加大课程调整和优化的力度，着重提高课程资质。要整体优化课程体系和结构，切实按照经济社会发展对专业人才培养的全面要求设置课程，进一步处理好必修课与选修课的比例，处理好专业课与素质课的关系，处理好知识传授课与方法训练课的关系；要加大课程内容的更新力度，彻底改变教学内容与社会现实相比，一部分有用、一部分无用、一部分对立的状况。通过这些改革，使课程成为能够引领学生由知识此岸向心智彼岸跨越的跳板，成为学生从已知世界向未知世界探索的透镜，成为学生学业成熟的熔炉。

第三，实质性推行教学方法改革，把教学过程营造成双主体互动的过程。必须彻底改变照本宣科的讲授方式，致力于培养学生的好奇心、想象力、悟性；必须彻底扭转满堂灌的课堂程式，积极探索启发式、探究式、讨论式、参与式模式；必须彻底抛弃布道式训导习惯，鼓励学生独立思考、大胆质疑、挑战权威、自由探索。通过这些努力，使课堂充满灵性，知识具有灵魂，思考富有灵见。

（选自 2011 年 2 月 22 日第 294 期总第 700 期）

法治国家建设呼唤卓越法律人才

黄　进

法学教育在中国民主法治建设中具有基础性、先导性、战略性的重要地位。新中国成立60多年来，尤其是改革开放30多年来，中国法学教育已经培养了一大批人才，为社会主义法治国家的建设做出了重要的贡献。但不可否认，目前中国法学教育还存在着人才培养目标定位模糊、整体办学水平较低等一系列问题，法学教育不能满足经济社会发展对于卓越法律人才的需求。因此，积极推进法学教育教学改革、创新法学人才培养模式、切实提高法学人才培养质量势在必行。法学教育定位于法律职业人才培养，法学教育是面向学生开展的以传授法学知识、培养法律思维、训练法律职业技能、培育法律职业伦理为内容的教育活动。法学教育是人类高等教育中最古老的专业教育之一，世界各国法学教育从来就是法律职业教育（professional education），法律职业本身规定了法学教育的人才培养目标，决定了法学教育改革的发展方向。长期以来，中国法学教育将主要教育资源集中于知识传授，在人才培养过程中缺乏清晰的法律职业教育目标定位，导致课程体系、教学内容、教学方法、实践教学等教学环节忽视了对学生分析处理实际法律问题和案件的能力训练。培养出来的学生不时被法律实务界抱怨，认为其知识应用能力和职业技能不能满足实务需要。

法律职业人才的成长有其特殊规律。一般来讲，法律职业是从事直接与法律相关的各种工作的总称，从事法律职业的人才就是职业法律人。职业法律人包括三类：一是法律实务人才，包括法官、检察官、立法人员、律师、仲裁员、政府工作人员及企事业法律顾问等；二是法学学术人才，包括法学教授、法学研究人员等；三是法律职业辅助人才，如书记员、律师助理、司法警察等。由于具有鲜明的高度专业化的行业特点，职业法律人在发展过程中逐渐形成法律职业共同体，而在法律职业共同体中，法官、检察官、律师是最典型的法律职业。

通常，法律职业人才的成长要经历大学通识教育、大学法学专业教育与法律职业继续教育三阶段。其中，大学通识教育是基础，大学法学专业教育是主体，法律职业继续教育是大学法学专业教育的延伸。法学专业学生进入法律职业共同体并成为合格的法律人，必须掌握完整的法学理论知识，接受专业化的法律思维与法律推理能力训练，接受系统化的实务技能训练，养成法律人必须具备的道德品格与职业操守，通过国家统一的司法考试。进入法律职业后的法律职业继续教育的目的是法律职业经验的积累与法学理论知识的更新，不能替代大学法学专业教育。

以培养模式改革促进培养质量提升。法学教育的改革，核心在于法学人才培养模式的改革与创新。科学的法学人才培养模式应当建立在法律职业人才培养目标基础之上，并体现为课程体系、教学内容、教学方法、实践教学等系列要素的规律性设计。具体内容包括：将法学教育定位于法律职业教育；在课程体系方面，要实现理论教学与实践教学相结合，以系统的法学理论知识教育为基础，以实务技能类课程、案例课程为重要组成部分；在教学内容方面，要实现法学基础知识、基本理论、基本技能教育与法学方法、法律思维、法律语言、法律推理能力教育相结合；在教学方法方面，充分发挥教师和学生的主体性和能动性，广泛运用启发式、讨论式、参与式教学方法与案例教学方法；在实践教学方面，要将课堂教学实践教学环节与独立实践教学环节相结合，设置独立的应用学习阶段进行系统的职业技能训练，将法律实务部门纳入法学教育体系，使其承担实践教学任务；在职业伦理教育方面，要培养学生信仰法律、忠于法律的职业伦理与公平正义的价值观。作为以法科为特色的大学，中国政法大学始终将人才培养模式的改革创新作为提升法学专业人才培养质量的重要途径。2008 年，学校经教育部批准招收"法学人才培养模式改革实验班"。实验班将人才培养目标定位于法律职业人才，整合法学本科教育与法律硕士专业学位教育，实行六年两阶段的培养模式（以下简称"六年制模式"），将第一阶段规定为基础学习阶段，第二阶段规定为应用学习阶段。"六年制模式"改革定位于法律职业人才培养，以社会责任、职业精神、基本技能和专业能力教育培养为核心，将通识教育、法学专业教育、法律职业教育有机地结合统一起来，对培养应用型法律职业人才进行了有益的探索。

（选自 2011 年 4 月 26 日第 302 期第 708 期）

理智与情感，契合不冲突

如果执法者坚持法律人的理智，执法的结果反而经得起时间和历史的检验，最终与多数人的情感相契合。无论是在国内法层面，还是国际法层面，法律人的理智与多数人的情感在多数情况下是契合的。

"法律人的理智和多数人的情感"的论题本身就带有一定的诱惑性，似乎是把法律人的理智与多数人的情感对立起来。可能法律人往往觉得自己因为理智所以更聪明，而理智必然是高于情感的，因此在这个论题下很容易走进一个既定的观点误区。但是我个人认为：法律人的理智与多数人的情感在多数情况下是契合的、不冲突的，也应该是契合的、不冲突的。下面我从国内法和国际法两个角度阐述一下我的观点。

在国内法层面，我想分成立法和司法两个角度来讨论所谓法律人的理智和多数人的情感。

从立法层面看，什么叫立法？立法应该是人类社会普遍价值观的体现，也就是说，立法应该是契合多数人的利益和情感的，否则这个法会因缺乏其产生基础必然遭遇执法的困难。那么，立法和多数人的情感对立出现在什么情况下呢？情感感情，它是场域化的产物，是流变的、不确定的。但是法律寻求的目标是把流变、不确定的多数人的情感规范化。也就是说，确定判断、衡量和确认个人和社会的思想行为的价值尺度，寻找一种最有利于广大人类共同发展的方式处理公共事务的制度，也就是将流变的情感以一种保守冷静的方式将它确立下来，最终目的是把人类引向所谓的"至善"。但若要把人引向至善，立法就不应该违背多数人的情感，而且应该是迎合主流价值观。因此，在立法的过程中，法律人理智的结果从根本上是不悖于多数人的情感的。

从司法层面看，法律人的理智体现为什么呢？我认为，执法过程中，法律人的理智应当体现为三个层次：尊重事实、依靠证据、遵循法律。遵循法律既包含遵循实体法，也包含遵循程序法。而我认为，如果法律人在执法过程中，始终坚持法律人的理智，执法的结果是不会有悖于多数人情感的。而当法律人执法的结果与多数人情感相悖时，要么是所谓的"多数人的情感"因舆论的偏激报道变成了"多数人的情绪"，比如 2006 年的"南京彭宇案"，媒体夸大"见义勇为"的报道让普通老百姓忽略案件本身的事实、证据和法律适用；要么是法律本身出了问题，一是现行的法律已经不适应社会的发展，法制存在的基础发生了变化，此时需要调整的不是多数人的情感，而是立法本身。例如 1997 年《刑法》修正时取消了"流氓罪""投机倒把罪"等罪名，就是在这种背景下发生的。二是执法者没有坚持法律人的理智，例如 2009 年"天津版彭宇案"，法官在事实不清、证据不实的情况下匆匆适用法律作出判决，此时判决结果当然违背多数人的情感，因为他本身就不是法律人理智的结果。

我认为，如果执法者坚持法律人的理智，执法的结果反而是经得起时间和历史的检验，最终与多数人的情感相契合。例如 1994 年美国著名的"辛普森案件"，在当时所有证据都有的情况下，美国法官以"疑罪从无"原则判辛普森无罪，因为该案所有的证据都是间接性证据，形成不了一个证据链条，当没有足够证据来证明杀人成立时疑罪从无，当时这个判决的作出备受美国人指责。因为这个案子涉及很多案外问题：种族问题、明星堕落问题等。但是我们现在回过头去看，多数人的情感已经接受了这个判决结果。因为这个案件审理坚持了法律人的理智，它体现了程序正义的重要意义。

从国际法的角度讨论这个论题，首先需要澄清的是"谁是法律人，谁又是多数人"。法律人指的是像联合国官员、WTO 专家小组成员这种不允许有立场的法律人，还是像类似于我这种虽然研究国际法，但肯定会有一定立场的"国际法律人"？多数人是指全世界的多数人，还是国内的多数人？就我目前的学识、阅历以及思考的高度，我还做不到把一个中立的国际法律人和全世界多数人去进行对比，因此我只能缩小一下论题，讨论"有立场的国际法律人的理智和国内多数人的情感"。当论题缩小后，答案出来了：此种法律人的理智和国内多数人的情感最终将会走到一起。

国际法里有句话叫"屁股决定脑袋"，即立场影响观点。国际法当然在一定程度上体现了人类社会所追求的公平、正义、人道主义，但是国际法更多情况下不是绝对公平正义的结果，而是利益妥协、价值观妥协的结果。此时，作为有立场的国际法律人，他在国际立法和司法环境中是代表本国利益、代表价值观的，而国内多数人的情感在国际环境中表现出来的也是爱国主义情绪，因此，二者最终会殊途同归。

那么，什么情况下国际法律人的理智会与国内多数人的情感发生冲突呢？是当我们法律人为了获得更多的利益而作出妥协的时候，例如中国加入 WTO 是为了获得国际贸易中公平自由的对待，但为了实现这个最大利益，我们必然要作出妥协，因此在中国入世承诺上有一些内容是对我们不利的，这是妥协的结果。但当这种妥协被放大的时候，法律人的理智和多数人的情感就冲突了。此时坚持法律人的理智应该去研读规则，看看现行规则还有没有对我们有利的可能，如果没有，我们要积极争取参与这些规则的调整，在能够改变规则时引导规则朝着有利于我们的方面去发展。于是，当法律人坚持理智完成这些使命后，最终又会和多数人的情感走到一起。

因此，我坚持我的观点，无论是在国内法层面还是国际法层面，法律人的理智与多数人的情感在多数情况下是契合的、不冲突的，也应该是契合的、不冲突的。

（选自 2012 年 7 月 3 日第 345 期总第 751 期）

我改变不了这个世界，但可以改变我的课堂

——我的教学心得

黄　东

　　标题是许纪霖教授的名言，于我心有戚戚焉。曾经有人问我教学的方法是什么？似乎总应该有个一二三四之类，但细细想来，却不知从何说起。我总觉得，离开了情怀，一切教法皆是皮相。从事教学已达七年，自问如夫妻一般也进入所谓的七年之痒，新奇不再，激情退潮，开学放学，上课下课，一地鸡毛，渐渐无聊。这是我近来所深深恐惧的。因为，缺少了激情的支撑，再超凡的教学方法都难以实现卓越的效果。所谓的成绩，所谓的认可，处置不好，恰成一种惑业之障。

　　时至今日，我都还清楚地记得七年前初来法大的那个下午，我站在主楼门口默默地问自己：你喜欢这个工作么？你想成为怎样的老师？你想把课堂弄成何种样子？

　　我认为，所有的教育其实都是价值观教育。历史学是无用之学，但无用之用，是为大用。按照唐德刚先生的说法，中国自近代以来便处于一个历史的三峡之中，若转型成功则需数百年的时光。这个转型具体的目标何在呢？我体味，就国家而论，就是由一个天朝上国到一个独立的民族国家的过程；就政治而论，就是从君主专制到民主政治的过程；就社会而论，就是由四民社会（士、农、工、商）到公民社会的过程；就经济而论，就是从自然经济到市场经济的过程；就文化而论，就是从文成天下到成为世界文化体系一部分的过程。我们今天的人与林则徐、曾国藩、李鸿章一般，都处在这一转型期之中，对于此，历史学何为？历史教育何为？

　　只要看看今天的意识形态冲突以及政治分歧，我们就会发现，对过往的历史尤其是近代以来的历史的认知差异，是造成这种现象的重要原因。"谁控制了过去，谁就控制了现在。"历史教育与政治正当性密切相关，与大学生的政治社会化也密切相关。历史学要面向大众，历史教育要为培养

大学生乃至国人的公共精神提供帮助。认识到这一点，就不能以政治教育自限，而是要以引导政治教育自期。教学之阐释，当不自欺、不欺人、不溢美、不隐恶。教学之立场，要"不以人蔽己，不以己自蔽"，于诸大家，则皆是我所用之资源，不必傍人门户；于自身，则始终是今日之我胜于昨日之我，明日之我又胜于今日之我。教学之情怀，当有经世之心，于史事分析批判之余，对我中华之文化始终抱有温情与敬意。

在这样的转型期，好与坏，积极与消极，端赖你如何看待。豪杰救世，愧不敢当；书生意气，恭居其末。"天下事有难易乎？为之，则难者亦易；不为，则易者亦难矣。"我改变不了这个世界，但可以改变我的课堂。

（选自 2013 年 10 月 29 日第 392 期总第 798 期）

大学的教育理念

赵庆杰

当今大学教育的目的是什么？或者说，大学作为一种高等教育的机构，应该培养怎样的学生？应该如何培养学生？鉴于目前的实际情况，当今大学的教育理念应该实现以下两个方面的转变：

第一，从专家到通才。在现代社会，人"被抛入"了一种功能主义的生存结构之中，人不再是目的，而是沦为手段和工具，由此决定了人必然陷入片面化和从属化的生存情境之中，功能主义使我们对大学培养目标的定位出现了偏差。大学教育培养出来的应该是通才还是专才呢？日益分化的学科专业似乎告诉人们，大学教育就是培养专家的。其实，大学的最大目的在于培植通才，而不在于培养一批批限于一种专门学科的专家或高等匠人。特别是在当今这种学科划分越来越细密、学科间隔阂越来越严重的情状下，培养通才更为重要。通才并不是说他在各个领域都擅长，在科学高度发达的今天，这显然不可能，通才也有自己的专业领域。通才之所以高于专家，在于通才在熟练掌握本专业的知识的基础上，能站在更高的学术高度、在更广阔的视野中分析研究自己擅长的专业问题。打个比方说，张三是我校某间教室的专家，他对教室里的一切深有研究，但他的研究领域仅限于本教室。而李四是位通才，他的研究领域也是该教室，但他不仅对教室里的一切深有研究，还能站在14层的主楼上俯瞰这间教室，在更广阔的视野中定位这间教室。这就是专家与通才的区别。

同时，在科技突飞猛进的今天，大学作为一种提高人的精神品位的文化机构和一种实践功用服务社会的职能机构，其教育中人文精神分量的多少就显得尤为重要。"观乎人文，以化成天下"正是人文的价值所在。因此，当今大学应该用一种一以贯之的人文精神把支离破碎的专业和课程联系成一个有机的整体，为塑造一个全面的人而努力。正如爱因斯坦所言："青年人在离开学校时，是作为一个和谐的人，而不是作为一个专家。"从培养专家向塑造通才的转化是实现大学教育理念转化的第一步。

第二，从求知到做人。现代人对教育的理解已变得非常狭隘。我们素有视读书为改变身份地位、加官晋爵之当然途径的传统，这就决定了我们很少有"求知"的渴望，更多的是"求仕"的祈望。我们对"幸福"的理解，大抵是"金榜题名""光宗耀祖"，动力源于"黄金屋"和"颜如玉"的刺激，好像大学只是一个知识的中转站，而与人的品德素养毫无瓜葛。由此培养出来的学生就不可避免地成为一些仅具有高级专业知识而不一定具有高尚品德与人格的人，这其实曲解了大学的功能。

对于大学的理解，我们可以借助于古代《四书》中的《大学》篇，该文的核心思想就是阐述"大学之道"，所谓"大学之道"，简单地说就是成就一个"大人"的学问，该文不仅指明了教育的目的，而且系统全面地论述了成为"大人"的路径和模式。《大学》开篇就指出："大学之道，在明明德，在亲民，在止于至善。"这被称为"三纲领"。这是进行教育、造就顶天立地的"大人"的纲领，指出了教育的方向。"明明德"是"大学之道"的起点，是指个人达到道德上的觉悟。而要使这个道德性的自我"扩而充之"，走出自我的局限，就是要"亲民"，这指明了教育的服务对象。修己与安人的最高境界则是"止于至善"。《大学》在指明了教育的总方向之后，又进一步详细提出了实现"止于至善"的教育目标的具体步骤和途径，即要想成为一个"大人"，需要经历"格物""致知""诚意""正心""修身""齐家""治国""平天下"这样八个依次递升的环节。其中，如果说"格物致知"属于知识教育的环节，这只是成为一个"大人"的起点的话，那么，成为一个真正的"大人"还应该"诚意正心修身"，即接受道德教育，更应该"齐家、治国、平天下"，培养社会责任感，这是更高的要求。

我们的大学教育也应该践行"大学之道"，不仅教会学生知识，更要引导学生做人。正如怀特海所言："大学的理想，与其说是知识，不如说是力量。大学的任务在于把一个孩子的知识转化为一个成人的力量。"

（选自 2014 年 11 月 4 日第 428 期总第 834 期）

一波三折的 211 之旅

王改娇

　　20 世纪 90 年代初期，我国提出要建设一批"211 工程"院校，而中国政法大学却迟至 2005 年才进入"211"行列。这所久负盛名的法科强校，早在 1960 年就已被认定为全国 64 所重点院校之一（当时名为北京政法学院，中国政法大学的前身），经历了三十多年的发展壮大，首批百所"211 工程"院校竟榜上无名，它的"211"之旅为何延宕 10 年之久？这其中有着怎样的隐情？又有哪些不为人知的故事？

　　1. "211 工程"是国家为了迎接 21 世纪世界新技术革命的挑战，适应现代化建设事业的需要，加快改革和积极发展我国高等教育而采取的一项重大战略决策，它的起源最早可追溯到 1983 年，时任天津大学名誉校长的李曙森等 4 人联名上书中央，建议国家拿出 50 个亿，重点资助 50 所高校，把它们办成重点大学中的"重点"。1991 年，原国家教育委员会根据第七届全国人民代表大会第四次会议精神，向国务院正式提交《关于建设好一批重点大学和重点学科的报告》，明确提出要在 2000 年重点建设 100 所左右的高校。1993 年 2 月 13 日，中共中央、国务院颁发《中国教育改革和发展纲要》及其实施意见，文件指出，要集中中央和地方等各方面的力量，经过 10 年或更长时间的努力，分期分批地重点建设 100 所高等学校和一批重点学科、专业，使其在教育质量、科学研究、管理水平及办学效益等方面有较大提高，在教育改革方面有明显进展，到 21 世纪初接近或达到国际一流大学的水平。是年 7 月，国家教委制定《关于重点建设一批高等学校和重点学科点的若干意见》，决定设置"211 工程"重点建设项目，标志着这一工程的正式启动。

　　"211 工程"重点建设项目程序分为预审、预备立项、评审和批准四个步骤。即先由各高校进行项目可行性论证，再向主管部门申请预审，预审通过后，由主管部门向国家教委申请预备立项，国家教委审核同意即可预备立项；然后，由主管部门向国家教委正式推荐申报；国家教委分批组织专家评审；评审通过后，国家教委会同有关主管部门批准立项，下达任务建设项目书。

2. 中国政法大学申请列入"211 工程"院校历经 10 年之久，可谓一波三折。早在该项目启动之初，学校就向当时的主管部门司法部提交了报告，从办学条件、师资队伍、科研成果、办学层次、学校管理等方面，详细阐述了我校的办学水平和已取得的丰硕成果，申请司法部将我校列入"211 工程"项目。1995 年 12 月，学校到北京地区已通过主管部门预审的兄弟院校进行实地调研，学习取经，并再次提交申请重申我校的建校目标定位、重点学科建设、师资队伍、对外学术交流等方面的优势，恳请司法部将我校确定为重点扶持院校。从 1993 年至 1996 年，学校先后 5 次提交书面报告，一直未得到司法部的明确答复。5 次申报均未果，其中定有蹊跷。笔者掌握的资料显示，当时司法部部属院校中，共有 5 所申报"211工程"项目，条件较为成熟、优势较为明显的是中国政法大学与西南政法大学，两所大学实力相当，究竟申报哪一所，司法部犹疑不定，虽反复权衡，终难决断，最后索性以"两校优势互补、互相不可替代"为由将两所院校一并上报。但国家教委更是无法取舍，驳回了申请，强调"一个部委只能申报一所院校进行'211 工程'预审……到底进哪一所，应由主管部门行政拍板……"司法部党组在 1996 年 10 月决定："鉴于国家教委的意见和我部的实际情况，要争取实现一所院校进入'211 工程'，一所院校滚动进入的目标。"但究竟呈报哪所，依然态度暧昧。此时，全国通过主管部门预审的院校已达 98 所，在国务院部委中，尚未确定本部门的预审院校者也仅剩司法部和建设部。1997 年，司法部在对 5 所部属高校综合评估的基础上，最终确定中国政法大学为部属院校中唯一重点建设院校，并申请开展预审工作。翌年向教育部提交重点建设中国政法大学"211 工程"投资规划和资金来源说明，并拟定了《中国政法大学"211 工程"建设投资方案》。但令人惋惜的是，教育部"211 工程"首批项目的申报程序已然终止。

中国政法大学，这所建校初期就被中央定位于"既是我国法律教育的最高学府，又是我国法律教学研究和法学图书情报的中心"的大学，与首批"211 工程"就这样遗憾错过。随后，国家对高等教育管理体制进行调整，中央业务部门高等学校大部分通过共建转由地方或教育部管理。2000
年，学校正式划归教育部，领导班子锲而不舍，旧事重提，继续呈文教育
部恳请尽快安排"211 工程"预审。司法部也鼎力相助，专门发函教育部，
详细解释了中国政法大学未能进入"211 工程"首批院校的前后经过，希
望教育部能够考虑历史原因，重点解决这一遗留问题。2001 年，学校新一
届领导班子履新上任，再次将此项工作列入"重中之重"，2002 年 3 月，
学校向教育部提交报告，希望进入国家"211 工程"二期建设项目。2005
年 10 月 16 日，教育部以教发函【2005】267 号文件予以批复，同意学校
所报《中国政法大学 2005 年"211 工程"项目建设方案》，中央专项资金
为该项目投资 2500 万，其中 1400 万用于重点学科建设，1100 万用于公共
服务体系建设。至此，我校经过十多年的不懈努力，历尽波折，终于夙愿
得偿，2005 年正式跨入国家"211 工程"第二批院校行列。

（选自 2016 年 5 月 3 日第 481 期总第 887 期）

人文札记

转移人生

商　磊

　　同学约稿，本不知说何好，近来对"孤独"颇多感慨，也就说说"孤独"吧！

　　也是缘于前日与一位好友聊天，向她推荐大觉寺时，她诧问：你怎么单单喜欢古刹野陵什么的，我可是怕那些地方，我怕突然跳出个死人来！我笑说：恰恰相反，我喜欢在历史的边缘散步，那种深邃别处又怎么找得到呢？尤其是一个人去的时候，那种感觉既空旷又充实，极好。好友说：我倒不觉得光是深邃，怕也是你的一种孤独吧。我一惊，后说是。后又想朋友说这话时是有些怜悯的，大概是怜惜我与古刹野陵类似的寂寥，与其有点同病相怜的味道了。

　　而对于"孤独"这点，朋友错了，其实孤独不仅仅是悲壮的，也有着许多的甜美与享受，不信你可以静下心来试试。

　　奥地利诗人里尔克更是个热爱孤独的人。"静静地严肃地从你的发展中成长起来，没有比向外看和从外面等待更能严重地伤害你的发展了。""像树木似地成熟，不勉强挤它的汁液。"里尔克这里所说的"孤独"恐怕不只是外界的氛围，更是内心的一种富足。你在累了的时候，可以找一片没有一丝嘈杂的地方，静静地听鸟说话，那时，满耳都是你平常听不到的声音，心里荡出柔软的宁静来，并不用想什么。小憩之后，却是神清气爽，感谢着自然，深味着生活的美丽，就生出许多宽容来，宽容不是教育出来的，而是由于感动慢慢滋生出来的。比起能够享有的，缺陷仅仅是不足。

　　孤独并不是一种装饰，为的是使自己看起来多一点色彩。那是一种心境，"如果你平静地、卓越地、像一件工具似地运用它，它就会帮助你把你的寂寞扩展到广远的地方"。这是一件很贵重的东西，一旦认识了它的价值，你会很珍惜它。

孤独也不是非要到某种情境中寻来的东西，孤独是你在社会为你提供的轨道上跑累了的时候，自己为自己开的一片后花园，那可不是允许谁都能去的地方。当然，花园是休息的地方，并非藏身之处，所以，在这里只是暂时的修复，而非永久的逃脱。

有时想，人不如动物幸福，那些纯自然的生灵们，尽情地享受着自然与阳光。人的复杂性在于除了本能适应，还要承担起改造社会、建设社会的重任，但是，人们有没有因为忙忙碌碌、有太多的功利要追求而失落了太多宝贵的事物呢？并不一定是不得已的呀。孤独就是这样一座桥梁——静静地坐上去，想一想——是这样一座发现、欣赏、体验人生之美、人生之趣的桥梁。

社会为了谋求最大进步，也最大限度地调动着、挖掘着人的潜能，这是一把双刃剑，极易在人们几乎是惯性的匆忙里剥夺掉生活的乐趣，使人最终迷失自己。孩子们一生下来就被这种进步创造的成果包围着，只有被动地接受人为创造的快乐，还有多少人品尝思考的乐趣呢？若没有机器相陪（或电视或电脑），知道的就是设法打发寂寞了，还能知道从孤独中去发现自己创造的乐趣吗？社会短暂的浮躁并不可怕，可怕的是人也因此浮躁，失去了生命之本。

我不想妄谈诗人之死与孤独的关系，我只想说，科学也好、人文也罢，最终是为人的幸福服务的。孤独也是这样，它并非只能使人走向深渊，它其实更能使你变得充满力量，跨越局限、超越悲观。同是一种情境，只是换了一个角度，就彻底改变了意义。这就是我为什么用了"转移人生"这样一个题目，并非转移轨道，而是转移视角。

（选自 2002 年 3 月 30 日第 4 期总第 410 期）

法学公民与知识英雄

许章润

大凡一种文明臻达成熟、走向繁盛之际，必会孕育出灿如繁星般的伟大智士学人。作为这个文明的产儿，他们印证和弘扬了这一文明的成熟与繁盛。远如所谓"轴心时代"的两希文明、罗马文明、埃及文明和中国文明，近如文艺复兴、思想启蒙、广大亚非民族建设现代民族国家的浩大运动等，如马克思所言，都是需要英雄而英雄辈出的时代。正是伟大的时代孕育出伟大的英雄，而伟大的英雄们成就了伟大的时代。风助火势，火借风威，辉煌的时代与时代的骄子们血肉相连，交缠互动，共同谱写出历史的华章。远眺漫漫时尘，大浪淘沙，今人所能想象的伟大时代，若非有昆山片玉般的英雄们作为索引，必将一片茫然。历史之激荡人心，既让人热血澎湃而又意兴阑珊者，均在于此。

法学家是时代的索引之一。法学家的事业是法律的事业，法律的事业是编织人世生活与人间秩序的时代课题。通常，法律既是一种规则体系，又是一种意义体系。其为规则体系，旨在将人世生活中历经检验、屡试不爽的生活经验与生存智慧记录下来，辗转而为生活的法度、行为的最低标准。人世生活由此而得维持与延续，求存求荣的生命冲动由此而得导入理性的堤坝。其为意义体系，旨在满足人类对于公平正义、仁爱诚信的永恒价值诉求，将安全、自由、平等、人权和民主与宽容等世道人心的常识、常理与常情，熔铸为规则之身。由此，法律不仅是现实生活中日常洒扫应对的凭藉，展示预期前景的生活之道，人们据此可得"安身"，而且成为人类情感寄托与信仰膜拜的对象、社会正义的最后屏障，人们据此可得"立命"。凡此错综铺陈，构成了所谓的人世生活与人间秩序，法学家的社会分工正在于立基于人世生活，为建构人间秩序而编织人世规则的涓涓溪流、披沙清淤。正是在此意义上，法学家，或者广义上的法律家，一切的法律从业者，是生活共同体的法学公民。在事实与规则、法意与人心的辗转互动中，他们对于法律的规则形式与意义内涵明辨慎思、推敲琢磨；其业其志，循名责实，通情而达理，求真以致用，构成了时代的法律主题。以法学为笔，假规则作纸，忠诚而精确、博大而完美地对于生活本身进行了充满同情而理性的复述的法学公民，当之无愧是这一生活共同体的知识英雄，一个时代的法律索引。

建设民族国家与现代社会，自西而东，构成了晚近历史的时代特征。一言以蔽之，诚如论者所言，凡此乃为一个形成"法律文明秩序"，也就是一种"法律的"生活方式，一种"法律的"生计之道的奋斗过程。其路也漫漫，其业也浩瀚，不得不然，有所然而然，顺其然而后然。正是在此过程中，法律作为生活的规则之维，不仅诚实记录了这种逐渐累积起来的新型生活经验，而且，其本身即为这种生活经验的一部分，经过反复试错、深沉思索而筛选积淀下来的精华部分；法学家不仅是生活经验的记录者和表述者，而且，其本人就是这一生活的参与者与创造者，通常，也是生活中最为稳健而负责任的群体。但是，既不是法学家，也不是法律，而是求生存的生活本身形成了这种生活方式，从而，是生活本身创造了自己的规则、秩序及其意义。法律不过是对于这一生活方式的记录与编织，而法学家充其量只是它的法律喉舌。也正因为他们是法律的喉舌，法学家成为规则的文书，意义的祭司，从而，法学家是人世生活的守夜人。

由此，包括法学家在内的整个法律从业者社群，是法律信仰的宣谕者和实践者。如果布莱克斯通所言不谬，法官是"活着的法律宣示者"，那么，法学家就是法律的良心，是法律信仰的传教士。法律信仰，特别是对于宪法的忠诚，是一种非神学非宗教的世俗信仰，也是现代市民社会的公民信仰。信仰法律，意味着相信法律应当是、可能是并且正是公平、正义的规则，是我们的内心信念的忠实表达和外在行为的最佳规范；信仰法律，意味着认可法律作为规则对于事实的组织和网罗，即对于自己的生活的描述与厘定的准确与允当，因而，法律成为一种自然的规范，也就是生活本身天然不可分割的一部分；信仰法律，意味着明了法律是维系人世生活、达成理想的人间秩序所可能有的较不坏的选择，而为人类对于自身生活善加调治的人类品德的伟大展现，阳光下的善的光辉；信仰法律，意味着坚信法律的真实力量，循沿法律规则，失衡的人间秩序必将复归均衡，因而，法律不过是将对于行为与结果间的特定因果关系及其预测呈现于世，使得人们对于自己的举止做出一定的预期，从而妥帖措置；信仰法律，还必然意味着时时以天理人情省视俗世的规则，对一切恶法深恶痛绝，时刻准备着为法律而斗争。从而，信仰法律也就是在对于人之所以为人的天理良心进行追问与宣谕，参悟而持守；而这，便也就是法律理性，一种蕴涵于规则之中的人类的同情心。正是在营造和展现法律信仰的志业奋斗中，法学家成为法律理性的化身，行走着的法律理性。

晚近西学东渐的一百多年间，汉语文明一直处于被迫接受西方法律文明的境地，迄今而未止。个中曲折，既为汉语文明所特有，亦为人类史所仅见。凡此"法意阑珊，不得不然"的西学东渐，无论是从历史看，还是就理性言，其内在目的与终极结果当然并非只在验证西方法律文明的普适性，毋宁乃在经由此番东渐过程，实现汉语文明的复兴，包括建设现代汉语法律文明。汉语文明作为一种社会组织方式和人世生活方式，是特定时空的人类生存之道，在当今世界，也就是中国人的生存之道，从根本上来说，具有不可复制性。这意味着：汉语文明同样不可能仅仅藉由复制西方文明即可解决自身的生计——如果存在这种"复制"可能性的话；相反，其生计之道的解决必须倚靠找寻与提炼自身特有的"活法"。其中，法律智慧作为生计之道的重要一维，同样具有上述双向不可复制性。诸如中国文化这样的宏大文明实体，其存在本身和它的劫后复兴，都必然要求并伴随着对于人类的生存之道做出自己的原创性尝试，五分之一人类求生存求发展的奋斗本身，即为对于人类生存之道的一种原创性探索。而包括"大"法学家在内的如苍穹群星般灿烂的思想斗士、知识英雄们的纷呈辈出，乃是一个重要标志。

50 年来，海峡两岸均未出现大法学家，亦即对于中国文明在法律领域的生存之道作出系统而深邃的原创性探知与解释之人，不仅是因为中国文明的转型尚在继续之中，没到水落石出的时刻，因而难以养育出自己的法学英雄，自己的伟大法学公民，还因为身在西方文明一家独强的时代，即便其他文明确有作出原创性探知者，亦常常为"主流文明"以及处于"主流文明"笼罩之下的知识共同体所忽视，而至湮没不彰。因此，在今日汉语文明语境下，对于中国文明的生存之道的探索和发展，不仅意味着对于"海峡两岸四地"各自法律智慧的总结，同时要求精细研索和认真沿承近代汉语文明前辈法律学人的智慧，在对前辈的苦斗与智慧、两岸的生聚与教训，当今全体人类生活的深刻危机均有深切了解与切肤同情的基础上，传承接续，翻本开新。如此土壤细流，持之以恒，积劳积慧，伴随着中国社会规则和人间秩序的重组与发展过程的逐步推进，社会组织方式与人世生活方式的渐次改善与提升，足以代表汉语法律文明发言，堪为汉语文明法律智慧的象征，公认为"大"的法学家，即中华民族的伟大法学公民和知识英雄的诞生，终究是早晚的事。

人心唯危，何以将之？天地悠悠，幹维焉系？法意阑珊处，却看生活之树绿意盎然；人世生活里，终不能或缺规则的清朗。吾族吾民，历经百年期盼，百年苦斗，已然曙光初照；前不见古人，后必有来者。吾三匍三匐，馨香而祷矣！

（选自 2002 年 6 月 20 日第 12 期第 418 期）

法律与音乐

舒国滢

一

犹太教法典的编纂者常言："如果你要理解无形之物，必须仔细观察有形之物。"我们似乎也可以接着说，如果你要了解法律的精神，则必须研究音乐和音律。在法律与音乐这两种看似毫无干连的事物之间，或许存在某种内在的隐秘的关联，有待我们去认识，去探寻，去发现。

古希腊城邦独特的教育方式和教育观念，可能是一个诱因，吸引我们去关注音乐在国家法律和制度构建中的意义。

我们知道，古希腊人，这个被黑格尔称为代表"世界历史民族的童年"的民族，采用一种本质上属于审美的眼光看待事物。例如，他们把美德（virtue）看作"美丽的"（如"美丽的城邦"）；邪恶（vice）是"丑陋的"。在希腊人看来，一个"优美的"民族，必须对其公民进行两种最基本的教育，即体育和音乐训练。柏拉图在《理想国》中指出：音乐和体育这两种技术，服务于人的两个部分——爱智部分和激情部分，因此，那种能把音乐和体育配合最好，能最为比例适当地把两者应用到心灵上的人，可以被称为"最完美最和谐的音乐家"。亚里士多德在《政治学》第10卷"论教育"中亦认为，青年教育的基础课程有4门，即读写、绘画、体操和音乐。体操可以培养勇毅的品德，音乐的价值在于操持闲暇的理性活动，因而具有高尚的意义。

追至18世纪，孟德斯鸠在《论法的精神》中，对希腊教育的特性作了进一步的推论：

不能不把希腊看作一个运动员与战士的社会。然而，这些训练极易使人变得冷酷而野蛮，所以需要用他种能使性情柔和的训练，以资调节。因此，音乐是最适宜的了，他通过身体的感官去影响心灵。身体的锻炼使人冷酷；推理的科学使人孤僻。音乐是二者的折中。我们不能说，音乐激励品德，这是不可想象的；但是它具有抑制法制的凶猛性的效果，并使心灵受到一种只有通过音乐的帮助才有可能受到的教育（【法】孟德斯鸠：《论法的精神》（上册），商务印书馆1987年版，第39～40页）。

这里，孟氏关于音乐具有"抑制法制的凶猛性"的确切涵义到底有何所指，我们目前尚不得而知。但他在法律（制）的价值评价层面来认识和理解音乐的意义，试图窥探音乐和法律的连结点，这一意向却是清楚明白的。孟氏的言论像一个若隐若现的路标，指点我们在勘测音乐与法律"内在的隐秘的关联度"的幽暗道路上继续前行。

二

音乐，是通过节奏、旋律、和声、调式和调性等组织要素所构成的"声音的秩序"。音乐的这样一种性质，使它与宇宙万物之间具有普遍而紧密的内在联系。德国哲学家叔本华在《作为意志和表象的世界》中指出：音乐与现象界或自然界可以看作统一东西的两种不同的表现；或者说，音乐是世界的表现，世界是"具体化的音乐"。音乐能够使显示生活和现实世界的每一画面、每一场景立刻意味深长地显现出来。

同样，古罗马的学者鲍埃齐（A. M. Boethius, 480～524）认为，存在着3种音乐："宇宙音乐，宇宙的'和谐'或秩序；以及应用的音乐，人们所作的、可以听到的音乐。"（鲍埃齐：《关于音乐的教导》）

在中国，先人们亦早已体察到音乐的"天人之和""乐则天地"的秘密。《尚书·舜典》载："八音克谐，无相夺伦，神人以和。"《国语·周语下》："凡神人以数合之，以声昭之，数合声和，然后可同也，故以七同其数，而以律和其声，于是乎有七律。"北魏刘昼释曰："乐者，天地之声，中和之纪，人情之所不能免也。"（《刘子·辩乐》）

音乐作为"天人合一"秩序图示的生动呈现，一旦进入政治国家之"人事"秩序领域，则注定与强调"里仁为美"的"仁治""德治""贤人政治"（人治）融为一体，构成这种社会—政治结构体系的一个制度背景。正是从审美的角度，主张"以仁德治理天下"的统治者（君主）们将音乐教化（育）、音乐节律、音乐等级制度化、法律化（如我国周代礼乐制度中有关规定），使音乐之美和"德政之美"协调统一，形成心灵与行为、个人与社会之"内外合和"的秩序。

在这样的秩序中，我们有时分不清音乐制度和政治—法律制度的界限：音乐制度即政治—法律制度；政治—法律制度也是一种音乐制度（秩序）。这种音乐与政治—法律制度的融合，在历史上或许确曾起过孟德斯鸠所谓的"抑制法制的凶猛性"作用的，因为：如果没有音乐的融入，现实的政治—法律制度也许以更为直接的阴森恐怖的方式表现出来。但任何事物都有它的两面性，人类的制度史同样告诉我们：音乐之制（乐制）事实上亦会无形之中遮蔽政治—法律统治的"凶猛"面相，隐没"正音""雅乐"背后的不合理的等级秩序，使人民在接受其教化的同时也"舒舒服服地"接受着一种所谓"正统性"（legitimacy）的统治。

职是之故，无论在古希腊还是我国先秦时期的制度史上，我们均可发现：在所谓"完美（审美）主义"政治制度（人治）的设计中，音乐的训练，音乐的制作，音乐的节奏、旋律、调式和调性的勘定，绝不是每个个人的"私事"，而是由国家通过高度组织化的形式来加以管理的"公事"。因为，依靠征服"民心"建立正统性地位的统治者们明白，音乐可以改变人的心灵的秩序，塑造人民的性格，定导人的价值观的形成。音乐的善恶好坏，将直接影响教化（育）的质量、臣民的道德素质和国家的兴衰安危。由是，《礼记·乐记》曰："治世之音安以乐，其政和；乱世之音怨以怒，其政乖；亡国之音哀以思，其民困；声音之道，与政通矣。"又谓："礼节民心，乐和民心，政以平之，刑以齐之，礼乐刑政，四达而不悖，则王道备矣。"

这，大概就是我们所见到的音乐与"王道"之治的最经典的注解了。

三

音乐，无疑又是最私人化的东西。因为，无论对音乐表演者，还是对音乐欣赏者而言，音乐都与人的"流动的"感性感受相联系着的，是"同时对想象和感官说话的"、作用于人类感受和感情的"激情的语言"。他抽离和取消了"空间的绵延"，而仅具有时间—流动的性格与结构。在这里，音乐使"声音好像要把观念内容从物质囚禁中解放出来了"，使心境以及它的全部情感和情欲在它的声音里得到表现（黑格尔语）。正如德国音乐理论家克劳则（G. Krause, 1719～1770）所言，音乐可以描写人的性格的崇高、庄严、华贵、英勇、虔诚、德行和欢乐，也可以刻画热恋者的叹息、不幸者的苦痛、盛怒者的威胁、悲伤者的哀痛和悲惨者的请求等（克劳则：《音乐杂文集》）。

我国荀子亦谓："夫乐者乐也，人情之所必不免也。故人不能无乐，乐则必发于声音，形于动静，性术之变尽是矣……故齐衰之服，哭泣之声，使人之心悲；带甲婴革由，歌于行伍，使人之心伤（壮）；姚冶之容，郑卫之音，使人之心淫；绅端章甫，舞《韶》歌《武》，使人之心庄。"（《荀子·乐论》）

显然，音乐就是人的生命和生命意志及其自由的再现。音乐能够激活人的生命意志、欲望和无限性、永恒的自由理念，诱发出被音乐之内外秩序重重遮蔽和抑制了的个人的原始本能，扩展人的想象力和创造力。

这样，在音乐的时间流动中，就可能会存在着社会规制与个性展现、理性的制约与感性的反叛、"神圣的"道德教化与世俗的生活享乐、社会关系秩序与个人之心灵秩序、生活模式的整齐划一与多样性变化等之间复杂的矛盾，我们不妨把这一现象称为"音乐的秩序悖论"。

音乐的秩序悖论，从一个侧面也折射出国家法律制度（秩序）所面临的潜在的矛盾和冲突：

一方面，国家的法律制度与秩序，像音乐秩序一样，必然要求人们在其世俗的社会生活中遵守一定的规则，甚至要求人们按照官定的音乐的节律、运动形式、音乐的审美范式来做出一定的行为或不做出一定的行为。在这里，音乐的"天人合一"秩序图式可能会作为一个不甚适当的理据，来论证实在法（positive law）甚至那些现实的"恶法"的有效性、合理性与正义性。音乐的秩序和经年累月积淀的"规律""传统""风格"，在人们的心灵中产生的秩序感和无反思的惰性意识，也将成为人们服从法律的心理基础。

另一方面，现实的国家法律制度和秩序，不是、也不可能是对音乐秩序的简单模仿而形成的结果。因为按照鲍埃齐的理论，且不说，音乐有"宇宙的音乐（如自然的和声）"（这一点同国家的法律制度和秩序是不可比较的）与人类的"应用音乐"之别，即使是人类的"应用音乐"，也还有"雅声"的官乐与"俗声"的民乐之分。官乐固然可以称为国家官方法律制度的一个组成部分，但民乐却可能成为民间规则（"民间法"）的要素，不能融入官方的法律制度体系之中，甚至与后者形成对抗。

音乐与法律的颉颃，还可能以其他的方式或在其他领域表现出来。诚如上述，音乐的感觉特性，使它能够成为一个动力因素，唤醒人们沉睡的心灵，刺激整个神经系统极度灵敏的意识和引动人类近乎"叫喊"的天然情感。人对极限的超越和渴望，对无限自由伸展意志的追求以及纯粹个性感官快乐满足的要求，都可能借助音乐的手段来宣泄或表达。这样，个人的情感流动的热情和感性的意志，将不可避免地与国家"冷冰冰"的法律制度、一般规则之间产生疏远和隔膜，直至激烈的冲突。以现实的社会生活的心灵反叛作为其音乐表现的主题，甚或采取实际的行动违抗法律规则。

无论如何，由音乐所激活的"人性"的多样形态，是现实的法律制度（秩序）形塑过程中的一个"规定性"（Gegebenheit）前提。在此方面，现实的法律面临的两难困境在于：法律既不能过分地压抑人性，消灭人的生命和自由的多样性；又不能完全受人的生命的意志本能所主宰控制，成为生命的意志本能的奴仆。此等情形，要求法律必须在极其细腻的精神和价值层面寻找到一个合理的正义根据和原则，来协调解决人性的内在矛盾浮现为社会生活时所产生的各种社会问题。

但应当看到，法律自身的功能和作用都有其不可逾越的限度，指望法律完全解决深层的"秩序悖论"是不切合实际的。有时，这种对法律的过高期望在变成制度化的力量之后，反而可能成为非常有害的东西。

四

我们的时代，似乎已进入了一个被马尔库塞称为"美学颠覆"的历史阶段，人类的心灵中正发生着一场旨在恢复自然的感性的"心理革命"。

但无疑这也是一个音乐爆炸的时代：一大批以所谓"噪音的艺术"为特征的新音乐（如噪音音乐、电子音乐、具体音乐等）充斥着电影、电视、城市的街巷和乡里坊间。音乐，从来没有像今天这样不仅由于其极端地背叛传统的"美的法则"，而且由于其裹挟着巨大的物理能量，对我们生活在这个时代的人类心灵产生强烈的震撼。卡拉OK、商业化复制的MTV甚至通过庞大的市场渗透至社会生活的各个角落，使得我们的感官感觉到了某种"享受的剩余"。我们人类在舒适、稳定、富足和温馨的世俗生活里参与到新音乐形式的表现过程之中，情不自禁地随着它的声响一起狂喊和跳动。这是怎样的一个动感的时代！

不过，话又得说回来，有谁能够讲得清楚：夹杂着现代人类情感和精神的"新音乐"和它们混合着新文明的噪声而发出的声响，难道不是大自然通过人类呼出的"一口伤感之气"呢？

我们的问题是：现代国家的法制，是否已经听到了来自"新音乐"的多重繁复的心声（或噪音），并予以同情地应答呢？

（选自 2002 年 9 月 30 日第 17 期第 423 期）

法治与田园诗

曹全来

在中国古代浩瀚的诗歌海洋中，田园诗只是其中的一部分。但是田园诗浓郁的自然主义风格，却是我国古代诗歌的一般特征。"浣溪沙""竹枝词""山坡羊""水仙子""清平乐""蝶恋花"，这些散发着浓浓乡土气息、象征着田园风光的词牌，是抒怀言志诗中最常见的。有人说，真正的诗是爱情诗，即便如此，自然主义也是这类诗歌最大的特征。从中国最早的诗歌总集《诗经》的开篇《关雎》这首爱情诗中的水鸟关关，到唐朝诗人王维《相思》中的南国红豆；从汉乐府《上邪》中的"山无棱""江水绝""冬雷震""夏雨雪"，到宋代诗人欧阳修《生查子·元夕》中的"月上柳梢头，人约黄昏后"，无不以自然界的事物来象征爱情。这种将人与自然融为一体，追求物我两忘的至善至美境界的自然主义，也反映在其他各种类型的诗歌之中。在爱国诗中有《诗经·黍离》，讽喻诗中有《伐檀》；王之涣的《凉州词》是边塞诗的名篇，"采菊东篱下，悠然见南山"则是陶渊明的归隐诗《归园田居》中的佳句。即便是离自然美最远的"咏史"诗，也经常以"草木深""易水寒""稻粱谋""堂前燕"的字句钩沉历史、追溯往事，发思古之悠情，念岁月之沧桑。

中国是个诗的国度。如果有人要问哪种中国人为世人记取得最多，恐怕就要数诗人了。中国古代的文言文特别适合于诗歌这种短小隽永的文体。自新文化运动提倡现代白话文以来，诗歌就不再是主要的文字表现形式了。其实，明清小说兴起以来，诗歌就有衰落的趋势。有人说，一个时代有一个时代的特殊文体。其中也确有一些道理。大抵晚清以前，教育不够普及，一般的市井百姓无缘接触笔墨，语言文字只有上流社会的文人雅士才能掌握。吟诗作画，附庸风雅，这是中国古代读书人的能耐。而后世风渐开，思想松动，小说因其富于情节描述，思想表达，又为一般人喜闻乐见，故逐渐流传开来。

我以为诗歌最能代表中国古代文化的一般特征。人们常说中国古代文化是"礼乐文化"，不如"诗歌文化"来得确切。现代人懂得古礼古乐的很少了，但没有几个不知李白、杜甫、白居易的。

如果说诗歌文化最能代表中国古代文化的一般特征，而自然主义又是我国古代诗歌的一般特征的话，那么自然主义也可以说是我古代文化的一般特征。这种自然主义反映了我国古人恬淡自然、圆融朴实、博大宽广的人文情怀，也是他们务实、自足、以和为贵的生活态度与人生理想的写照。我们可以从不同的角度探寻这种古典文化的渊源，但我以为古代文化的这一自然主义特征，是与我国古代延续两千多年的自然经济是分不开的。

我国古人很早就开始农耕生活，进入农业社会。这可以说是相当早熟的文明形态了。农业的发展主要以青壮年为劳动力，但是他们往往缺乏耕作的经验，而且随着时间的推移，他们也会慢慢地衰老，步入老年。因此，年轻人应当对老年人致以相当的爱戴与尊敬。而青壮年的后备力量是他们幼弱的子女，因此，年轻人也应当爱护卑幼的子女。为增强抵御自然灾害的能力与其他的社会负担能力，同辈的兄弟（姐妹）成年以后一般以共同生活为宜，凡有一定亲缘关系的社会成员，都应当尽相互扶助的义务。这样一来，一幅以家庭为单位、以孝慈为伦理、以血缘和姻亲为纽带的社会农耕图就形成了。"家和万事兴"，"和"这一要求也被上升到哲学的高度。

第一，人与自然要和谐统一。农业生产自然要遵从春耕夏播秋收冬藏的自然规律，人的一举一动也须与自然界的阴阳变化气节交替相符合，这就是所谓的"天人合一"。

第二，个人的存在不具有独立的意义。只有相互扶持，才能维系家庭的和睦稳定与兴旺发达。家庭又是社会的细胞，因此，家庭的稳定对于社会的和平具有十分重要的意义。古人认为，一个人只要思想正派、举止得当，修身而齐家，将来读书做官，出将入相，自然可以治国而平天下，俨然就是一个"圣人"。因此，凡即是圣，圣即是凡，"圣凡合一"。

第三，既然单独的个人存在不具有充分的理由与意义，以个人名义开列的私有财产就没有存在的必要与意义了。个人融于家庭之中，家庭又以家族为背景，而家族又是国家赖以维系的支柱。孔子就认为，治理好国家以"不得罪巨室"为要。在这种家而国、国而家的社会中，财产也公而私、私而公，可谓"公私合一"。从小处看，个人享用之财产源于家庭又归于家庭，"取之于家、用之于家"；往大里说，"普天之下，莫非王土，率土之滨，莫非王臣"，俨然"天下一家"了。

第四，有了前面的天人合一、圣凡合一、公私合一为基础，国家的现实政治与思想教化就可以且必须合而为一，这就是"政教合一"。国家不提倡有异端的思想，更不鼓励标新立异的个人创举，这些思想与行为非但无益而且有害，因此，"非礼勿视，非礼勿听，非礼勿言，非礼勿动"就是金科玉律、至理名言。

第五，在这种绝对维护"礼"这一神圣教条的"标准化"的社会里，与由于极力推崇"公私合一"而形成的以家庭、家庭为基本单位的"家国合一"的非人格化的社会中，到哪里去找寻"我"自己的意义与价值呢？——事实上，这种想法也许本身就是错的，即使正确，也绝无可能。屈原有《天问》，试图发现自己，但是，最后，人们在汩罗河上祭奠他。于是，一个人最好不要自寻烦恼，徒劳无益地挣扎与求索，而毋宁来于自然，归于自然，力求"天人合一"、物我两忘，岂不妙哉！——这就是"物我合一"。

我们中国的古典文化，在这五大"合一"中，无不可以找到诠释的依据。这五个"合一"又以自然主义为指归。这是我们古人在农业文明基础上产生的农业文化与诗歌文化展示给我们的。

现在，我们回过头去试图品味一下生活在这个即将远离我们的时代中的人们的喜怒哀乐。也许有人会情不自禁地惊叹，这不就是一个田园牧歌般的理想状态么！的确，在这样的社会图景中，人生并非没有意义：慎终追远，光宗耀祖，便是十分荣耀的事情。一个人即使不去读书做官，也不妨生儿育女、孝亲敬祖，享受天伦之乐。但是，仔细揣摩上述五大"合一"思想，将不难发现其中的一些问题：

第一，"天人合一"固然十分符合现代社会环境保护的意思，讲究生态的平衡。但是，这一思想也有限制人的自主性与能动性的倾向。人虽然不能超越自然，但毋庸置疑，人在自然界中是十分独特的，人有文化的可能性。不承认人的文化的属性，人的地位无疑被大大地贬低了。

第二，"圣凡合一"的思想的确确认了每一个人在道德上发展与提升自己的无限可能性，使一个平凡的人也可以在道德上自足，从而给人以尊严感。但是，人毕竟不是天使，大多数人还是再平庸不过的凡夫俗子，真正可以称为圣贤的毕竟少之又少。我们固然不反对人性具有光辉的一面，是可以有道德思想的，极少数人可以发挥这一道德理想，努力做到物我两忘，去成圣成贤。但是我们也必须坚信在自然资源与社会资源都十分有限的现实条件下，大多数人还是不得不暂时忘却这一道德理想——如果有的话——而在离"人不为己，天诛地灭"这一人性的地平线不远的地方"孜孜为利"。因此，与其苦口婆心地教诲与号召人们都去成圣成贤，不如像西方人讲的"诚实生活，不犯他人，各得其所"那样，让每一个都去做一个堂堂正正、奉正守法的公民来得实在些。

第三，"公私合一"的思想的确有助于在一定程度上增加人们家庭生活的安全系数，或者像柏拉图说的那样，可以去"私心"而兴"公德"。但是，有了上面我们对于人性的预期与假设，对于一种制度是否可以改变人的心性便不能不有所怀疑。更要命的是，"公私合一"这一教条潜藏着四大"陷阱"：①在"公私合一"的制度中，由于财产所有权的不确定性，人们对于财富的取得与增加的兴趣便大大减弱，人的创造性被大大地降低了。而没有财富的支撑，所谓的人生意义与幸福，无疑将变得十分可疑与贫乏。"君子喻于义，小人喻于利"的格言其实只是一个聊慰似的"道德陷阱"。②如仅仅根据公私合一的道理，把个人限制在狭隘的家庭范围内，似乎也没有充足的理由。相反，没有有效的财富流通机制与社会保障机制，家庭生活的安全性也并不可靠。更重要的是，在家庭第一观念的笼罩之下，个人被贬低到了为家庭传宗接代、光耀门楣才有意义的地步。一个人偶尔金榜高中，或有其他机遇出人头地，也以"光宗耀祖"为最大的满足与人生追求。这样，个人其实不仅没有财产的独立，也没有人格的独立。这一观念发展到一定程度，就可能导致父母对子女的生杀予夺的权利的要求——"公私合一"孕育了一个"家庭陷阱"。③根据"公私合一"可以使人变得"大公无私"这个似是而非的道理，对于管理公共财富与处理公共事务的政府中人——他们往往是根据"修齐治平"的原则选拔、推荐或委派产生的，人们往往天真地相信他们就是"圣凡合一"的体现，并对他们高山仰止。进而，在政府管理方面，往往由于这种信任而缺乏有效的制约监督机制而对政府的行为听之任之，最终，当人们面对历朝历代政府极端的铁一般的事实时，他们将不能相信、不能解释、不能容忍，但也却不能避免。无疑，在公共事务管理方面，存在一个"组织陷阱"。④最重要的是，在这其中，由于财富并非绝对的，因而是真正的公有与共有，而国家对于家庭或家庭对财富的占有又没有合理和可靠的节制与均衡机制，因而，随着时间的推移，必然会造成社会对于财富拥有的极端不平等，这种经济的不平等最终影响到人们在政治上的不平等，而政治上的不平等又会加剧经济的不平等——这样，社会的分崩离析最终将不可避免，并且，如果不进行制度性的调整，历史将因同样的原因周而复始、循环不已。这则是一个"制度陷阱"。

第四，由于上述三个命题已变得不可靠，"政教合一"的理由也不牢固。而且，就其本身来说，这一信条也十分可疑。其一，它以政治的力量压制不同的思想，禁绝信仰的自由。其二，政教合一体制下的教育不得不向愚民教育、奴才教育靠拢。

第五，"物我合一"将以"整体""全体""人民""正义"的名义贬低个人、压抑个性，最终将牺牲个人。由于个人的才华与创造性得不到施展，整个社会也将由于失去发展的原动力而停止不前。所谓的"物我合一"将只有抽象的意义而没有实质的价值，它留给人们的只能是一种想象与安慰。

在上述情况下，如果再加上科技不发达、人口众多，集"贫病愚弱"于一身，那么，这个社会就将积重难返，难以摆脱悲惨命运。而不幸再遇到外敌入侵的话，那么，这个民族如能避免陷入万劫不复的境地，已是万分的幸运了。

由此看来，我国古代的农业文化与诗歌文化，并非美轮美奂的人间天堂。人们可能为自己生活于一个安宁祥和的太平盛世欢欣鼓舞、暗自庆幸，但你却无法拥有对长治久安的未来的美好憧憬与自信，因为你没有这样一个可靠的保障机制。这个机制不是别的，就是法治——我们这一代人最伟大的发现，可能也是对中华民族最伟大的贡献。

（选自 2002 年 9 月 30 日第 17 期第 423 期）

"法匠"与法理念

张青波

　　前日，无意中读到张传奇师弟发表在校报上的"法理念的培养"一文，对于他的学习目标，正如对于北大"山鹰社"的同学一样，我想自己不应评头论足。但是，该文主要是给 2002 级师弟、师妹们读的，兹事体大，我就不得不有了下面的议论。

　　传奇师弟认为啃教科书、背法条的技术式的学习（且命为"法匠"式学习）过于功利、急躁，无法认同。但我想"法匠"的方式值得认同，就个人言，此乃安身立命之基础；就他人言，此乃提供法律服务或帮助的基础；就社会言，此乃社会正义、法治实现的基础。传奇师弟以为不应把法律完全看作谋生手段、赚钱工具，对此，我也赞成，如果法大人都能够把法律看作匡扶正义、为民请命的凭据的话，中国的法治肯定会更好。但我想，恐怕前提是我们得了解法律。如果说法律是神圣的，而没有"法匠"们将之贯彻实施，"神圣"也只能是具文。

　　传奇师弟以为"法匠"式的学习只是停留在表面，不大艰辛，让我们看看了解法律是不是很难。姑且不论外国法律的知识，仅就中国现行的全国性法律制度而言，全国人大及其常委会自 20 世纪 80 年代通过的法律有数百件，加上"两高"的司法解释、国务院及各部委的行政法规、规章，虽不是汗牛充栋，也可谓卷帙浩繁。那就只有拣重要的学学了，但对于环保法、土地管理法、房地产管理法、信托法这些新生的制度，很多大学毕业生恐怕难以说出个道理。当然，似乎做律师和法官的话，只要懂几个部门法就够了，但是，在找工作时，大家都会发现，是自己去适应社会，而不是社会来适应自己。了解各种法律规定还不够，"法匠"们在有了"材料"之后，还得有技术。霍菲尔德的基本法律概念分析，判例法中的遵循先例和区别技术，法律解释和法律补充的种种因素或方法，法律推理和各种形式，法律论证的模式，公私法的界分……这些都是法学专有的技术，不了解则难以运用法律。

如果传奇师弟所倡导的法理念指的是法律精神、目的、价值的话，那我想"法匠"们还可能兼顾，而他建议大家"多读精深而富思想光芒的书籍、接触一下哲学"，我想这些东西恐怕不是"接触"一下就能搞懂的，而"法匠"的东西又那么多，那就除非少学"法匠"的东西了，毕竟，四年转瞬即逝。法学院学生平时多读哲学，考试应付一下，这是否有些不务正业？如果真能搞懂哲学也不错，怕的是两样都搞不大懂。

回想大学的时候，较为努力的同学是分为四派的：考试派、托福派、社会活动派、读（课外）书派，我为自己身居人数最少的读书派而自得，为自己懂得自由主义、后现代、哈贝马斯这些名词而高兴。而现在复习司考时，发现自己不得不放弃大多的部门法考题，在阅读法学著作时，发现自己读不懂太多的案例和制度，我才体会到基础知识——熟记法条、熟读课本、熟练技术——的重要性。我幸好还有补课的机会，而我那些已工作的同学就很难了。

皮之不存，毛将焉附？传奇师弟建议大家在法理念与法技术之间走中间道路，而我建议大家"多研究一些问题，少谈些主义"，还是成为"法匠"的好，因为中国 scholar 可以不多，但 lawyer 却不能少。

（选自 2002 年 11 月 30 日第 23 期总第 429 期）

评价法学的现代轨迹

——评《拉伦茨法学方法论》

龙卫球

我国台湾学者陈爱娥博士在极大的耐心和细心的基础上，翻译成德国法学家卡尔·拉伦茨（KarlLarenz）的《法学方法论》第6版（1992年学生版），由五南图书出版公司1996年出版，为中文书库添加了宝贵的一本域外法学巨著。

拉伦茨是德国今天最伟大法学家之一，他是民法学界的泰斗，其巨著《民法总论》《债法总论》等系列著作，代表了德国当代民法学的最高成就的重要部分。但他更是整个德国法学界的思想巨擘，可以这么说，他是承接萨维尼、耶林以来德意志法学思想传统的中坚人物，以德国法学自明之理及方法论进行方式的前锋线上学者的身份，使德国法学主流由历史法学、利益法学发展到今天兼顾法的安定性与法的时代感的新评价法学。确立他的这个地位，也使他取得经典作家的美誉的最重要的著作，就是他在1960年初版以及之后不断回应学术挑战修订再版的《法学方法论》。萨维尼赋予法学体系以历史精神或者"民族精神"，确立了德国法学的宏图。但耶林和荷克（Heck）发现这个所谓的"历史"尺度过于抽象和神秘，用利益法学的利益较量之原则进行取代，但是由此也给法学带来了无穷尽的烦恼。既然承认利益或价值判断是法规范制定以及其实践不可缺少的原则，那么有什么理由可以说法律制定文本有其合理性并且能够达成预定的规范意义呢？为什么法规范或者法实践不是个人的任意妄为呢？或者不应该是个人的即兴"作品"呢？既如此，法规范有什么意义？法实践有什么可信赖？法治的普遍性岂不是谎言？拉伦茨就是在这样的情境下，为减轻法学的烦恼并且确立对法律科学的足够信念而完成这本著作的。

拉伦茨没有否弃法律的价值属性，他明白，法律和它的实践是人类活动的一部分，因此必然在所有的环节浸入人的价值因素。这就是所谓的法治下的人治因素。但是，他注意到：法律之所以应该是制度实在，是以它的安定性和普遍性为理由的。追求个案特殊的具体的公正的企图，对我们人类实践来说，不仅是不效率的，也是不可能的，相反，法规范的普遍化和普遍实践，是我们可能而且不得不采用的模式。所以，现代法学的课题不在其他，而在法学方法：寻找使价值判断客观化的方法，以保证法的普遍性和法的安定性在切合时代使命的目标下得以客观地向前实践。

拉伦茨通过描述并评论现代方法上的论辩，提出法规范和实践的关系点，即当为和实存的关系点是：不可分割的"结构交织"，或者说成立"循环学上的论证"，法官要在法律和事实之间"眼光往还流转"，并且其价值判断不能脱离循环中的法规范的规范作用。法的这种规范作用，或者说法律相对固定解释的理由，在于：仅仅付诸个人的法感断案，不能带来可靠的公正，法官只有采取循序渐进的方式，才更可能达到以普遍或平等原则为基础的公正。这些方式，就是通过确定的解释方法以及法的续造方法，立于一些重要步骤，更少遗漏地确定有关法规范的隐含意义或可能扩展的范围，以便能对待判案件作进一步的彻底思考。案件的裁判过程就是在这样基础上的一个思考性的法律适用过程，在确定事实与法律要件的归属关系中，没有真正的涵摄，只有判断的归属，所以，只有思考得越深，法规范内涵（静的到动的方面）展现得越透彻，这种归属才越具有可靠性。

拉伦茨的理论是非常深奥的，可以说，必须反复阅读，才能接近它的思想精髓。从这本书开始，他使人们更坚定地认识到，法学问题虽然本质上是法学方法问题，但是相对客观化之途是存在的。非常重要的是，拉伦茨在这本书中所做的工作是细致的，他对整个法规范实践的客观化过程的具体方法和具体步骤作了极为清晰的论证。正是这样细致的论证，才使他的理论保持了合理的价值。所以，这本巨著，当之无愧地代表了今天德国法学思想和法学方法的基本立场。正为如此的学术价值，翻译家陈爱娥博士对这本书的中译出版欢喜不能自抑，引用莎士比亚的诗句说："我们历尽了千辛万苦，终于在乱麻中采获了这朵鲜花。"

（选自 2003 年 11 月 20 日第 50 期总 456 期）

法律文化与法治社会的建立

张中秋

  人是理性的动物，追求有意义的生活，文化因此成为人类社会最本质的特征。把握文化就是我们回到原点、认识人类、改造社会的开始。同样的道理，法律不只是一般人所理解的解决纠纷的工具，也是一种文化现象，总是和人类的目的相关，体现为一种独特的价值理性。于是，把法律文化与人类社会作相互的透视，已是近半个世纪以来人类解读法律、建设法治社会的理想途径。

  尽管学者们对法律文化是什么还有争议，但法律文化对建设法治社会的意义毋庸置疑。从大的方面说，法律文化具有民族性、价值性、人文性及其复杂的实践性等特征。这些特征在某种程度上塑造并决定着一国法治社会的模式和未来，从而制度性地限定人民的生活方式和对人生意义的感觉，世界各国的法治模式莫不与此相关。还有法律移植与法律文化的关系至为密切，可以说，法律移植的成败得失与人们对法律文化的认识息息相关。无论是历史上的中日法律文化交流，还是当下中国对世界先进法制文明的吸收，都足以表明这一点是多么的重要，它实实在在地关系到一国文明的改造和提升。具体而言，法律文化对法治社会的意义，首先从法治的前提——法的创制开始，在这方面，它有着精神上的导向作用。法律文化还能为法的实施创造良好的社会氛围和人文环境，有助于培养和提高司法、执法人员的素质与能力。与此同时，它对养成我们的法治观念和信仰也极为重要。如果我们把法治比喻为一棵树，那么，法律文化就是阳光、水分和土壤，法治这棵树只有扎根在法律文化的阳光、水分和土壤中，才能茁壮成长。

  法律文化既是理论又是实践，既是研究又是交流。从 19 世纪 60 年代至今，法律文化一直是世界范围内法学研究领域中的热门话题，有关法律文化的一般理论和比较研究以及个案探讨，不但成就显著，而且日益深化，欧美、日本均有这方面的学术传统，我国大陆、香港和台湾地区起步较晚，但自 1980 年以来，呈现出十分热闹的景象，动力当然来自对我国法治现代化的理解和追求，其中虽不免混乱和附会，但也不乏真正的学术进步。怎样在这些基础上向前行，我以为：对法律文化理论的探讨，不同类型法律文化的比较，梳理法律文化与政治文明和社会变迁的关系，寻找法与习惯支配下的人们行为背后的文化心理因素，特别是怎样对中国法律文化作原理性的把握，并在历史深处与中国法治社会的建立联结起来，应该说是摆在我们面前的课题。

（选自 2004 年 10 月 30 日第 75 期总第 481 期）

"馒头血案"引发的法治困境

李卫东

　　《无极》对"馒头"的纠纷其实提出了一个体制转型的根本问题：在信息技术时代，个人、企业、市场、国家之间的关系以及相应的制度条件将以何种方式重组？或者说，在电子网络化的中国，人际互动以及秩序将呈现什么特征？法治范式究竟应该怎样创新？

　　正当著名导演陈凯歌竭力推销自己花费3.5亿元、耗时3年的电影巨制《无极》的关头，一部戏仿和重组该片镜头的网络搞笑剧突然登场。它在信息高速公路上，就像昆仑奴和鬼狼那样来回飞驰，到处引起爆笑与喝彩，这个短片的业余制作者胡戈也立即红遍虚拟世界。陈导演气急之下，指责胡戈"无耻"并宣布要起诉胡戈侵权。透过这场"情仇无极"与"馒头血案"的对峙构图及其汹汹议论，我们强烈感受到，中国的社会结构以及经济和文化的基调正在发生某种深刻的质变。

　　首先需要指出，这一事件显示出传媒和娱乐产业正处在解构之中，有关组织、规范以及权利义务关系也在分离和重组。毫无疑问，影像复制、编辑技术的普及，打破了制片人、导演、剧本作家、男女明星等现有体制内权威的垄断地位。电影爱好者不再局限于给定剧情的咀嚼式消费，还可以尝试自我创作；其结果是，影像音响领域的职业活动与业余活动之间的界限逐步淡化甚至消失，制作者与消费者之间面对面交流，亦无需其他中介环节。市场的制度条件因此也将完全改观——参入的资格要件、经营管理的各种装置都会变得可有可无，一切取决于自由竞争和交易规模，讨价还价的行情就成为评判高下的尺度。也就是说，如果文化产业不能垄断操作技术，当然就不能继续垄断产品销路，因而也就不再享有对供求关系的调节权以及价格体系的支配权。

　　不久前，"超女"与大众投票互动的火爆场面已经预示，在这样的解构后，一种新型的公共空间、一种新型的筛选机制将有可能在彻底的市场化过程中成型和发展。从法学视角看,这预示着行为类型和游戏规则的更换,竞争的自由度和公平性将成为制度设计的轴心。制作者与消费者的直接联系,势必导致沟通方式的改变。例如,在电影时代,也就是到 20 世纪 70 年代末为止,导演垄断了话语权和涵义诠释权,所有的脚本剧情都是单一渠道的单向流传,观众基本上处于被动接受的地位。但在网络视频的时代,即 20 世纪 90 年代中期以后,制作者与消费者之间的相互关系和相互作用日益凸显出来。特别是在搞笑剧流行的今天,改编者可以按照自己的主观意志从多媒体空间获取素材并进行二次创作,可以独立发声并对信息和主张的内容进行不同的诠释。在这样双向沟通的背景下,传媒活动的主体多样化了,某一现象的涵义和评价标准也多样化了,制作者的意图与消费者的理解甚至可能出现云泥之差——《无极》与"馒头"就是非常典型的实例。网络搞笑剧的流行,是传媒、娱乐以及其他社会沟通机制双向化的必然结果。在某种意义上也可以说,其实胡戈代表了这一代新人类的总体形象,体现了一种专注于追求美感和快感的柔性自由主义。新人类不同于民法专家梁慧星所提倡的为权利而斗争的务实的刚性自由主义者。他们也不像摇滚乐前卫崔健那样从心底发出震撼性的野性呐喊并试图借此改变外部环境。他们是纤细的、温静的、内向的,甚至有一点玩世不恭;有时类似闭门慎思的田螺,但有时却宛若蜘蛛大侠,能以光纤和宽带织出任意伸缩的大网并自如地游走其间。他们借助 IT 技术在多媒体中嬉戏,把自己的才智、创意、幽默感以及自我表现的欲望和技艺都发挥得淋漓尽致。用一个社会学术语来概括,他们的存在方式接近"游戏人"(homoludens),追求一瞬间的自我表现机会和价值实现——在这里倒有点像《无极》里的那株象征性的杂交树,触目者只有杏花或樱花的落英缤纷。对"游戏人"而言,自我认同的基础是可变的、碎片化的 ID,与他者最亲密的关系是网恋,归属的集体是没有边界、实体以及地图的在线聊天室。他不希望别人正视自己,甚至对暴露在光天化日之下心存疑惧,而宁愿自己化作网络搞笑剧的各种声色光影或者其中的某一主角。因此,中国传统的血缘和地缘以及那浓密的人情在很大程度上已经变成历史博物馆里的陈列物。在数码化环境里逐步形成的社群关系,将主要表现为如圣诞节的手机短信或者 BBS 留言那样轻松的、清淡的形态。在这样的情境里,法律所赋予的确定性权利或者严肃的侵权之诉都未免显得太沉重、太离奇。

根据 2001 年《著作权法》第 46 条第 4 项和第 6 项，胡戈对《无极》的改编未经电影著作权人的许可，也有歪曲、篡改的情节，的确存在侵权的嫌疑。但是，根据该法第 22 条第 1 项和第 2 项，既然搞笑剧以个人欣赏为目的，也有引用说明某一问题的旨趣，侵权的指控其实又颇难成立。如果进一步推敲该法第 10 条第 12 项规定的信息网络传播权以及与第 3 项，第 4 项规定的作品人格权，可以发现："馒头血案"导致《无极》的镜头不能保持同一性，因此还是存在侵权的问题。但如果再进一步推敲该法第 14 条涉及的汇编作品的著作权，考虑"馒头血案"已经形成独自的印象，不属于《无极》的派生作品，而具有二级著作物的特征，因此判定侵权还是论据不足。问题是搞笑剧戏仿和改编原作的限度何在？胡戈对陈凯歌的"恶搞"是否超出了许可范围？的确很难遽下断语。

波士顿大学法学院的温蒂·戈顿（Wendy Gordon）教授曾经专门讨论过为讽刺目的而引用著名电影的问题，认为当这个著名电影已经成为众所周知的客观事实的一部分时，类似网络搞笑剧那样的改作者对有关镜头的利用属于对事实的利用（factual use），可以免于侵权的追诉。如果从法律上对这样的作品进行严格限制，就会压制创造活动，甚至会因有关的连锁反应导致言论自由原则的危机。

另外，2001 年《著作权法》以及学说虽然还没有承认那些把数码空间存在的大量素材进行重组的作品也应获得制度性保障，但已有人主张对于其中投资很大并具有创意的，可以考虑给予与著作权相区别的合法地位并提供一定的保护措施。例如，EU 数据库指令提议把这些作品的合法利益作为"另类特色权（sui generis right）"加以保护。尽管如此，虽然网络搞笑剧"馒头血案"与电影《无极》未产生直接的利益竞争关系，但还是可能在一定程度上给原作带来这样或那样的损失，造成虚拟空间非法地带的延伸，如何判断的确非常微妙。把视野扩大到社会结构的质变就会看到，《无极》对"馒头"的重要性不在于一个具有国际声誉的导演与一个网络红人之间的意气之争以及官司胜负，也不在于对著作权法如何解释的辩论，甚至还不限于大众文化对精英文化的挑战和解构。

这场吸引举国上下无数眼球的纠纷其实提出了一个体制转型的根本问

题：在信息技术时代，个人、企业、市场、国家之间的关系以及相应的制度条件将以何种方式重组？或者说，在电子网络化的中国，人际互动以及秩序将呈现什么特征？法治范式究竟应该怎样创新？

（选自 2006 年 3 月 26 日第 114 期总第 520 期）

雕栏玉砌朱颜改

——写在《中国法学向何处去》之将尽处

郑永流

邓正来先生洒17万余言（2005年《政法论坛》杂志分4期刊发），以权利本位论等四理论模式为例，判定26年来之中国法学皆受制于西方现代化范式，以"西方法律理想图景"为圭臬，由此引发中国法学总体性的危机。

更为堪忧的是，人们对中国法学缺失"中国法律理想图景"集体无意识。追问至深层处在于：不思考中国人究竟应当生活在何种社会秩序之中，不思考根据什么去思想中国。作为出路，人们被"命令"要立马开始思考"中国法律理想图景"，究其根本，是"中国理想图景"，以使中国拥有"主体性"。达致此目的之途径为：须重新认识或定义"中国"，依凭对中国现实的"问题化"理论处理，建构一种有关中国社会秩序之合法性的"中国自然法"。

一卷读罢，似曾相识，百年前《民国报》人邓实面对西学东渐有言："欧风美雨，驰卷中原，陆沉矣，邱墟矣，亡无日矣。"当然，邓文没有邓实言辞中的国之将亡的悲怆，却一样忧虑中国法学乃至中国揖美追欧，但令人放心地未像邓实归复"国粹"，而由批判跃上建设，欲开出新境，立意高远，抱负宏大。缘于报章文体和最有普适意义的双重考虑，本文遂将主题集中于如何认识或定义"中国"，但意不在于与邓文争辩此根本问题是否已开放出，尽管我以为邓文说大家都不思的断言有些过了，而莫如说是在邓文正确地再强调之催促下，对此根本问题的些微再思考，在字里行间，间或与邓文所涉立场相商。在如何认识或定义"中国"（准确地说是当下的"中国"）之前，我们应对为什么提出这一问题略作思考，所谓问题的前思便是指此。这不仅因为邓文既把中国看作研究对象，又将中国视为思考中国问题的理论根据，且其所批判的对象都对这一根本问题根本不思，还在于人文社会学界关涉中国未来走向的核心命题和判断成立与否，均取决于对此根本问题的判断，正可谓"兹事体大"，不得不思。这是第一。

第二，近代以来，中国多为地理的中国，在社会文化上不全具主体性，而部分依附西方。尤其在人文社会科学学术话语中，西方微言，占尽风流。这为一些极顾中国主体身份和自我尊严的中国学者不能释怀，他们力倡重新认识或定义"中国"，实则是要说中国有异于西方，西方话语对中国问题鲜有解释力。这一定义中国的动机是否足够的正当，不作探究，要紧之处为：是否能赋予当下的"中国"以大写的统一身份，并进而将之与西方泾渭区别。

在社会文化上定义当下的"中国"的做法有许多，这里从经验上看，选列最有争辩意义的两种：一为描述性的，一为解释性的。依描述性方法，可选若干标准或指标来勾勒，如社会结构、GDP 数值，或如 2005 年的新例，世界银行在其《国别财富报告》中，将无形财产看作国家富强的主要标准，而受教育程度和法治水平决定着无形财产的多寡。描述性方法追求客观之真，却因标准或指标的人为设定，且多出自世界银行等国际组织或西方学者之手，普适性大于特殊性，如北京城乡居民恩格尔指数快速下降至 0.4 以下，但根本原因疑是住房、医疗、教育等费用的快速上涨，恩格尔指数低并不能一定解释成北京人多么富足，未见能将中国的贫富准确地描述出来。

近十几午来，国内研究机构在改造国际指标的基础上，自创若干评价系统，却仍多以现代化程度和进程为主要内容，如不久前（2月7日）中国科学院中国现代化研究中心、中国现代化战略研究课题组发布《中国现代化报告 2006》，该报告以社会现代化研究为主题，采用了发达、中等发达、初等发达和欠发达四种分类，将中国归属于欠发达国家。这样以现代化来标志的"中国"，想必也不合反现代化范式的学者的胃口。

解释性方法把什么是"中国"的答案系于解释者的姿态、立场、利益。姿态出"中国"，对象主体化，"中国"之原意无关紧要。因而，在一些人笔下，中国其兴也勃（中国第三论），其亡也忽（中国崩溃论）。连中国是否为发展中国家也成疑问，WTO 中国工作小组只给了中国政府一个中国有特殊地位的含混说法。不仅中国被解释者的姿态决定着，其他欠发达国家也被别人定义着，如"存在腐败"的非洲国家就无法获准减免所欠西方国家的债务，而如何界定非洲国家的政府是否"腐败"，全然听凭西方国家的判断。描述性的不足，解释性的率性，定义中国之困难，恐大出倡导定义者的意料。当下的中国，较之历史上的中国，地理意义上，雕栏玉砌应犹在；社会文化意义上，经百年来欧风美雨的洗礼，朱颜大改。当代中国社会极富兼容性，前现代的、现代的、后现代的状态及其衍生出的问题，杂陈并立。仅以社会贫富状况为例，过去多看城乡东西之间的差别，而据国家发改委2月5日发布的《对中国城市居民收入分配结构现状的总体判断》，目前城市居民收入差距的基尼系数已达合理值的上限0.4左右，城市居民中最低收入1/5人口只拥有全部收入的2.75%，仅为最高收入1/5人口拥有收入的4.6%。当下中国自身鲜活的多样性，既表明单以"传统"与"现代"来两分中国不足取，显然也无法集今日社会于所谓统一的中国文化概念之旗下。地理中国并不尽属文化中国。中西山长水远，万里遥望，精神虽非处处融贯，但时而可以会通。如果不是故意十分的民族自恋，认同此理，无需智者之能。刻意事事分离中西，在学术上抑西方话语，扬中式微言，不仅显得不那么至仁至义，而且一些西方话语是挥之不去的，因为它们早已成为人们思辨中国问题时的"前理解"，纵是言说所谓"学术自主"，多半也是在西式叙事框架里游刃。

对多样的当代中国仍需作类型化的不同处理，当然不限于静止的"传统"与"现代"，中国与西方的划界，它们虽迟涩抽象，但仍有一定的解释力，人们更要把目光投到"传统"与"现代"之间，中国与西方之间，或别的什么之间，那里襟三江而带五湖，是一个向着原创者开放的动感地带。

（选自2006年4月30日第119期总第525期）

"约法三章"考

杨宇冠

　　"约法三章"是中国历史上一次著名的法律变革，发生在秦汉交际之时，这次变革及其所包含的思想对于中国自秦以降有极大影响。两千多年过去了，当代的中国人还经常提到此事，作为互相约定的代名词，但是很少有人考证"约法三章"的真实含义，特别是其中包含的刑事思想。笔者学识浅陋，而且法制史亦非所长，所以拙作权当引玉之砖，请教于方家。

　　从公元前 230 年（秦王政 17 年）到公元 221 年（秦始皇 26 年），十年间，秦国连续吞并了韩、魏、楚、赵、燕、齐六个仅存的大国，建立了中国历史上第一个统一的、多民族的封建专制主义国家。秦始皇为了巩固统一后的封建专制主义政权，在全国范围内彻底废除了西周以来贵族世袭的封国制度，推行了在皇帝直接控制下的官僚制度。这种中央集权的封建专制制度成为我国两千多年封建政体的基本模式。

　　秦国原来是西方小国，法律并不发达。公元前 407 年，魏相李悝编成《法经》六篇，卫鞅即商鞅学习《法经》后，于公元前 356 年到秦国并成为相。在商鞅变法中改法为律，是为《秦律》之滥觞，包括"盗律、贼律、囚律、捕律、杂律和具律"。这些基本上是刑事法律，其中，贼律、囚律和捕律主要为刑事诉讼的法规。商鞅时代的秦律非常严苛，试以诉讼规范为例，秦律规定："令民为什伍而相牧司连坐，不告奸者腰斩……"（《史记·商君列传》）意思是说：让老百姓邻里之间相互连坐，共同承担法律责任，只要不举报邻里的违法行为，就要受到腰斩的处罚。这是何等的严酷和不讲道理。按照现代意义上的刑事诉讼原则，公民是有举报犯罪的义务，同时也是一种权利。邻里之间不举报，除非是有意隐匿，否则不承担法律责任。公民有作证的义务，但在现代中国，不作证也无任何处罚。后来虽然商鞅作法自毙被秦国贵族所车裂，但秦国的法律并没有废除，而是继续使用。秦始皇于公元前 221 年即位后，继承了秦国原有的法律制度，奉行法制路线，注重法制建设，进行了一系列重大改革。随着经济和政治的发展，又陆续制定了许多新的法律法规，使秦律成为庞大纷繁的严刑峻法。

秦律在我国的法制史和刑事诉讼史上占重要地位，可惜过去我们对之所知甚少。1975 年 12 月，湖北省云梦县睡虎地的秦墓中出土了大量记有秦时法律的竹简，为研究秦律提供了宝贵的资料。根据这些有限的资料，我们考察秦律的刑事诉讼，虽管中窥豹，但也可看出其价值取向和残暴。如《法律答问》说："主擅杀，刑，髡其子、臣、妾，是为非公室告，勿听。而行告，告者罪。"这里除了实质上的不平等之外，还有诉讼上的不平等，也就是奴仆连提起诉讼的资格也没有。套用现代一些学者的概念，即可称为奴仆没有"诉讼主体"的资格，只能是"诉讼客体"而已。但秦律也有一些合理因素，仍从诉讼角度来考察，秦律《封诊式》是审理刑事案件的办案程序。《治狱》中的规定："治狱能以书从迹其言。毋治（笞）谅（掠）而得人请（情）为上，治谅为下，有恐为败。"就是说审理案件，能根据记录的口供进行追查，不用拷打而得到真情是最好的，施行拷打逼出的案情则是下策，依靠恐吓则是不行的。两千多年前的古人就有反对刑讯逼供的思想，实在是难能可贵的。联系到当代，刑讯逼供问题仍然没有彻底解决，真让我们汗颜。当然，法律规定是一回事，执行起来又是一回事。秦律中即使有合理因素，也丝毫不能掩盖秦律的严酷。"民不畏死奈何以死惧之。"秦王朝的暴政终于激起了人民的反抗。以陈胜、吴广为首的农民大起义，动摇了强大的秦帝国，也成为中国两千多年人民推翻暴政的先驱和先例。后来，陈胜、吴广虽然被镇压了，但是，项羽、刘邦等组织的起义军对秦王朝发动了致命的打击，刘邦终于取得胜利，建立了汉王朝。"约法三章"这件事就是在刘邦攻克秦王朝的首都咸阳后发生的。

《史记高祖本纪》记载，刘邦入关中后召集诸县父老豪杰说："父老苦秦苛法久矣，诽谤者族，偶语者弃市。吾与诸侯约，先入关者王之，吾当王关中。与父老约法三章耳：杀人者死，伤人及盗抵罪。余悉除去秦法。"秦人大喜，争持牛羊酒食献飨军士。这就是著名的"约法三章"。对"约"的理解，学者们有不同的看法。有人理解为"与父老约，法三章耳"。那么，这里把"约"理解为"约定"的意思，认为"约法三章"就是与父老们一起约定三章法律。理由是这可以从刘邦当时的话中"与诸侯约先入关者王之"中得到佐证,即同一段话中两个"约"字意思是相同的。

但是,按马克思主义的理论,法是统治阶级制定的,是反映统治阶级意志的。历史上很少有统治者与被统治者共同约定法律的事。刘邦入咸阳以后,"关中王"已经很有把握了。但"妇女无所幸,财物无所取,其志不小"。他当时志向是很不小的,可能已有了当皇帝的心思。那时的秦民的地位不可能高到与刘邦共同约法的程度;刘邦也不可能民主到与秦民共同制定法律的地步。"与诸侯约"和"与秦民约"不是一回事。

第二种理解:"约法三章"作为一个词,中间没有逗点。以为"约"是"删削"的意思。佐证有《汉书刑法志》中的一段话:"高祖初入关,约法三章,蠲削烦苛。"根据这种理解,"约法三章"就是把秦时的法律约简成三章。

如果这样理解,"约法三章"则是一件事情,是一个过程。但是,从"父老苦秦苛法久"到"余悉除去秦法"是刘邦当时讲的一段完整的话。而如果"约法三章"按照上文理解成"与父老约定法律",则是一段述事。把一段述事插在一段讲话中是不合逻辑的,太史公也不会这么写。我以为,"约法三章"是刘邦见秦民时宣布的一项政策,是刘邦单方面的宣布,是对秦民的一种承诺。至于怎么实施约法三章,刘邦当时并没有考虑那么多。其实施起来是一个过程,不是在与秦民在谈话时就能做的事。再说,《汉书》中没用"与"字,可见《汉书》中"约法三章"和刘邦当时"与秦民约法三章"是有区别的。所以,"约法三章"的"约"可当"约束"解。汉朝的经学家郑玄说:"约,言语之约束。"那么,刘邦当时提出的是仅以三章法律来约束百姓。

古汉语中一个字或词是可以有多种意思的。笔者还认为,"约"可以当"条约"讲,"约法"是一个名词,就是法律的意思。"约法三章"耳,就是只有三条法律。这里的"耳"是感叹词,表明了刘邦当时只宣布三条法来代替苛繁的秦律时的自豪感,特别是有一种当上了统治者、给老百姓一个稍微宽松的法律的居高临下的恩赐的感觉。笔者说他这种"救世主一样的给予老百姓法律"是有根据的,请看"与秦民约法三章"中的"与"字似可以理解成"给予"的意思。古语说:"将欲取之,必先与之。""与"就是"给予"。说文解字解释"与"字时也说:"与,赐也。"所以说,刘邦当时"约法三章"就是答应只用三章法律约束老百姓,这是很符合刘邦当时要做关中王的身份和当时讲话的场景的。

刘邦本人曾担任过泗水亭长，他深知秦律的繁苛。据不完全统计，秦时刑种在80以上，其中生命刑有19种，肉刑有15种。秦朝还广泛实行株连的政策，一人犯法，株连九族。中国历史上第一次农民大起义的领导人陈胜和吴广就是在赴劳役路途上因下雨而误了期限，罪当处死，从而揭竿而起的。陈胜当时说："今亡亦死，举大计亦死。等死，死国可乎！"法律严苛到使人没有活路的地步，只有扯旗造反了。刘邦也是在押送人犯的路上逃亡到芒砀山上去的。他眼见秦的暴政给老百姓带来的深重灾难，作为一个新的统治者，他在抚慰百姓时说：父老苦秦久矣！同时宣称只用三条法律约束老百姓，其他的秦朝法律一律废除，这是符合他当时的心态和老百姓的愿望的。所以，老百姓们都大喜了，给刘邦的军队又送酒又送肉。约法三章的内容虽然很短，意义却很多，它形象地描述了新旧朝代更替时新法代替旧法的过程和规律。另外，它还反映了朴素的"罪责自负""罪刑法定""罪刑相适应"的思想萌芽。关于"罪责自负"，如前所述，秦以前的法律广泛使用株连的政策。一人犯法，全家甚至四邻都遭殃，没有犯法的人跟着一起受刑。刘邦尽除秦法，喊出"杀人者死"的口号，即杀人的人该死，罪责由杀人者负担，与其他人无关。因为尽除秦法，那么其他的人就不受株连。

关于"罪刑法定"和"罪刑相适应"，这里刘邦所说的"杀人者死"中的"杀人"是行为人所犯的罪行，"死"是对杀人者的刑罚。这里罪和刑是由法律所规定的，除此之外，不得胡来。杀人是最严重的罪行，死是最严厉的刑罚，罪和刑也是相一致的。即使是当代中国，杀人罪的最高刑也还是死刑。刘邦紧接着说"伤人及盗抵罪"。这里的"伤人"就相当于现代的"伤害"，"盗"即盗窃，这是指两种犯罪行为。"抵"指价值相当，即所犯的法和所用的刑应当是一致的。杜甫诗云："烽火连三月，家书抵万金。"就是说战事连续一年，家书所值万金，可见抵的意思就是相当。刘邦所说的抵罪就是根据行为人伤人和偷盗的程度大小给予其相适应的处罚。就是说，所犯的罪和所处的刑罚要与这三章法一致，其他的苛法一律废除。两千多年前有这种思想，即使只是朴素的美好的想法，也是难能可贵的。

但是，刘邦的"约法三章"也过于简单了。以现代刑法和刑事诉讼法的观点看，他首先忽略了犯罪和刑罚的复杂性，从实体法角度讲，杀人有故意杀人和过失杀人，还有正当防卫，还有其他不负刑事责任的情况，这么简单地说"杀人者死"是不行的。从刑事诉讼的角度来说，"杀人者"只有在被司法部门依司法程序证明确实有罪后才能负担刑事责任，在这之前是不能认定其有罪并科以刑罚的。简单地说"杀人者死"，那是实行了"有罪推定"。当然，刘邦先生是两千多年前的人了，不能苛求他在两千多年前就喊出"无罪推定"的口号。即使是在当代中国，推行"无罪推定"还有很长的路要走呢。刘邦当时初入关，就给老百姓开了一张空头支票，也可能刘邦当初并不是有意骗人，而是确有想法，但刘邦的想法再好，在当时的社会条件下是不能实现的，他虽然先当上了汉中王，后来又当上了皇帝，但他也必须受社会发展的制约。作为上层建筑的法律是建立在经济基础之上的，汉朝政权建立起来以后，"约法三章"显然不能适应当时的情况了。于是，刘邦让相国萧何"从秦律中取其宜于时者，作律九章"。到汉武帝时，汉朝的律令已经达到三百五十九章，"文书盈于几阁，典者不能尽睹"的程度了。这与秦朝时比也无多少差别了。刘邦的承诺早就被他和他的子孙们抛到九霄云外去了，而秦民们是高兴得太早了，善良的中国老百姓在"约法三章"之后又在封建法律的压迫和禁锢下活了两千多年。

但是，统治者能够在口头上来点承诺，这已经很不简单了，老百姓们感恩戴德完全是意料之中的事。因为口头上的存在总比什么都没有好一些，再说，从刑事司法的角度来看，"约法三章"所含有的"罪责自负""罪刑法定""罪刑相适应"的因素比西方的刑事司法中这三条原则的确立早了两千年。西方的一些法学家们和那些经常指责中国法制落后的人士一定不知道中国的秦朝就有了"约法三章"这回事，否则，还有什么面孔摆出进步和文明的架势对中国说三道四呢？

"约法三章"从历史唯物主义的角度看也是进步的，它的作用远远不止创造了一条成语，它为社会更迭时期的法律变革提出了一个先例并留下了宝贵的经验。即彻底废除旧法律，建立新法律。两千多年后，公元1871年，在法国巴黎爆发了"巴黎公社"革命，71天以后失败了，其中原因之一就是没有及时废除旧的法律制度，并以新制度代替。在公社失败以后，马克思在《法兰西内战》一书中沉痛地写道：工人阶级不能简单地掌握现成的国家机器，而必须打碎包括法律制度在内的旧国家机器，并建立自己的国家机器。如果巴黎公社的先贤们和马克思能够在巴黎公社之前读过《史记》并对"约法三章"有所领悟，历史也许就会改写了。

（选自 2006 年 9 月 19 日第 131 期第 537 期）

礼与法：越过学科藩篱的尝试

赵　晶

　　当代礼学名家沈文倬先生曾感慨："上一世纪社会科学诸门类，新兴未艾者有之，衰而复兴者有之，久衰而难振者亦有之。礼学，久衰而难振者也。"但"冷板凳"总是有人坐，所谓"君子慎其独"也。纵然有朱子"穷年不能究其礼"之叹，然精研礼学者，前赴后继。君不见钱玄先生自《三礼辞典》到《三礼通论》，解说名物，阐发义理；君不见陈戍国先生从《先秦礼制研究》到《中国礼制史》，使"吾国古礼制断代史备而通史成"；君不见彭林先生从《仪礼注释》到《中国古代礼仪文明》，爬梳礼典，媒介古今——多少甘于寂寞的学者皓首群经，想来只有一个目的：昌明国故，融育新知。

　　王启发先生之《礼学思想体系探源》（以下简称《探源》）是该"久衰不振"领域的又一努力与尝试：依循思想史的脉络，紧握礼之"宗教、道德、法律"属性，以礼法纠葛为核心，展示了中国古代礼的面貌。礼，从起源上论，有多种说法，或谓源于交易行为，或说礼以情起，不一而足，但依照传统字源学上的解释，"礼者，履也，所以事神致福也"，王国维先生解释道"奉神人之事通谓之礼"。《探源》从该"源于宗教"说，并以祀典之类型分析其宗教之属性，但最终将其"宗教"意义归于"报本反始"之基础，这是符合中国文化之"人文"精神的。"如果说礼的宗教属性表现出人类最原初的情感生活，那么礼的道德属性则是人类最原初的情感生活的理性化的最初反映"[1]。道德理性，把"礼"从单纯的宗教仪式，丰富成自律、内化的人世规范；把"礼"的功能由"神道设教"的威慑，转化为"反求诸己"的自我约束。《探源》正是基于如上考虑，依照"齐家、治国"的思路，分别从家族伦理、社会伦理、政治伦理角度，逐

---

[1]　王启发：《礼学思想体系探源》，中州古籍出版社 2005 年版，第 51 页。

一阐发礼的内容，其落脚点其实还在"修身"上，这是起点，也是归宿。

至于《探源》有关礼的法律属性的探讨，留待下文讨论。唯需再多赘言者：王启发先生意味深长地指出"文明的社会首先和最终是道德化的社会"。[1] 新儒家多有"外在超越"与"内在超越"之语。礼起源于宗教，而宗教者，用报应性的威慑和信仰式的虔诚来约束人的行为，其约束力源于"身外之物"；法律类似于宗教；或有判断"西人以邻居慑于法律惩罚之心而保护自己，国人以邻居内心之道德自律而保护自己"，唯道德是内化的、自律的。儒家文化以"性善"为逻辑起点，故道德自律成为可能且必然，王启发先生以宗教（外在）——道德（内在）——法律（外在）——道德（内在）的衍化思路，想必与此理念相关，用王先生的话说，就是"天意如此""应该如此""必须如此"的发展。当然，《探源》认为礼的宗教性、道德性、法律性，既是阶段性分层的关系，又有交错性并存的特点。

对于礼本身，《探源》也作了一个分类：规范的礼和观念的礼。前者是由体现在历代礼典等典章之中的"礼仪"，而后者乃指"言政之要尽在于礼之义"之"礼义"。而两者之关系，在《礼记·郊特牲》中有精当的论述："礼之所尊，尊其义也。失其义，陈其数，祝史之事也。故其数可陈也，其义难知也。知其义而敬守之，天子之所以治天下也。"诚如姜广辉先生为该书所作之序言："随着时代的变迁和发展，必然改变先前的礼仪形式，但蕴涵在礼仪中的道德精神却有长久的生命力，这也就是儒家礼学的精神。"[2]《探源》正是以规范之礼与观念之礼两条脉络，为我们素描了礼与法不断分离但又始终交织的历史过程。作为规范的礼，从对三代之治的想象——礼乐刑政"四达而不悖，则王道备矣"——开始，到历代史书中《刑法志》与《礼乐志》《礼仪志》的分立，到《贞观礼》《开元礼》与唐律、《开宝通礼》与宋刑统、《大明集礼》与大明律、《大清通礼》与大清律的并世而存，礼与法始终两线并行，且其范围不断缩小，终囿于"吉凶兵军嘉"五礼之中。但是，作为观念性的礼，却是始终作为法之基本原则与无上价值渊源而存在的。"亲亲、尊尊、长长、男女有别"等"礼义"始终是"政教之本"。所谓的法律的儒家化，大概也就是题中之意

〔1〕 王启发：《礼学思想体系探源》，中州古籍出版社 2005 年版，第 52 页。
〔2〕 王启发：《礼学思想体系探源》，中州古籍出版社 2005 年版，第 6 页。

了吧！

　　运用历史的方法，基于这两条脉络，礼与法的关系既宏观又微观。所谓宏观，是指礼法的分离趋势与交织状态；所谓微观，乃相对于现今所认为的礼法对立或礼法合体之绝对判断而言。孔子云："攻乎异端，斯害也已。"君子乃行中道，《探源》所取的立场，大致如此。王启发先生以思想史家之立场，综合运用法学等方法，成《探源》一书，其立意、用心实令人钦佩。然而笔者在阅读过程中，也发现了因学科隔阂所造成的若干误解（仅仅是笔者主观认为而已，实际如何，有待方家进一步指正），初步想法如下，仅此就教于王先生及诸位贤达。

自然法

　　《探源》一书有专篇论述"礼与自然法"，其中，王先生指出"礼是以自然法则为依据的，是人类取法于自然、效法于自然所形成的社会准则和社会规范即社会法则"[1]，"当礼的观念涵盖了全部社会生活，并以自然法则为依据的时候，礼就获得了自然法的性质"[2]，"当人类的历史进入到先王时代，先王依照自然的法则而'制礼义、明法度'的时候，礼便有了'人为法'的性质"[3]，因此，可以说礼，经历了一个"从自然法到人为法"的过程。笔者以为，无论是规范之礼，还是观念之礼，都不是西方意义上的自然法。荀子说："古者圣王以人之性恶，以为偏险而不正，悖乱而不治，是以为之起礼义、制法度，以矫饰人之性情而正之，以扰化人之性情而导之也。使皆出于治，合于道者也。"从礼的起源上看，礼只可能是先王"取象于天"的一种实定规范，而不是基于"实然、应然二元对立"思维模式所产生的自然法；而"夫礼，天之经也，地之义也，民之行也"，只能表明礼是体现天道自然、世道人心的规范，却不是自然法最初意义上的、以人之理性关照以追求某种和谐状态的原则。此"自然"非彼"自然"也！依照王启发先生的论断，"有关自然法的观念或思想学说，在西方实是一个历史性的概念"[4]，但无论如何，礼与自然法都是一对

---

[1]　王启发：《礼学思想体系探源》，中州古籍出版社 2005 年版，第 85 页。
[2]　王启发：《礼学思想体系探源》，中州古籍出版社 2005 年版，第 84 页。
[3]　王启发：《礼学思想体系探源》，中州古籍出版社 2005 年版，第 87 页。
[4]　王启发：《礼学思想体系探源》，中州古籍出版社 2005 年版，第 86 页。

"貌合神离"的范畴。如果非要与自然法扯上一点关系，笔者从梁任公之说，"道"或者"理"是自然法本身，而"礼"是其副本。至于王启发先生专章讨论"《礼记·月令》与古代自然法思想"，则完全依循"自然法系取法自然之规范"的思路，笔者实不敢苟同。

礼经是法典？

《探源》一书，多次提到"法典"一词，如"《礼记·月令》可以说是中国古代的自然法法典之集大成"[1]、《礼记·王制》是"又一法典化的经典篇章"[2]、"《周礼》类似于行政法典"[3]等。这里就涉及术语精确性的问题。所谓法典，应当是在一些原则的指导下，以一个标准，将相关领域之法律条文系统化的一个文本。由国家权力机关制定、颁布，以国家强制力保证实施。而《月令》等礼经是否能作为法典？笔者认为是值得商榷的。王启发先生在书中也指出"以代表皇帝思想意旨的敕令、诏令或者其他的文本形式公布出来的时候，无异于完成了一种立法程序"[4]。从文本意义上说，《礼记·王制》"只不过是礼经中的一篇"[5]。由此可见，王先生以"法典"一词用于礼经若干篇章的定性，是大有问题的。如果说采"汉孝文皇帝令博士诸生作此《王制》之书"的说法，《王制》最多也只能算作"草案"而已。至于《月令》，最多只能是总结"先王之法"的思想文献罢了。另外，王先生还说"作为一种统一的思想意志，这些敕令、诏书、其他文本等也就成为有权威性的法。其中关乎国家政治和制度的文本也就称得上是国家法。《礼记·王制》篇正是这样的文本"[6]。单纯依照语意分析，《礼记·王制》是关乎国家政治和制度的文本，所以它是国家法。而之后，王先生又认为它并未成为独立的法典，只不过是礼经中的一篇。这决然是矛盾的。民国学衡派大家柳诒徵先生独撰《国史要义》，"言史一本之礼"，是独到之处。所谓"六经皆史"也，而今王启发先生以思想史的笔法、跨学科的角度阐发"三礼"之学，颇具新意。若今

---

〔1〕 王启发：《礼学思想体系探源》，中州古籍出版社 2005 年版，第 143 页。
〔2〕 王启发：《礼学思想体系探源》，中州古籍出版社 2005 年版，第 168 页。
〔3〕 王启发：《礼学思想体系探源》，中州古籍出版社 2005 年版，第 164 页。
〔4〕 王启发：《礼学思想体系探源》，中州古籍出版社 2005 年版，第 192 页。
〔5〕 王启发：《礼学思想体系探源》，中州古籍出版社 2005 年版，第 193 页。
〔6〕 王启发：《礼学思想体系探源》，中州古籍出版社 2005 年版，第 192 页。

之学者，能不囿于门户之见，从多角度、用多方法探研礼学，则此久衰不振之学科，复兴有日矣！对于法学同道而言，礼与法，是中国法文化之核心命题。而学界的探讨，多为宏大叙事。笔者敢以一礼学之外行、法学之未入门者，悖先哲"毋轻议礼"之训，为妄论前辈著作之行，实欲呼唤同道越过学科藩篱，立足传统礼经、礼典、礼学，以脉脉之温情重新审视这门老而弥新的学问，希冀能为华夏文明之再造添砖加瓦。诚能如此，庶几能赎笔者草成本文之罪。

（选自 2006 年 10 月 24 日第 135 期总第 541 期）

哲学要与时代同行

李德顺

哲学是最关注现实、最关注人的命运的。但这种关注，并不像道学家式的热心，急于对民众进行说教；更不同于市场上功利化的喧嚣，那种急于自我推销式的叫卖。

按照马克思的要求，真正的哲学要成为"时代精神的精华"和"文明的活的灵魂"。哲学式的关注，就应该是一种"理性的深呼吸"：积极的参与＋冷静的审思＋建设性的探索。

我们正处在一个伟大的时代。走向振兴的中华民族，也正在走向这个时代的前列。改革开放不仅改变了中国的面貌，而且改变了我们的头脑。如今我国走向现代化，不仅已经选择一条道路，而且有了一套理论、一面旗帜，它们的名称就叫"中国特色社会主义"。这对于我们整个中华民族来说，无疑是一件继往开来、决定前途命运的大事。因此，在纪念改革开放 30 周年之际，我们显然需要做一件事情，就是"将果实拾进篮子"——把 30 年来的思想理论成果整理一下，以清晰地展示中国特色社会主义理论的科学体系。这些思想理论成果既可能存在于党的文献之中，也可能存在于民间的话语和智慧之中，但本质上必定存在于实践的经验之中。把它们提炼为理论，这一工作需要有很多人去做，当然也有很多人在做。其中，哲学层面的回顾和提炼也必不可少。

作为中华民族的一员，更作为一名专业哲学工作者，我一直觉得自己有责任、更有理由，对自己所参与的生活和历史做一次"理性的深呼吸"，对现实、祖国和人民的命运表达一种"哲学式的关注"。所以，二十几年来，我所努力做的事情之一，就是要使自己的思想跟上"形势"。但我对"形势"的理解，主要是指社会生活的实际步伐和人们关注的重心，特别是其中那些构成社会热点和思考难点的"问题"。马克思说过，"问题是时代的声音"。当然，问题还必须提升和凝炼，才能显示其哲学层面上的意义。从哲学上看，更重要的往往不是对问题的回答本身，而是对问题把握和回答的方式，才更能体现时代精神的精华和文明的活的灵魂。所以，这更应该成为哲学思考的问题。这些年来，我从我们自己的生活实践中感悟到的哲学问题，大体集中于以下四个方面：

第一，当代马克思主义的理论形态问题。特别是，马克思主义之于今日的中国实践，究竟有怎样的意义？我们知道，马克思在人类思想史上的地位，至今仍是数一数二、不可动摇的。这一点，即使用西方国家的多次票选也可以证明。但马克思本人在生前却曾对自己的众多追随者们表示失望。他甚至说："我播下的是龙种，收获的是跳蚤……我只知道我不是一个马克思主义者"！马克思主义在新中国近 60 年的命运，能够让我们对他的忧虑有所感悟。正因为如此，把马克思主义从狭隘、僵化的模式下解放出来，展现其应有的面貌和活力，创造出适应时代发展的新形态，才成为以邓小平理论为代表的"当代中国马克思主义""中国特色社会主义理论"的基本前提和出发点。

第二。当代的哲学理念和智慧问题，特别是 30 年来，我国改革开放的实践究竟产生或验证了怎样的哲学理念和智慧？哲学告诉人们"实践出真知"。然而，当人们忙于实践的时候，却往往满足于眼前所得，不大注意出了什么真知；当人们束缚于书本或脑子里现成框框的时候，则会对生活实践视而不见，只觉得真知尽已在胸，不大相信有新的真知出现。在哲学层面上，往往如此。但是，面对中国改革开放这样重大而复杂的历史性实践，是否能够读懂它，从中获得一些新的启示，却是不能不下人功夫的。这里不仅需要有"不唯书，不唯上，只唯实"、实事求是的决心和勇气，还需要真正掌握一点哲学这门"爱智之学"的方法和境界。

第三，价值和价值观念问题。"价值"是个反映人的主体性尺度，代表人的权利与责任身份，表达人的善恶美丑、祸福荣辱意识的哲学范畴。从过去把它看作一个可疑的、异己的概念，到今天上上下下都热衷于谈论价值，表明我们的思想理论和意识形态越来越面向实际。当然，在事实上从来就多元化的价值领域里，要能够清醒自觉、切实有效地构建和阐明我们的价值和价值观念体系，用中国特色社会主义的价值理念引导实践，就不是仅有一种愿望所能实现的。有许多不能回避的理论和现实问题，最终要通过"以人为本"和主体性原则的切实贯彻来解决。

　　第四，文化问题。文化是指人的生活"样式"，其本质是"人化"和"化人"。我们的文化就是我们将世界人化，并用其成果提升自己（"以文化人"）的权利、责任及样式。中华民族走向现代化，必然是一个巨大的文化变革与发展过程。在这个时期，最需要一种主体性的文化自觉，首先是对于我国大众、我们自己文化权利与责任的自觉。而不是模糊主体，用"以洋为主"或"以古为主"把现在的人引导到任何一种精神萎缩、"惰化""矮化""奴化"的境地上去。在这个问题上，我们面临着相当大的挑战和考验。

　　我觉得，从这些领域做一些力所能及的思考，回答改革开放实践者们当前所关心的迫切问题，也是自己应尽的一份义务。所以，我斗胆把自己这些年有关思考的结果收集起来，装进《与改革同行》（黑龙江教育出版社 2008 年版）这个小篮子。此举虽然未必有很大的价值，也可算是一段历史的见证，或者一个思考者的敝帚自珍吧。

（选自 2009 年 5 月 5 日第 231 期总第 637 期）

挑战学者与官员之间的藩篱

赵旭东

在学者和官员之间架设一座桥梁，让做学问的学者能走过去实现一下自己的从政抱负；让从政的官员也能走过来享受一下学者更多的言行自由，去满足治学的理想。

2006 年 7 月，我和另外两位高校教授被最高人民检察院任命为挂职的副厅长。任命高校学者担任高检院副厅级的领导职务，是高检院历史上的第一次，是开创之举。

"文怕翰林武怕辖"

学者挂职，通俗地说就是学者从政或当官。我们三位此次被任命副厅级的领导职务，职级又比较高，由此自然引起了人们关于做学问还是当官的价值选择的思考和议论。

古往今来，做学问、当学者通常都是十分清苦的，但现时的中国，作为大学教师的学者生活条件已经彻底改善。更为重要的是，学者可以最大限度地保持人格的独立，不必无条件地接受上下级规则的约束，有比官员更多的思想和行动的自由，可以畅所欲言地表达自己的学术见解，甚至可以口无遮拦地对时政品头论足，可以周游讲学，自定行程。学者还可以佳作传世，青史留名，获得广泛的社会声誉。如此，学者确是一个不错的职业。

然而，必须承认，在中国，当官一定是更多人的追求。从古至今，中国都是一个典型的官本位的国家。"金榜题名""学而优则仕"早在两千年前就成为读书人奋斗的目标与轨迹。记得在我考上大学以后，我的伯父虽读书不多，小学都没毕业，但却对我说过一句至今都记忆犹新的话："文怕翰林武怕辖。"虽然此话文意与伯父话意并不完全切合，但其话意是：无论文武，都要有实权，不做教师。

其实，官本位在中国处处可见，大学要展示自己培养学生的成就，首先展示的就是那些高级官员。在各种各样的会议、宴会、仪式、合影等场合的位次安排中，官员总是位居尊要，有时甚至德高望重、享誉中外的泰斗级学者的位次安排还不及一位学生辈的年轻官员，只因其省部级或司局级的身份。在高等学府这块学术的园地，也同样充溢着官本位的浓烈气息。学校的行政化现象已是十分突出，学术资源的争取常常要借助一定的行政地位，一定的行政地位又会形成或强化学者的学术声望，具有一定学术声望的学者通常就被委任或争任相应的行政职务。

而在近些年出现的"国家公务员热"中，亦可看到当代大学生从其前辈和社会承继过来的官本位意识。在大多数文科学生的就业选择中，国家机关通常是首选的目标。几个国家公务员的职位，动辄有数百上千的学子赤膊竞争，足见官员职位对他们的强大吸引力。

官本位的深厚背景必然左右着人们的价值取向和职业选择。古往今来，虽不乏对官场不屑一顾的清高雅士，但多数人还是不能免俗，当官还是人们趋之若鹜的追求，虽终能任官者寥寥，但却不能消减多少人对官场的那份心底的向往和从政的抱负。

因此，这些年间，不少学者通过不同的渠道离开学术岗位，走向政坛。有的是通过干部调配被任命，还有的是参加领导干部公开选拔而当选。学者挂职其实还不算是正式的从政当官，只是短期性的任职。但也的确有一些学者经由短期的挂职而转为长期的留任，人事关系完全转移。而无论通过何种途径，学者们对来自机关任职的机会和邀约多表现出很高的热情。在对我们三人挂职高检院的一篇媒体评论中，也曾有以下的评述："时代虽然发生了翻天覆地的变化，但是知识分子们的心态始终没有改变。贺卫方先生曾感慨，现代的知识分子还可以在校园里面以教书育人为职业，守住自己的一点尊严。然而，再怎样自命清高、安贫乐道的学者，一旦接到中枢伸过来的橄榄枝，也是引以为荣、欣然接受的。"其实，对学者从政是不应见怪也不必贬责的，撇开我本人属当局者的利害关系，作为中立的旁观者，我也会认为官本位既为中国社会之基本现实，除对高校行政化这种恶性发展的现象等应给予必要遏制和改革外，一般学者顺势而为，在于人、于己、于社会都有益无害时改行从政是完全正常合理的，虽然不一定要鼓励大家群起仿效，但完全可以投以赞许和支持。

其实，立功、立言应无所谓先后顺序和位阶上下。站在更高的境界观察，学者、官员都是高层次的社会职业，都要求很高的知识素养和专业能力，也都各有其特定的社会价值和人生价值，无所谓高下，也不应分优劣，但如前所述，作为不同的职业和角色，学者和官员又确有其各自的职业要求和规则，人们的选择应该充分考虑其自身的特点和专长，出色的学者不一定能成为称职的官员，而优秀的官员不一定能做出学问。

从功利的角度考量，学者与官员也是各有其长短得失、酸甜苦辣，拥有官员的地位和荣耀，就要约束自己的个性和自由；要彰显个性和强调自由，就不能企望官员的地位和荣耀（不同于学者的地位和荣耀）。有所得必有所失，正所谓鱼和熊掌不可兼得。多少学者因此生与官场无缘而抱恨，也有多少官员眼见学者的自由和潇洒而羡慕，"这山望着那山高"可以勾画出学者与官员相互向往的无奈心态，此事自古以来都难两全。

在学者和官员之间架起一座桥梁

由此心生一希冀，为何不在学者和官员之间架设一座桥梁，让做学问的学者能走过去体验一下为官的感受，去施展一下政务管理的能力，去实现一下自己的从政抱负。让从政的官员也能走过来享受一下学者更多的言行自由，去满足治学的理想。中国人太过追求单一事业的成就，太过看重终极的价值和目标，而往往忽略了多元价值和目标的追求，轻视了对人生经历本身的过程体验和享受，既往的传统都是一定终身，或者从政，或者为学，一经确定，往往终身不变，一条路走到底，生怕错走弯路，政界与学界、官员与学者之间似乎有不可逾越的鸿沟。为何我们社会的许多角色都已解脱终身制的枷锁，都实现了较为自由的流动，而学者与官员事实上的终身制却难以打破，学界与政界之间的藩篱亦不能拆除。学者与官员间的角色互换，其实在西方国家早成惯例，习以为常。君不见卸任不久的美国国务卿赖斯，原来就是斯坦福大学的老师，跟随小布什进了内阁从政8年，任期届满又回到斯坦福去当她的教授，学者和官员的感受都让她体验了个淋漓尽致。

当然，这些年，我们国家也有不少学者改行从政，甚至官至国家领导人的也有多位，但与西方国家不同的是：这种流动是从一端到另一端的单向流动，而非可以再反向回流的双向流动。学者一旦从政，除非异常情况，否则就很难回头再做学者，虽然实践证明其完全不适合或不喜欢官员的角色。而官员改行当学者的更是稀少，不是其不想，而是一旦离开职位，就几乎断绝了再回返官场的路径。因此，一个学者或一个官员的改行就成为非同小可的前途选择，一次选择几乎就是终生的抉择，让学者改行从政也许不难，而让官员弃官治学，那多是走投无路的无奈选择。

改革干部制度的有益尝试和贡献

就此而言，学者挂职确是建立学者与官员之间身份互换、合理流动的一个积极尝试和探索。当然这种探索并不是从我们挂职才开始的，早在几年前，陈兴良、黄京平、阮齐林等教授就开始了挂职的尝试，只不过当时都是在基层检察院，而此次是在最高人民检察院的层次上实行学者挂职。在我挂职的过程中，也常有同事朋友问过是否有弃学从政的打算，不能说从没有这样的念头，但从各方面考虑，我都不认为这是适合我的选择。对于挂职，我欣然应聘，但从未有过就此终止学者生涯的计划和安排。我想，这种身份的回转也许正是挂职最独特的价值。

我们三人的挂职任期初定一年，后又延长一年，任期届满，各自都返回学校，继续做自己的教授，也不保留或享受什么副厅级的待遇。这的确是建立学者、官员身份转换机制的实质突破，开启了干部制度改革的又一扇大门。在继续尝试和保持这种形式的同时，如果把它往前再推进一步，加以完备，将挂职期限与一般机关干部任期同步确定，并且实行全职而非兼职工作，任职期间和任职后给予合理待遇等，这种挂职完全可以演变成一种新式的领导干部任用制度和机制。它与一般的改行从政不同，它不再只是学者向官员的单向流动，也不是只能上不能下，职级确定就终身享受，更不是一定终身的永久性改变。

当然，这种身份转换和合理流动并不只是为个人发展进行的制度设计，就干部制度改革的制度价值而言，这种机制至少可以发挥三种主要的功效和作用：其一，建立学界和实务部门的密切联系，建立学者参政议政的多种渠道，实质性地推动理论与实践的结合；其二，选择具备政务能力和优良专业素质的专家学者进入国家机关，可以有效地改善国家机关的人员素质和管理水平；其三，让长于理论思考、热爱教学科研的官员来到高校，给他们一个自由的学术平台和充足的研究时间，将其从政中的所思、所行及所得进行法理上的整理和提炼，弥补高校实务研究的不足并形成与其他学者互补性的交流，于己是另一种人生价值的实现，于国家、社会又何尝不是一种新的贡献。

（选自 2010 年 5 月 11 日第 268 期总第 674 期）

曾经和海子一起工作

李秀云

今天天气很好，太阳升起的时候，我的世界平安无事。早晨，坐在餐桌旁，透过书房的窗户，池边的鹅黄色的柳枝低眉顺眼，媚不可挡。天虽然不蓝，池里的水也不碧，但春天依然桃红柳绿，杏花白。

今天是 3 月 26 日，因为海子，这一天多了些回忆和感念。浏览朋友圈，纪念海子的帖子和商品广告的帖子上下相邻。

30 年前的春夏之交，在法大大学毕业，踌躇满志地想做律师，却被告知分到了检察院，正准备接受现实，又被告知留校。因为当时小查要由隶属于党委宣传部的校刊调到哲学教研室，我就被分到了校刊做编辑。不知什么原因，我来了，他并没有马上走，因此大概有一年的时间，我们在一个办公室里工作，和 1983 年从华东政法分来的吴霖、1964 届的老政法毕业生张尧天老师一起编辑中国政法大学校刊。我们四个人都是学习法律出身，他们三个都写诗，所以在一起工作是一件今天看来很好玩的事情。因为我是唯一的党员，记忆中，学徒期很短，很快就编一版；四个人一人一版，要跑去制版，盯印刷厂。编辑部在老一号楼的 207，靠墙有一张上下床，归吴霖和小查。我们的宿舍都分在昌平西环里，有时他两个不回昌平，就睡在办公室里。我从昌平坐班车过来，经常是他们还没有起床，我就在外面等一会，他们打开门时，发黄的被子还摊在床上，屋里被窝的味道还没有散尽，我们就开始工作了。张老师还经常把他家里的泡菜带给他俩吃，想想我们的办公室是多么的"有味道"呀！

那时，校刊还是铅字印刷，每月一期，每周休息一天，每月挣 71 元。我们工作并不是很紧张，有时间阅读，有时间思考，校园里总是有和音乐与诗歌有关的讲座，上班时，我们会争论，特别喜欢和主编张老师争论，总是对他的观点不屑一顾，但不影响我们正常的同事关系，张老师一如既往地会把泡菜等吃的带给几个捣蛋的年轻人吃，依然会热心地给我介绍对象；总是把他写的打油诗念给我们听；总是讲社会的复杂，意味深长地忠告我们不能太简单。有一段时间，我们共同决定，谁表现不好，就把写得不好的稿子让他编。因为那时的稿子都是手写的，有一个体育老师，特别喜欢写，不过 300 字的稿子，改起来相当费劲，所以大家都怕这类的稿子，一次我们很默契地把这位老师的稿子悄悄地给了小查，他特别生气，把稿子隔着桌子就扔给了主编。

编辑部 207 那时是文学青年的集散地，当时常来的有现供职于新华社的摄影记者唐老鸭，爱好文学是那一代青年人的集体特征，介绍对象时常会加一句，该生爱好文学。就像今天的年轻人，爱好旅游。法大有一批写诗的学生，即使过了 30 年，我依然叫得出他们的名字，李燕丽、王淑敏、王俊秀、李青松、陈正宾等，也记得他们写过的《嫁南方》《夏天最后一个光头》《致我所爱过的女孩》等。所以，小查写诗也一样，没有什么特别的，只是那个时代的一种表达方式，一种交流。

除了写诗，小查也在工作，比如在校刊做了 3 年的编辑，现在在纪念海子的文章里，大多介绍他北大毕业后分到了哲学教研室，实际上，1983 年，他从北大到法大是在校刊工作，法大 50 周年校庆时，我做执行主编，以《守望法大》为书名，择取了校刊部分文章成册。在此书中，收录了海子的诗《人墙》，也收录了他采访 80 级校友侯觉非的通稿《到西藏去》，还有一篇是《寄语新同学》。在该文中，他写道："朋友，当你远道而来，兴奋而又疲惫地放下背包，目睹新旧相间的楼群、过分拥挤的校园、晴天灰雨的道路，你可能会有一番感慨。把眼前的现实和想象中的图像相比，你可能会从心底流露出或多或少的失望情绪。的确，我们确实处于困难时期。在这个不大的校园，住着十几个单位，这是历史问题留下的后遗症，中央和上级领导非常的关心我校的建设，外单位搬出去只是时间的问题。同学们，中央对我们寄予了很大的期望，在有关文件中提出要把我校办成'政法教育的中心'。这个中心绝不是自封的，而是要靠我们顽强的努力去争取，用心用汗水去建设。困难不是一件坏事，它可以培养我们艰苦创业的精神，让我们在战胜困难的过程中与新校风、新校园一起成长吧！"在最后一段他写道："我们应该感到自豪，因为我们能够领略到创业的艰辛和幸福。对于物质的东西我们不鄙视，但重要的是人的因素、人的精神。未来校园的美景固然值得我们向往和骄傲，但更加孜孜以求的优良学风、良好的学术空气，是社会主义精神文明的新气象。朋友，相信自己，承担起历史的责任吧！"已无法考证，稿子是否经过了主编的修改，但至少证明海子在履行一个编辑的职责，和我们每个编辑是一样的，有理由相信，《寄语新同学》的稿子，是主编布置的命题作文，针对的读者应该是1983年入学的新同学。尽管过去了30年，法大的校园依然没有达到期望中的美丽，但领导告诉我们希望总会有的。

1986年夏天以后，小查就调到了哲学教研室讲美学。工作中接触少了，但都住在昌平西环里，还会在班车上遇到，偶尔也会在一起聊天。记得1986年的冬天，工会不知从哪里进的咖啡，五毛钱一袋。我们边喝咖啡边聊天，聊的什么大部分已经记不清了，但肯定聊到了死亡，因为那时我母亲去世不久，当时的心情非常压抑和痛苦。但关心死亡也并非就有要自杀的念头。更多的时候，其实就是年轻人遇到挫折时一闪而过的悲观情绪，海子有过，很多的人都有过。

20世纪80年代中期，法大很小，人也很少，一辆班车，把近一半的法大青年教工都装下了，天天打头碰脸的，彼此的信息会口口相传，这个恋爱了，那个分手了，都不是秘密，小查恋爱又失恋的故事，同样也不是秘密。是众多失恋故事中的一个，没有什么稀奇。不知他之后是否又经历了刻骨铭心的爱情，但一次失恋不足以致命。记得有一天早上，在昌平开往学院路的班车上，应该是1987年以后，我们已经从西环里搬到了现在的新校，小查和一个长得特别清秀的大学生一起上车，女孩长发，背双肩包，包很沉，背包带都滑落下来，他很温柔地帮女孩把背包带往肩上拉好，当时的感觉是小查女朋友挺漂亮的。班车总是拥挤，晚到的就要站在过道里，在颠簸的路上，摇摇晃晃地站到学院路。那天他们没有座位，就这样站到了学院路。

小支和小陈儿是我们这帮年轻人中最早结婚的，他们领证后，请大家在西环里的宿舍里吃了一顿饭，小查也参加了，并且专门为他们写了一首诗，还在席间朗诵了。

回想当年，军都山脚下，西环里有两栋楼，十五号楼和十六号楼，住着一群刚刚大学毕业的年轻人，每天晚上回到这里，漆黑一片，食堂关门，没有煤气，总是偷偷地用电炉子凑合着煮点吃的，像荒凉山庄，冬天北风呼啸，又成了呼啸山庄。唯一的娱乐设施，是楼下教室的一台电视。

这就是我们那时的生活，简单、纯朴。日子过得寂寞、清苦，但却没有抱怨。正是这个原因，很多人选择了早婚，就地取材，同事同学成了夫妻，一起过起了集体生活的小日子。小查生活在我们中间，和大家一样，只是他读了更多的书，喜欢用诗歌表达生命、生活和青春的意向。一个二十出头的年轻人，爱恨情仇是天大的事，在世俗生活中宛如平常一段歌，而在诗歌里却被夸大、升华。艺术来源于生活，高于生活，艺术不能代替生活，但我们却可以让生活更艺术。

后来小查自杀了，听到消息应该是 3 月 27 日的早上，在昌平家属院打开水时，遇到了守东，我说小查自杀了，他狠狠地答："让我们活着，像猪一样活着。"

再后来，每当谈起小查，我们都会做很多的假设，如果再晚几天，他也许就不会死了，接下来因为国家发生了大事，也许不失恋，也许，也许，但一切都只是也许。曾在一起工作过的吴霖在一篇纪念文章中说过一句话："他只是没有过去心中的那个劫。"小查死了，却以海子的名字活在诗歌里，活在人们忽然想起诗歌的日子里。

到如今，更多的人知道海子，越来越少的人再叫他小查，他的诗歌："我有一所房子，面朝大海，春暖花开。"就像马丁·路德·金的"I have a dream"一样被人们响亮地传诵着。特别是现在的学生当听到我和海子曾经在一个办公室工作过，脸上的表情，好像我曾经和一个古代人一起工作过。

这一天，老敏深情地朗诵了《面朝大海，春暖花开》。我们更乐意以这种方式，纪念海子，谈论小查，就像谈论一个很久没有谋面的老同事、老朋友。

（选自 2015 年 3 月 31 日第 847 期）

一级大法官的人生追求

沈德咏*

不知不觉就活到了耳顺之年。依照传统观念和自然规律，一个人年满花甲，就已经进入了他的老年期了。

从 1980 年考上北京政法学院（1983 年改为中国政法大学）刑事诉讼法专业研究生算起，也已经过去了整整 33 年。这一历史性的转折，使我与法律结下了不解之缘，至少在形式上我是可以以法律人自居的。比较有意思的是，我当时的这一人生选择，和国家当代民主与法制建设的历史进程是完全契合的。

这也可以说是顺势而为吧。1974 年，我以工农兵学员的身份进入江西师范学院（现为江西师范大学）外语系读书。1977 年毕业后留校工作，任助教，实际工作是担任外语系团总支书记和 76 年级主任。学外语、用外语是可以作为职业的，但语言本身更多的是作为人类交际的工具而存在。当然，毋庸讳言的是，1977 年恢复高考制度后，工农兵学员的身份在大学里已经面临一种无形的压力。因此，我当时选择学习法律，既是自我意识的一种觉醒，也是对人生机遇的一种把握，还可以说是困境中一种无奈的选择。

并非所有的选择都会天遂人愿。1980 年，我们一起留校任职的三位同学相约同时报考研究生。章少泉同学报考本系的英国文学专业，他考中了，现在已是江西师范大学外语学院教授、院长。王永环同学报考湖南一所大学的无线电专业，但未能如愿。他后来改学了大众传媒并取得成功，在那个年代，我们都不知道大众传媒为何物，看来他也是有先见之明的。

1983 年 7 月，我从中国政法大学研究生院毕业，获法学硕士学位。根

---

* 沈德咏，男，汉族，1954 年 2 月出生，江西省九江市修水县人，中国政法大学诉讼法学专业毕业，研究生学历，法学硕士，博士生导师。现任最高人民法院党组副书记、常务副院长、审判委员会委员，一级大法官。

据自己的意愿和组织分配，我来到中共江西省委政法委员会工作。一切都是从头做起，开始主要是从事简报编辑工作，1986 年 5 月担任了研究室副主任。1988 年 6 月调任江西省高级人民法院刑一庭庭长、审判委员会委员，开始从事司法审判工作，真正的学以致用是从这一年开始的。1993 年 1 月，我被任命为江西高院副院长、中共江西高院党组成员，在江西高院，我前后工作了 10 年。

1988 年后，我的工作岗位变化，只是在人民法院和纪检监察两大系统流动。1997 年 3 月被江西高院调任中共江西省纪委任常委、副书记。1998 年 10 月又被中共中央任命为中共最高人民法院党组成员，同年 12 月被全国人大常委会任命为副院长。同事笑谈，中央一纸调令我又归队了。在这个岗位上，我打了一个"抗战"，一干就是 8 年，先后分管过刑事审判、告诉申诉、立案信访、审判监督、民事执行、国家赔偿、司法改革、调查研究、应用法学、新闻宣传等项工作，一直兼任最高人民法院司法改革办公室主任、少年法庭指导小组组长等。需要提及的是，2001 年，被时任最高人民法院院长、中华人民共和国首席大法官肖扬授予二级大法官。

《中华人民共和国法官法》是 1995 年颁布施行的，至 2013 年 3 月全国两会开过，根据该法授予的中华人民共和国首批大法官，在职在岗的就只剩下我一个人，真可谓"硕果仅存"了。2002 年，在中共党的十六次全国代表大会上，我当选为中央纪委委员，在十六届中央纪委第一次全体会议上当选为中央纪委常委。2006 年下半年，上海社保资金案东窗事发，同年 11 月，我被中央急令"空降"（借用当时"新闻"用语）至上海担任中共上海市委常委、中共上海市纪律检查委员会书记，同时由上海市委任命兼任上海市社保资金案专案工作领导小组组长。当时大家都说这是"临危受命"，这个说法有点夸张，但这一工作变动对我个人而言确实是突如其来、毫无思想准备的。

同样是没有多少思想准备，2008 年 4 月，我又被中央一纸调令调回最高人民法院工作，任党组副书记、常务副院长，为正部长级，同时被时任最高人民法院院长、中华人民共和国首席大法官王胜俊授予一级大法官。上海的这一段工作可以说是来去匆匆，但所经历的事情终身难以忘怀。在以年度为计算单位的官方公布的履历表上，从 2006 年到 2008 年，我在上海的工作前后有 3 年时间，但实际时间只有一年半，所以，每当有人问我在上海工作了多长时间，我就会笑答：3 年、18 个月。

在 2008 年 4 月工作交替期间，有件事情值得一提。是年 4 月 4 日，我主持召开了上海专案组全体工作人员最后一次大会，除对专案工作进行总结外，很重要的一项议程是传达市委的决定，宣布自即日起撤销该工作组，后续工作分别移交给上海市纪委、市委组织部等。5 天后，4 月 9 日，中央组织部即派员到上海对我进行任职考察，中央新的任命及提名文件是 4 月 18 日下达的，全国人大常委会 4 月 24 日通过了最高人民法院副院长的任命。

后来的有关报道和传言，以上述时间差推测，认为专案组的解散与我就任新职有关。事实上，在 4 月 8 日前，我对自己的去留还一无所知。及时宣布结束专案工作，既是正常工作程序的结果，也确有政治上的考量。事实上，当时中央专案组的人员也大多已经撤回，前方工作组亦由上海移驻临近的江苏昆山。因此，上海专案组的寿命与我在上海的工作时间几乎一样长，那只是一个巧合。

就这样，我又回到了我称之为"老家"的最高人民法院，又干起了老本行的工作。现任最高人民法院院长、中华人民共和国首席大法官周强同志说，作为一个法律人，能够在最高法院工作，是应当引以为豪的。对此我深有同感。从 1998 年至今（2014 年），我两度在最高法院工作，已有 16 个年头，从年龄上讲，由 1998 年的 44 周岁、尚可算作青年，越过了人生的中年，已经迈入了老年。再上溯到 1980 年，30 多年的时间，从研习法学到从事法律工作，将自己最好的年华奉献给了自己最热爱的事业。没有说过多少违心的话，做了一些应该做的事情，办了一些有意义的案件，三十余年初衷不改，此生已无遗憾。

作为一个法律人，法律知识自然是不可或缺的，但更为重要的恐怕是作为一个法律人那种特定的生活方式的养成，这就是在任何时候、任何情况下，都习惯于以法治的思维和法治的方式去认识和处理问题。这一点在司法审判工作中自不待言，说最高人民法院的法官是最讲法的一个群体一点也不为过，如果谁有机会列席一次最高人民法院的审判委员会，或者旁听一次庭审，就知道我此言不虚。习近平总书记要求我们办事依法、遇事找法、解决问题用法、化解矛盾靠法，对于广大法官而言，这是必须养成的职业习惯和必须坚持的职业操守。

对于一个法律人，如果不处在法律工作岗位，又该如何坚守自己的职业习惯和操守呢？在这里，我想举两个实际的例子来说明这一问题。2006年到上海工作后，在社保资金专案工作领导小组第一次会议上，我第一次提出了以司法标准查办专案的要求。大家知道，司法基于独立公正和证据裁判原则，对于案件事实认定和证据采信的标准是最规范，也是最严格的。以司法标准来查办专案，能够最有效地防止案件办理工作出现"翻烧饼"现象，而这种"翻烧饼"现象，在上海社保资金案前后的一些专案工作中，多少都发生过。

我的这一工作理念与要求，得到了与会同志的一致赞成，尤其是得到了作为专案工作领导小组副组长、办案组组长、时任上海市高级人民法院院长滕一龙同志的大力支持，并在后续的工作中身体力行地带头贯彻。同时，我们这一主张也得到了中央专案组领导同志的充分肯定和高度评价。由于上下的共同努力，上海的这一专案工作只用了短短的一年多时间，就基本实现了中央提出的"彻底查清案情、挽回经济损失、维护社会稳定、促进经济发展"的要求。在2008年我离任话别时，上海市委的主要领导同志曾意味深长地说，社保资金案的查处，没有发生任何问题，没有出现任何反复，也没有留下任何的后遗症，要做到很不容易，是值得很好总结的。我想，这一成果，既取决于党中央、中央纪委及上海市委坚强有力的领导等多种因素，同时与我们所倡导的较为严格的办案标准也是有一定关系的。

另一个例子，就是2007年初，在上海全市纪检监察机关查办案件工作会议上，我在讲话中明确提出，查办案件工作，要讲法纪效果、政治效果、社会效果的有机统一，但法纪效果始终是第一位的，没有良好的法纪效果，就不可能有良好的政治和社会效果，这个关系是不能颠倒的。事实上，这就提出了严格依照事实与法纪标准查办案件的问题，意在排除一些案外因素的过分考量和干扰。而且，在会后不长时间，根据我提出的工作要求，上海市纪委就在全国率先规范了违纪名称，统一了全市的执纪标准，同时还制定并实施了全市纪检监察机关执法办案最低装备标准。这件事情，我认为对上海市纪检监察机关形成正确的执纪理念和规范执纪办案工作是有积极意义的。

上述两个事例说明：即使在非法律工作岗位上，一个法律人，以他的专业背景和思维方式，也是可以有所作为的。党的十八大报告提出，要以法治思维和法治方式深化改革、推动发展、化解矛盾、维护稳定，可以乐观地预见法律人将会有更多的机会，在更多的领域、更大的范围内大显身手。

于个人而言，2012 年 11 月，在中共党的第十八次全国代表大会上当选为中央委员，是一件不能不提及的事情。面对这个政治高度，我既心存敬畏又感到诚惶诚恐，毕竟在 205 名中央委员中，法科出身的人占极少数，我相信这个人数今后会慢慢地多起来。

三十多年来，因为一直都在实务部门工作，真是应了"人在江湖，身不由己"那句老话，真正的学问是无法做下去了，但我也未敢偷懒，这些年来，编写的书和发表的及未发表的文章，林林总总，怕也有数百万字之多。这里多少与我尚未完全脱离学术、长期兼任中国政法大学教授、博士生导师（共指导了 4 名博士生即关门收徒，但现在学校仍然在以我的名义招生，由其他教授指导，我只是挂个名而已）、中国法学会副会长（已去职）、中国刑事诉讼法学研究会副会长（已去职）、中国审判理论研究会会长等学术职务有点关系。

我在江西高院任副院长时，就曾在庐山召开的一个全省法院调研工作会上提出，一个合格的法官，应当走一条法官加学者的道路。当然，这样说说容易，真正做起来很难，我自己首先就没有完全做到，今后恐怕就更难做到了。但我充分相信，年轻一代的法官一定会比我们做得更好，未来是属于他们的。

（选自 2015 年 3 月 31 日第 441 期总第 847 期）

我的退休观与生命观

廉希圣

我退休已近20年，其间生活中有过烦恼，有过纠结，但总体是爽快的、知足的，实现了我晚年生活的预期。20年来，我的感悟有：

第一，我虽已进耄耋之年，尚能正常生活，没有"老"的自觉。不总想着"老"是对的，但要服"老"，应懂得什么年龄干什么事。这种心态我要逐渐调整。

第二，退休后，角色已转换，发挥余热要量力，要择善而从，要有所不为。

第三，急流勇退不应戛然而止。要退的是原职位的工作，而不是现有的学术业绩。在事关大局的问题上，在大是大非面前，还要发出自己的学术之声，且不计得失。

第四，把一生积累的物质和精神财富都留下，唯独不能留遗憾。

第五，遵从生命的规律，珍惜生命的时限，不怕死，但不找死，勇对体能的连续丧失。生活的第一要务是保持健康。

第六，可以经常怀旧，但要懂得世界在变。要用儿童好奇的心态看待新潮事物，对年轻人的生活方式不用过时的尺度去衡量。

第七，充分享受人生，从心所欲，不逾矩，做个耄耋之年快乐的"老顽童"（我的微信昵称）。

第八，简化身后事，不攀比，不扰人，不想有永恒的纪念。

以上是我的个体感悟，无普世价值，而且有的还要靠我的毅力去实践。

（选自 2015 年 11 月 3 日第 461 期总第 867 期）

中国文学的源头是六经

黄震云

文学界过去多主张神话是中国文学之源。而我赞同方铭、刘毓庆的判断，六经是中国文学的源头。

第一，我们需要分清楚中国文学的源头和中国文学的发生的区别和联系，就像黄河发源于青藏高原巴颜喀拉山，是实地考察的结果，这是发源。但李白说"黄河之水天上来"，当然也是对的，这是发生。可是如果你继续猜想这些雨水的芯一定来自某地某地，那似乎好听但无法证明。中国的神话文学时代就是一个假设的芯。

第二，马克思《〈政治经济学批判〉导言》明确指出，希腊神话只是希腊艺术的土壤。马克思没有说中国或者人类有一个必然的神话时代是文学的源头，全世界都没有这种研究，所以我们没有必要去作这样的假设。

第三，任何一门学问都应该以实学为基础，用证据说话。就目前我们知道的考古资料，例如，北京周口店猿人和郧县猿人完全没有文学；大地湾等遗址的时代距今几万年，也没有看到文学；河南、甘肃、内蒙古、宁夏、青海、辽宁等地据称有上万年、几千年历史的摩崖石刻以及彩陶图案都以写实为主，没有表现鬼神世界的作品。史书中也没有这样的记载，更没有这样的文本。长期以来，我们一直将口头传说定位为文学，有时还会用神话传说这一术语表示，但口头传说与神话不是一回事，完全没有神话传说这种文体，传说往往和原始宗教有关。

我们将文学源头的资料从时间顺序看，应该是经过了口头文学时代、甲骨文为代表的原始宗教文学时代、六经为代表的集大成时代。口头文学时代的诗歌主要有《文心雕龙》提到的黄帝时代的歌谣、尧舜时代的歌诗和《尚书》中的尧典、舜典、大禹谟、盘庚等历代文献。这些文献产生流传的原因是"曰若稽古"，即政治制度设计的礼官负责传承历代口头文学。同样，《尚书》中还有赓歌等历代诗歌的存在。这些诗文集中在《尚书》

里就是西周时代对过去的一次洗礼和集成，又以这种集成影响后代，因此成为源头。

第四，中国文学的主流就是诗文。《诗经》是中国诗歌的源头，这是公认的事实，自然不必再讨论中国的诗歌源头在哪里了。六经是中国文学的源头，也是多样态的，例如，《春秋》以大义为特色的形式拓展；《易经》关注自然哲学；《仪礼》则重在文学的仪式。因为周代文化对历史上的文化进行了集大成式的整理，同时进行了全面创新，中国文化形态因此形成，那么六经当然是中国文学的源头了。

第五，殷周甲骨文，是人神对话的成果，是具有原始宗教性质的卜辞文学。甲骨文为什么不能成为中国文学的源头或源头之一？一是甲骨文内容简单；二是信仰上，殷商一元神被周人多元神取代，汉代又调整上帝为太一，放弃帝喾，因此在文化转型中就被替代了；三是殷商的制度没有持续下去。虽然甲骨文对周人《诗经》的制作有一定的影响，但是被《诗经》融化了。个别作品和类型的文学作品不能成为中国文学的源头。

第六，坚持中国文学本位的理念尊重历史事实，是对中国文学发展的正确理解。中国文化是庙系的，与西方的神系不同，神系可以杀父娶母，只需要显示神性就是了，遇到危险登上诺亚方舟一跑了之。而庙系不同，追求的天人合一的宇宙情怀将神和人相对应，人是现实的，又是神的子孙。祖坟祖籍，总有线牵着你，自然不会去幻想神如何在另一个世界里信马由缰。同时，"道"的宇宙观的确认，塑造了中华民族的理性思维，也就不可能出现一个什么神话时代。中国文学没有神话时代。

第七，刘毓庆提及"自汉以后，神话大兴"现象，我在《汉代神话史》一书中明确分析过。汉代的神话和原始宗教不同，也和外国神话不同。汉代神话是政治智慧的操控，是行政行为，陈胜吴广学狐狸叫和刘邦的斩白蛇起义皆是借助原始宗教意识争取民众，表现自己是真命天子。陈胜学狐狸叫是套用大禹和涂山氏的传说，刘邦斩白蛇起义是效法秦始皇祖龙自谓。尽管这种操控有过多次重复，但主要还是集中在利益上，实用性昭然若揭。当薄姬撒谎说苍龙盘踞身上时，刘邦哈哈大笑起来，知道她在玩着他玩过的把戏。

两次讨论多次提到的《山海经》，被认为是神话时代的证据，也是误解。《汉书》将《山海经》列入地理学著作，符合实际情况，特别是《五藏山经》，是人一步步精心测量调查的结晶。我在《山海经导读》一书中已经作出过仔细分析，海外大荒有些内容，是出于传说和误解，不是神话。

（选自 2015 年 11 月 10 日第 462 期总第 868 期）

开放空间中的观念碰撞

——走进大学的当代艺术

李京泽

走进"开放空间"——国际当代艺术展的展场时，感觉是很奇妙的。如此多媒介、多风格的作品在这样一个开放的空间中碰撞和交流，本身就是一件很有兴味的事情。考虑到这个开放空间是一所著名的政法类高等学府——中国政法大学的校园，这样的碰撞的余波就更加引人期待了。

对于参展的艺术家来说，有很多因缘促使他们的这次聚合，但是对于这一"开放空间"的观众来说，首先关注的是某一件作品乃至整个展览带给他们的直观感触。对于观众来说，这些参展作品，迥异于传统的架上艺术，具有名副其实的当代艺术属性。疑惑或思索是随处发生的，人们在展览的各个角落议论纷纷。展览之后的研讨会上，观众与各位参展艺术家的探讨也异常热烈。是的，这本身就证明了这次当代艺术展览的成功，也是所有真正关心当代艺术发展的批评家所期望的结果：不是膜拜与沉迷，而是参与、讨论与交流——甚至是质疑和洞见。我们更惊喜地获悉，中国政法大学校长黄进教授也是此次展览的一位参与者和讨论者。

就展览本身的作品而言，尽管在媒介选择和视觉风格上存在着较大的差异，但大多都体现出了一种观念艺术的精神。祁志龙的《中国女孩》和戴维·霍克尼的《克拉克夫妇俩》从某一特定时期的具有日常消费特征的形象入手，分别对东西方人类的内在生存状态展开批判地审视。同样是从日常生活的消费形象入手，杨劲松的《无题》、奉家丽的《琥珀》、申建军的《集市》和胡昶的《从味觉到视觉》则关注于将日常事物分解和重构，传达某种别开生面的审美意趣和价值理念。具有更强烈的波普艺术倾向的作品，当属宋永平的《究竟是什么使今天的生活如此多汁》和祁志锐的《标志》。这两幅作品以当代艺术的典型方式对金钱符号和法规标志进行"再加工"，从而激发了观众对于中国社会和中国人状态的思考。孙学敏的

《珍藏》、王志刚的《内视》、伊德尔的《童话中的棋手》和佩利·马赛克的《榜样》同样选取了东西方精神世界中具有代表性的事物，对东西方的典型精神元素进行了"解构"。杨萍的《都市山3度》中的北京标志性景观和塑料袋的运用引起了很多观众的关注。实际上，这件作品与王涛的《梦境·上苑》、王德仲的《空城》、刘辉的《电话亭》、巴荒的《徽迹》和周晶的《寂静的空间》一样，都游牧在虚幻的现实和历史的空间之中，表达了艺术家对人与环境的关系的关注和认识。

当然，我得承认，这些"判语"某种程度上是写作话语的需要。正如之前所说，我所期待的，或者说作品所真正需要的，是每一位观众自发的理解与批判——就像每一位参展艺术家在面对周围环境时所做的事情一样。就观念艺术的态度而言，表达观念的方式，与观念的传达在观众中产生的效果，可能是更值得关注的事情。因为这正是一个人人都可以用艺术的方式表达观念、都可以成为观念艺术家的时代。

在注重观念的表达之外，参展艺术家还不同程度地展现出对于形式的审美观的坚持。当然这可能也与策展人的意图相关：只有最打动人心的审美意趣才能将观念更好地呈献给这个"开放空间"的观众。实际上，正如之前提到的，观念性的当代艺术与之前的艺术种类的一个重要区别，就是对观念传达方式和观念传达效果的重视。在这里，形式的审美仍然是此次展览所坚持的。然而，不同于传统绘画与传统展览，日常物品的挪用、展览空间的开放、媒介材质的综合、形式色彩的抽象，使得这次展览具有强烈的当代艺术属性。观念表达方式的特殊与观念性的强调使得作品具有足够的间离效果，从而不至于让观众沉迷于形式的愉悦感，而是有力地认识到观念的强烈在场——用展览的学术支持、参展人之一、中国政法大学人文学院祁志锐教授的话来说，参展艺术家的作品，"更多地体现了对人生、对社会、对大自然的关注和思考"。

的确，展览艺术家展现出了对于东西方历史和精神的透彻把握，对于当下现实的深度批判，以及对于国际前沿艺术的惊人敏感，所有这些都与中国政法大学的气质和理念不谋而合。很多参展艺术家本身就是在国际上享有盛誉的艺术家，例如戴维·霍克尼、祁志龙和宋永平等。实际上，每一位艺术家和他们的作品都曾多次在国内和国际舞台上登台亮相。但有意思的是，他们本人却往往乐于选择远离城市中心，而从另一种生活状态中去审视城市——正是这种立场，使得他们乐于将展览放置在中国政法大学这样具有批判精神和开放理念的校园空间之中。最后，我们将极大的谢意献给这次因缘的缔造者——展览的策划者和中国政法大学的组织者。我们渴望着更多同类展览在中国政法大学这一具有国际视野的政法类高等学府获得成功。反过来，我们也相信，此次展览将在中国政法大学的精神塑造和人才培养过程中发挥极其重要的作用，具有不可估量的价值。

（选自 2015 年 12 月 1 日第 465 期总第 871 期）

妇女节里说说刑法对妇女的保护

方　鹏

今天是妇女节，是举世界同庆的日子。祝女士们节日快乐，花容月貌，青春美好！

本来，今天是"妇女、儿童保护法""婚姻家庭法""劳动法""中华人民共和国恋爱法"来掺和的节日……什么什么，今天妇女节女士都放半天假了，《劳动法》来掺和什么？真的不骗你，三八妇女节的全称可是"国际劳动妇女节"喔，从1909年3月8日美国芝加哥劳动妇女罢工游行集会以来，至21世纪已走过了百余年历程。正是因为有这些女工革命前辈，现在的"女工"才能放半天假哟……你们学刑法的来掺和什么？我们妇女既不杀人也不放火！学刑法的为了给女士庆祝节日，说说刑法对妇女的保护吧！（为了讨好女士，学刑法的也是拼了）事实上，刑法专门用来保护妇女的罪名并不多。用脚趾头数一数：强奸罪，拐卖妇女、儿童罪，收买被拐卖的妇女、儿童罪……虐待罪，虐待被监护、看护人罪，暴力干涉婚姻自由罪，重婚罪呢？这些罪名不是只保护妇女。尽管一谈到家暴就联想到醉醺醺的丈夫打老婆，但也有彪悍的妻子打得老公满地找牙的哟！一谈到重婚，就想到老公外面红旗飘飘找小三，但也有聪明的老婆同时找好几个老公的情况啊……

你不能这么说啊，现实生活中就是老公打老婆的多啊！

你也不能这么说啊，现实生活中杀人的也是男的多啊！

那么，组织卖淫罪，强迫卖淫罪，协助组织卖淫罪，引诱、容留、介绍卖淫罪，引诱幼女卖淫罪呢？这些罪名离妇女保护就更远了。

第一，卖淫的只有失足妇女吗？男的也有卖淫的啊，还有男的卖给男的呢（南京李宁组织男性同性卖淫案）！《最高人民法院、最高人民检察院关于执行〈全国人民代表大会常务委员会关于严禁卖淫嫖娼的决定〉的若干问题的解答》里说："组织、协助组织、强迫、引诱、容留、介绍他人卖淫中的'他人'，主要是指女人，也包括男人。"

第二，你也太那啥太泥古不化了吧。卖淫多数是自愿的营生手段（尽管很多情况下是迫不得已），你打击卖淫岂不是断我财路，如何谈得上"保护"？强迫卖淫罪事实上应是强奸罪的间接正犯，都"强迫"了，还卖淫个啥（所以，我们的刑法有时候就有逻辑矛盾），只好用法条竞合去牵强附会地解释了，强迫卖淫罪是特别法，强奸罪是一般法，适用特别法优于一般法的竞合规则，只不过此时特别法是轻法。哎……刑法啊，立法者逻辑上出了问题，还要刑法学家把抛那么远的球给叼回来，做刑法学家真不容易啊！

好了，好了，我知道了。那么我们还是来谈谈犯罪对象只是妇女的强奸罪，拐卖妇女、儿童罪，收买被拐卖的妇女、儿童罪吧！

慢着慢着，犯罪对象"只是"妇女？那强奸男的就是无罪了？本女王可太高兴了！

可别高兴得太早。《刑法修正案（九）》把原来的"强制猥亵、侮辱妇女罪"改成"强制猥亵、侮辱罪"了！也就是，现在，强制猥亵女的、男的都构成犯罪了。强奸男的当然构成"强制猥亵、侮辱罪"啦！看来，美丽的小鲜肉也只可远观不能亵玩了，饱饱眼福总该不构成犯罪吧。

一个小插曲：以前将男的误认为是女的而"强奸"的（场景：一个夜黑风高的晚上，一个蒙面男子闯入其自认为是女生宿舍的地方……以下省略 N 字），可能是无罪（如无强奸到其他妇女的危险，是不可罚的不能犯）；现在至少可是"强制猥亵、侮辱罪"（如有强奸到其他妇女的危险，还与强奸罪的未遂形成想象竞合）喔！

那么，拐卖帅哥、收买被拐卖的帅哥总该可以吧？热爱动物（什么悍马、捷豹、天猫的）的本女王正想在天猫上买个来玩玩，"十个男人九个呆……把他拐过来"。

那也不一定无罪喔，尽管没有拐卖男子罪（1997 年《刑法》废了原来的 1979 年《刑法》的"拐卖人口罪"），但视情况可认定为非法拘禁罪、强迫劳动罪。

可见，刑法中根本就没有专门只保护妇女的罪名。强奸女的是犯罪，强奸男的也是犯罪；拐卖妇女是犯罪，拐卖男的也是犯罪。只不过罪名不同，法定刑方面保护妇女的罪名也更高而已。强奸罪，拐卖妇女、儿童罪的最高刑都是死刑。

那么，如何更好地保护女士呢？看来，不能只靠法律，还得靠男士。好好地去爱她们，爱你的女友、你的糟糠之妻、你可爱的女儿、你的母亲、慈祥的外婆……你的同事、朋友，让她们生活在幸福之中（不一定要送钻戒，有时候只要夸一夸就行了），那就是最好的保护！

节日快乐！

（选自2016年3月9日第473期总第879期）

文采风华

我的第一次讲演

陈佐夫

1983年的初冬，校园里的银杏树叶还未掉尽，早到的北京季风已使人感到丝丝寒意。在学院路校园教学主楼上的大教室里，坐满了全校的学生代表，场内气氛热烈，不时传来阵阵笑语。这里正在举行中国政法大学第一届团代会闭幕式。作为刚当选的校团委书记，我将代表新一届团委向大会致闭幕词。

如何做好这个闭幕词，是我那几周冥思苦想的问题。按照历届团代会的习惯，只要事前与几位同事商量，拟一个稿子，甚至请人捉刀后，上会照本宣科就行了。但时值中国的改革开放进入第四个年头，人们政治生活中的传统习俗已经受到了冲击和动摇。此时的中国政法大学已在过去北京政法学院几十年积累的基础上，以一个崭新的面貌出现在中国的法学界和教育界。她是北京著名的学院路上第一个冠以大学校名的学院，也是全国政法学院中唯一以"中国"命名的学府，因此显得格外引人注目。如何做好这次闭幕词，在我心目中已成为一件欲担千钧的大事。

作为刚刚毕业的新一届大学生，我确实不想也不愿再按惯例到台上去念稿子，而新一代在校学生也不希望他们刚刚选出来的团委书记只会照本宣科。因此，我决定脱稿讲演。用现在人们的标准来看，脱稿讲演已经司空见惯了，而不是时尚。可是19年前在正式会上脱稿讲演是要有点勇气和胆量的。主意既定，我就自己动手撰写闭幕词。因为，只有自己写的东西，才能融会贯通，才最容易记住。

会议闭幕词不能太长，但要总结会议、展望未来、提出任务、鼓舞士气，必须讲的话又很多，所以只好把稿子浓缩到两至三页，这也为讲稿的撰写增加了难度。为了能记住稿子的要点，我整天都在构思和考虑，不仅上班想，下班也想，甚至连吃饭、睡觉都在想。讲稿写好后，我认认真真地花了好几天的功夫去背诵它，最后总算把稿子全都印在自己的脑海里。

　　闭幕式那天，按照惯例，除了学校各级领导在前排就座外，会议还邀请了当时团中央大学部的袁纯清部长、北京团市委的蒋效愚同志等到会。当会议的预定程序进行完毕后，该我上台致闭幕词了。一走上讲台，接触到台下近百人的目光，我不禁紧张起来，心里突突地跳得很厉害，这毕竟是我第一次在这种正式场合脱稿讲演。当看到众多团干部期待的神色，看到校领导和上级团组织领导鼓励的目光，我努力镇定了自己的情绪，鼓起勇气开始致辞。十多分钟的闭幕词，我没有中断，也没有重复，伴随着的只是随讲演思绪而生的手势，终于一字一句流畅地讲完了。讲演博得了与会人员的掌声，也受到了领导的赞赏。此时，我才如释重负，感到非常高兴。

　　当我走下讲台时，学生干部刘沛上前向我表示祝贺。我问她知道我曾经感到紧张吗？她说，当然知道，而且知道我手中捏了一张写有提纲的纸片。是的，会前，我写了一个浓缩提纲的小纸片捏在手上，以防讲演的思绪中断时备用，而这时的纸片已经被捏皱并几乎被手汗浸透了。尽管我的讲演并非十分精彩，但它至少是我的第一次脱稿讲演。讲演锻炼了我，也在我脑海里留下深刻的印象。

　　今天的中国政法大学，不仅设立了政治专业，培养出口若悬河的政治家，同时还开设了专门的讲演课，以培养学生们的演讲能力。在校园里，无论是课堂讨论还是学术交流，你都能听到同学们或滔滔不绝，或侃侃而谈，无不是脱稿而讲，它充分显示了当代大学生新的风貌。毕竟时代进步了，当代青年学生正在或者已经超过了我们。想到此，我由衷地感到高兴和慰藉。

　　　　　　　　　　　　　　　（选自 2002 年 3 月 1 日第 1 期总第 407 期）

一件"小"事

王宝娣

前几天看到 4 月 10 日出版的校报上有篇文章《我选择我喜欢》，这篇文章报道了我校校报记者团主持的"我最喜欢的老师"评选的有关情况，其中提到了"这种完全由学生自己组织、自己投票评价老师的活动在法大尚属首次……"这使我不由得想起了一件"小"事：我记得 1985 年时校学生会曾组织过这类活动，我自己也被评为"受学生欢迎的老师"之一。碰巧有一天真还翻出了那张奖状，上面写着：

王宝娣老师
　　祝贺您被评为一九八五年度受同学欢迎的教师！

校学生会

那天上台领奖的情景仍栩栩如生地"活"在我的记忆中。

好汉不提当年勇。如今我是已近退休年龄的老教师了，对这些荣誉、奖状之类的身外之物已经"兴趣"不大，但我对学生评估教师的做法却颇感兴趣。我认为，如果操作得当，这或许是在新时期、新形势下促进教学活动、提高教学质量的好方法之一，不妨大胆试一试。

学生是学校的主体，正如人民是国家的主体一样；教师是为学生服务的，正如公务员是为人民服务的一样。教育不是第一产业，也不是第二产业，教育应属于第三产业。江泽民主席在 2000 年 2 月 1 日关于教育问题的谈话中指出："在我们的国家里，各级各类学校，都要认真贯彻执行教育为社会主义事业服务、教育与社会实践相结合的教育方针。"教育为社会主义事业服务，要从眼下的一点一滴做起，具体到教师，就要把"传道、授业、解惑"的责任认真地担当起来。"传道"，旧时意为"传授古代圣贤的学说"，现在意为"传授道理"；"授业"即"传授学业"；"解惑"是"解答疑难"。可见教师的工作是为了满足学生的求知欲而存在的，正如清洁工、厨师、工匠等工作是为了满足人民日常生活的需要而存在，作家、画家、演员、歌手的工作是为了满足人民日常生活中休闲和审美的需要而存在的一样，都是为人民服务的。社会分工的不同，脑力劳动和体力劳动的区别，并不妨碍目的的一致性——为人民服务。以为自己是教师，是从事脑力劳动的，就比从事体力劳动的人高一头，是否有失偏颇？因此，教师工作的好坏，应该首先听听服务对象的意见；就像演员演得如何，要用"百花奖"征求观众的意见一样；就像电视剧和演员哪个好，目前中央电视台正在举办的"美菱杯"——观众最喜爱的 2001 年度电视剧优秀演员评选活动要全国观众发表意见一样；就像厨师做的饭菜如何，还得听听顾客的评论一样；就像……一样。

上述这类评选活动，包括 1985 年和本次校内 1999 级、2000 级本科生评选受学生欢迎的教师的活动，都属于开放式的评选活动，比较充分地体现了"公开、公平、公正"的原则。这种做法的第一好处是避免了个人自吹自擂的可能性，行业内同行互相吹捧的可能性，下级抬轿的可能性，领导馈赠的可能性，"轮流坐庄"的可能性，以及无中生有的可能性。这种做法的第二个好处是发挥了主体的能动作用。各个领域中接受服务的一方对服务质量最有发言权，尽管这一主体中的各个个体水平有高低，有时夹杂着私念，有时出于宿怨，有时较片面，但总体上他们的意见应该是可信的。提供服务的一方应该虚心听取，认真对待，才能不断改进工作、提高服务质量。在学校中，教和学双方通过这种方式互相帮助，互相促进，提高教育、教学质量，才能使教育真正达到为社会主义事业服务的目的。这种做法的第三个好处是提高了"先进""优秀"这类称号的含金量，阻止了这些称号的贬值。这种做法的第四个好处是，被评上的教师等由于得到服务对象的认可，会深受鼓舞并铭记在心，从而"百尺竿头，更进一步"，终生为服务对象努力工作。比起自吹自擂得来的、同行互相吹捧得来的、下级抬轿得来的、领导馈赠得来的或窃取得来的"荣誉"，服务对象给予的荣誉不知要高尚多少倍，圣洁多少倍，光荣多少倍。

每一位为他人提供服务的同志，请做好思想准备，接受服务对象的检阅吧，接受服务对象的评估吧。在这一过程中，你不但能提高自己的服务水平，提高自己的业务水平，而且能提高自己的职业道德水准，达到净化自己灵魂的目的，并最终达到更好地为社会主义事业服务的目的。

这，不是一件小事。

（选自 2002 年 5 月 30 日第 10 期总第 416 期）

走　陵

李秀云

　　走陵是朋友发明的，即到昌平野陵去走走。野陵乃昌平十三个陵中未开发的十个陵。他们散落在昌平的西北部山脚下，东依十三陵水库。山中有山，山中有路，山中有泉，山中有花，山中有草，山中有鸟，山中有树，山中有陵。那种空灵美，让人很是向往。所以，每当我们闲暇的时候，总是乐此不疲地去走陵，以至于看陵人能够叫出我们中一些人的名字。

　　走陵，尤以秋天最美，我们总是从水库方向出发，为的是先看水，然后再一路风景，依山而行，在每个陵前驻足。以陵为中心，方圆百里宛若百草园，层林尽染，百草百色，百花百媚，以红、黄、绿三种色彩最为夺目。红色在风景中是跳跃的，让你有沸腾的感觉；黄色是灿烂的，给你辉煌的享受；绿色是典雅的，使你能够感知生命在自然中的安静与和谐。生命中所有的颜色都能够在百草园中找到对应。而此美景中的点睛之笔当属分别葬着明朝13个曾为一国之尊的皇帝的陵墓。隔着锈迹斑斑的铁门，皇帝陵早已是残垣断瓦，但红墙绿瓦仍然显示着帝王往日的奢华，穿过岁月的河流，你还是能够感觉得到距离。那种破败的凄美是一幅怎样的画，斑驳陆离的红墙将历史尘封，苍松翠柏是陵下皇族永远的卫士。红墙无言，翠柏无语，抹去现代村庄的背景，仿佛与旧人牵手。以最早的看陵人为祖先逐渐繁衍为一个个村落，并以陵的名字为村子的名字，比如，献陵村、昭陵村、长陵村等，有了村子就有了社会，有了社会自然便被盘活，生命的自然属性逐渐被打上了社会的烙印。而如今所有的看陵老人仿佛历史简本，大体能够记述谚语般的历史。那些没有被现代文明光顾过，同时也只有现代文明发展到一定的程度才能认识到其价值的美景，让我们如此如此的不能冷漠，又一次一次的柔肠百转，那些尘封在陵下皇帝们的故事被我们用现代语言演绎，给了我们无限遐想的空间。置身景中，说不好是人看景，还是景看人，唯有贪婪地呼吸绿色的空气并同自然美景疯狂地合影。我们开玩笑，如此地喜欢这个地方可能是因为上一辈子是某一个皇帝失宠的妃子，有崇拜皇帝的情结。

身披秋天金色的阳光，徜徉在金色的柿子林中，幸福的生活和好日子就在眼前。

我们不知以此为背景照过多少照片，发表过多少赞美之词，也不知前人为我们留下的文化自然瑰宝是否会被无知的后人毁掉，我想至少我们是幸运的，在自然中汲取的能量将转化为我们对生活永远的挚爱。我们热爱自然、热爱人类、热爱和平，我们要过幸福的生活和美好的日子。

本文封笔之时，朋友又约去走陵，一位朋友因孩子病了不能如约前往，很是痛苦，我奉劝其下次再约，美景不会离开，更何况亲情也是自然中一道美丽的风景。

仁者乐山，智者乐水，敝人不才，乐山乐水，乃仁智之人。

（选自 2002 年 11 月 20 日第 22 期总第 428 期）

忆海子

李曙光

　　我与海子相识，是因为我们有双向的同学朋友。1983 年，我来法大读研究生，他从北大毕业分配至校刊编辑部，我大学时代的同学吴霖也分配至校刊编辑部，而他大学同学刘广安则与我一直同宿舍。我喜欢往校刊跑，他也经常来我们宿舍，渐渐我们由相识到相熟。我与海子年龄又相仿，很能聊到一起。最初他给我的印象是人很腼腆，但很真诚。随着交往的增多，我发现虽然他的脸庞俊朗而又略显稚幼（有一段时间还蓄上了络腮胡子），但他的眼神透露着一种锐利和愤世嫉俗。

　　我对海子才华的第一次认识是在校刊上。1985 年 9 月，我的一篇文章《探索：研究群体的兴起》发表在校刊，而他的一首诗《高原上》就发在我的文章旁边。"这是我和他第一次见面，他叫高原。我早就倾心相许。多少年了，我终于在这北方的身体上越走越深，直到阳光慢慢把我洗黑。总是有一种早早回家的感觉……我把自己带回来了，带回安息的祖先。""土地始终是黄色的，太阳和血是红的，只有死亡是黑色和白色的，又被黄土埋住。……"当时看到他这首诗，就给我一种震颤感。对于读惯北岛、舒婷、顾城一类政治抒情与思想诗的我们那一代来讲，海子清新、开朗、深邃而又无法把握主题的诗风确实隐喻了什么。

　　1986 年，我在昌平借了朋友的房子读书复习，准备考博，海子恰好住在我楼下，这使得我们有了更多机会接触。我复习累了或吃饭时就常下楼与他聊天。这时候，他已从校刊编辑部调至政治系哲学教研室教美学。一个北大法律系的高材生，出来教美学，这本身就是一个巨大的反差，但这段时间我在海子家中和他身上发现了更多的反差。海子不仅喜欢诗歌、美学、小说、历史，那时候，他也迷上了佛教典籍与气功，他还专程去过西藏，海子还对时政有异乎寻常的热情，他对腐败深恶痛绝。他与我有共同的爱好，我也很喜欢读点美学、佛学类的书籍。吃饭时，我与海子常聚在一起，聊朱光潜、克罗齐、《拉奥孔》与魏晋时佛学的传入等，兴之所至，指点江山，激扬文字，侃得甚是欢快。有一天，海子在家中搞聚会，他特地上楼邀我参加。晚会上，来了许多他的朋友，我只认识骆一禾、西川、李微等人，也是一晚自由、宽泛、酣畅的侃天说地，我记得那晚也聊了点政治话题，再就是西川那晚喝得酩酊大醉……

海子当年的选择，曾使我震惊，更让我意外。在我与他的交往中，我觉得他的为人就像他的诗：清新、开朗、深邃，虽然后期他的诗有点晦涩和孤独，但那是贯通的、纯净的、开放的、无限热爱生命的。也许，诗的境界的极致就是如此。"就让我一个人失眠吧。让我替你们醒着，专心捕捉那从高原深处源源而来的心绪！"极品诗人就是圣者。

书生喜欢书。海子逝世后，我非常喜欢一个朋友送给我的一本海子诗集，每当空闲时，我总要从临近的书架上抽出，静静地捧读。虽然其中许多诗的章句我很难窥其堂奥，但是，海子的体悟与哲思总使我睹物思人，似乎在暗示和警醒我许多人生真知。

这是我唯一一本珍藏的海子诗集。一天，一位在社科院近代史所工作的朋友，一眼在我书架上看到了这本诗集，非要借去一阅，说是第二天就奉还，我答应了。可是这本诗集至今未还。后来，这位朋友搬家了，我再未听到他和诗集的音讯。读书人借书不还是常有的事，但是这本未还的诗集我一直记得。

海子是我永远的记忆。

"春暖花开，面朝大海……"

（选自 2003 年 3 月 31 日第 31 期总第 437 期）

我们不该寂寞

——点燃希望之光

陈 靖

一年多来，除了学习以外的生活印象，似乎就是那些活跃在校园每个角落的形形色色的社团活动了。相比学生会、学委会，社团的运行更多地充满了自觉和兴趣的色彩，其更多地将精神领域的价值追求融入团体的运作中去，以求自我价值的实现和人文价值观念的引导。作为法大生活的缩影，各种理论性、实践性、特色性和人文性的社团分别以不同的特色阐释和倡导了不同的校园文化，然而在这种繁荣景象的背后，我们不得不更多地思考其隐藏着甚至已经呈现出的问题。

每年社团招新时，总有些展台前人头攒动、场面火爆，也总有些社团的"生意"冷清、门可罗雀。从各社团招新报名人数的悬殊比例不难看出，法大社团存在着严重不平衡的发展局面。此外，在社团日常运作中，有些社团名气十足、活动频繁，而有些社团一学期甚至一年都无法举办一些有影响力的活动，这使得一些社团欣欣向荣、人丁兴旺，而另一些名气不大的社团在同学心中形成了运作散漫、人心涣散的没落印象。

这种不平衡的状态并不仅仅意味着需要保持繁荣一方的上升趋势，同时振兴没落的一方，而恰恰应该分别从二者运作的模式思考所谓繁荣和没落的原因和价值所在，即二者存在方式的实质，从而寻求一种平衡的、共同繁荣的景象。

由于家乡与台湾隔海相望，总有很多机会碰到台商，他们见到我们这群学生时间的第一个话题就是在学校里参加了什么社团。他们总是对我们说，在台湾，所有公司聘任职员的第一标准就是学校社团活动经历。社团生活在一个人在校期间社会活动中占了很大比例，一个在社团中表现良好的学生，意味着他具备了对团体的热爱和责任心，对学习生活以外的生活空间的敏锐观察和感知，同时也意味着他拥有了相对广泛的交际圈和相对成熟的为人处世的价值观念——由此不难理解社会对社团积极参与者的认可，不仅因为其具备了社会生活的能力，更因为其具备了基本的人文关怀和引导社会生活走向的品质。

我时常想象五四时期三五个志同道合的朋友汇聚一起，一盏明灯下高吟诗歌，或是谈论政事，那种强烈的社会责任感和团体精神构筑意识在今天纷繁复杂的社会已经悄然淡去，似乎剩下的只是一种功利化的表征。

综观法大社团，其价值定位并不明晰。办活动——做大、做强，造声势、造场面，已经成了法大社团的普遍性和终极性目标，似乎所有社团的目的只是为了扩大影响力，特别是以组织活动作为其生存的手段和筹码。讲座、论坛是最为普遍的形式，请著名人物做嘉宾，拉了赞助发礼品，偶尔还出现个签名售书的火爆场面，这是被我们普遍认可的活动内容。我们不得不承认，法大众多社团的存在造成了良性竞争的可能和态势，然而很多社团并不能理性地把握在竞争中求生存的方式，从而出现了模仿、重复的局面，造成了活动趋同化，于是出现"你做我也做，你做大我要做得比你更大"的情况，社团多把思考的重心放在了如何"做大"上，却没有更多的精力去思考如何去"做深"，当然也就谈不上承担起校园文化和人文精神引导的责任，这不得不说是一种资源浪费的恶性循环。

除了风头火爆的社团能够以举办了礼堂级别的活动作为自我安慰的奖赏，那些生存在竞争缝隙中的社团已经很难在法大发出多少有影响力的声音。他们更多地陷于想办活动却缺少人力、物力、财力和知名度的尴尬局面，于是很多真正有意义的活动不得不由于社团内部和外部的原因被迫流产。

从外部而言，是大环境影响下的精神价值衡量的偏颇，使得众多社团不得不迎合大众的功利性、取乐性口味；从内部而言，无论从各社团人才重复，精力、能力分配有限看，还是从其资金来源紧缺考虑，甚至知名度的大小对社团生存价值都已经起到了评价性作用，都影响着社团内部机制的完善。当然，这不仅仅存在于那些所谓没落社团之中，那些所谓的知名社团都在一定程度上受到了这种观念的引导。法大社团，从某种程度上说，已经陷入一种表面繁荣的停滞局面，这不仅表现在社团发展的不平衡，也表现在社团自身价值定位的偏离上。社团成立的初衷，应该是出于共同精神和健康文化的倡导和升华，尤其是学校社团，更应该处在倡导健康校园文化的定位上。然而法大社团更多地关注了其自身的生存渠道的畸形挖掘，却失去了生存能力和潜力的构造。无论是繁荣的社团，还是没落的社团，都无法很好地保持清明的理性和澄明的心境，去把握自身的价值定位和运作管理。

几乎每届新生入校时都会游离在纷繁的社团招新展台前不知所措，但也会在最短的时间内从各种渠道寻找到学校知名的社团。所谓"广撒网、深挖掘"，除了一口气报了很多社团以外，也将笔试、面试的重点放在了那些知名社团的入场券上。

为了成为符合社会评价标准的知名社团，众多团体失去了正确的走向，同时，那些社团人也至少在潜意识上将社团作为了个人价值肯定的工具。我们并不否认社团人在加入社团之初的功利性色彩，毕竟所有的社会人多少都会受到社会主流文化的影响；但是真正理解社团文化的人应该知道：一个社团生存和发展的价值和可能之所在，是其所生发的人文意义及社会影响，因而社团人及其作为主体所引导的社团组织，应该具备审视和批判社会偏颇价值体系的能力，并在其中正确把握和定位社团的发展。一个活动影响的大小只是暂时性的、局限性的，然而其影响力的大小则是评判其成功与否的绝对性价值。

不要流于表面的繁华或落寞——那只是自我膨胀或自我安慰性工具，我们不该让喧闹的工具遮掩了内心的真实声音。

（选自 2004 年 11 月 30 日第 78 期总第 484 期）

摊开掌心

——让生命的沙粒随风轻扬

李 燕

又到了年底，人们开始遵循旧例，将一段时间的终结作为一次盘点的契机。于是各种感怀纷至沓来。是宣泄遗憾也好，是肯定成绩也罢，无非总结过去、展望未来。以往到了这个时候，我敏感的神经总能无条件地保证这类文章的高产。然而今年，似乎一切都颠覆了。一个月前，我在日记本上写下了50个希望：

> 希望有一份体面的工作；
> 希望有一大笔可供自由支配的货币；
> 希望能在十年内带着母亲转遍大半个中国；
> 希望能去伊拉克做战地记者；
> 希望……

冠冕堂皇的50个希望并不表示我的前途一片光明，锦绣前程正冲我拼命地挥手，恰恰相反，那时那刻，我正"全身心"地挣扎在人生的最低谷。我试图用50个明确的希望说服自己相信那些使我失衡（绝非因为嫉妒）的荣誉证书无关我的前程——至少与我的前程干系不大。然而，这50个倒霉的家伙非但辱没了使命，更促使我在自责中陷入排山倒海的自我否定。一时间，我的信心丧失殆尽，刻意回避所有有关希望的话题，几天不沾一粒米居然没有一丝饿意，恍惚地游走在校园内外，似乎一草一木都跟我结下了不共戴天的深仇。我的脾气变得越来越糟，电话那端爹娘的声音俨然成了泪水的催化剂。我试图去控制自己的情绪，但是现实与希望的不和谐，自我认同与社会评价的差距，逼迫我寻找一切方式去证明自己。然而求胜心切蒙蔽了对现实的任何估计，最终在常识面前，我痛哭流涕。看着别人成功的凭证和记录，除了本能地自责，我只剩下莫名其妙的焦虑。我很想知道，我究竟怎么了。

3 天前的凌晨 3 点，窗外寒瑟的秋风肆无忌惮地掠扫过故乡的土地。窗前，我在日记本上义无反顾地划掉了那弱不禁风、海市蜃楼一般的 50 个希望，在他们的"坟墓"旁，我用朱砂红笔执拗地写下一句话——勇敢、坚持，还有丢弃希望。

整整两天，我翻看着 3 年来凌乱不堪的日记。无一例外，所有的日记本上都充满了"誓言"，而每条誓言的生命周期都不会超过一周。仔细盘点下来，3 年时间，造物主慷慨地给了我太多的机会，如果我足够珍惜，那么现在我可能是校知名辩手，可能是校报优秀记者，更可能因为成绩优异而赢得资本和时间去实现心中的梦想。可惜的是，我撂荒了所有的机会，仅仅是因为不够勇敢，再直白一点说，是因为胆怯。认识我的人绝不会相信我会因为缺乏勇气而丧失掉翱翔天宇的机会，因为就连我自己都在极力否认这个不争的事实。如果我能够勇敢地面对竞争，如果我能够丢掉虚荣直面失败，也许……辅导员说，如果每一个人都能重来一次，这个世界将充满伟人。我很汗颜，因为除了躲避竞争、逃避失败，我还无师自通地学会了用梦想、用希望去麻痹自己。

我希望也坚信自己很优秀，但是却害怕在竞争中去证明一切。于是在一次次犹疑和放弃中，我几乎毁掉了大学里所有的机遇。放下钢笔，我仿佛置身于圆明园破败的大水法面前。满眼的沧桑和蜕变。我想不出在这样的失败阴影下我还可以有怎样的希望，没有基础的希望比鸦片还害人至深。然而没有了希望，心境却达得到难以言语的平复。我能用一个晚上细细品味一整篇的英语美文，字斟句酌显然比浮躁盲目地背诵一大堆生词更能触摸到英语的真谛；我能够用一个下午专注地研读一部法学论著，对其中的观点问题"品头论足"；我也终于能够心平气和地思考奠基于现实的未来发展方向……一切的一切反而因为希望的缺席而变得真实而富有建设性。我知道我开始学会对自己忠诚，我懂得了只有对自己诚实才能学会勇敢和坚持。当天地都在为"梦想"和"希望"歌功颂德时，我勇敢和坚持地写出了我的经历。我不想有违通识，我只想说明事实。当"希望"和"梦想"变成了包袱，当成功因为患得患失而行将远去，让我们摊开掌心，让生命的沙粒随风轻扬。

（选自 2004 年 12 月 31 日第 81 期总第 487 期）

慌乱于尺寸之间

陈 默

曾经设想过许多种关于离别的场景，总也没有一次像现在这样真实。虽然明白，对于离去，只是故意在用时间度量，但还是不免慌乱，这种慌乱很特别，因为只在尺寸之间……有难过也有精彩……

有一种感觉叫无意间的钟意，可能是对一个人，一本书，一个社团，又或仅是一句话。之所以为无意，即在于它的偶然；之所以为钟意，即在于它的震撼。

偶然听到许巍的声音，我明白了这种感觉："想要超越这平凡的生活，注定现在就是漂泊；无法停止内心的狂热，对未来的执着。"

走在青春的路上，寻找一种"在路上"的感觉，执着到为此漂泊。总在杂乱无章的话语中寻找生活的勇气，琐碎并真实着……没有太多的话说给别人，因为连自己都在漂泊；没有什么无意的感叹，因为感叹介于感动与无奈之间。微软全球副总裁李开复先生曾经说过："大学最重要的七项学习，即自修之道、基础知识、实践贯通、培养兴趣、积极主动、掌控时间、为人处世。"在这其中，对我们而言更为重要的有三：自修之道，掌控时间，为人处世。

第一，自修之道。在我看来即为自学能力，这一能力的培养可以说才是大学的必修课。许多同学总是抱怨老师教得不好，学校的课程安排也不合理。而事实上我们是否应该反省，不应该只会跟在老师的身后亦步亦趋，而应当主动走在老师的前面。在大学期间，学习专业知识固然重要，但更重要的还是要学习思考的方法、培养实践贯通的能力，只有这样，才能适应瞬息万变的未来世界。

第二，曾有同学这么形容大学的四年时光：大一《狂人日记》、大二《呐喊》、大三《彷徨》、大四《朝花夕拾》。大学四年是最容易迷失方向的时期，因而必须有自控的能力，让自己交些好朋友、学些好习惯，而不要沉迷于对自己无益的习惯里。一位同学说："大学和高中相比……不同的只是大学里上网的时间和睡觉的时间多了很多，压力也小了很多。"这位同学并不明白，"时间多了很多"正是大学与高中之间巨大的差别。这一多了，就需要自己安排时间、计划时间、管理时间，进而以良好的态度和宽广的胸怀接受那些你暂时不能改变的事情，而多关注那些你能够改变的事情。

第三，培养自己的交流意识和团队精神。未来，在社会里、在工作中与人相处的能力会变得越来越重要，甚至超过了工作本身。能不能把握好机会，关键即在于此。这其中有一些更为紧要的，比如培养真正的友情。如果能做到这一点，很多大学时的朋友就会成为一生的知己。在一起求学和寻求自身发展的道路上，这样的友谊弥足珍贵。交朋友时，不要只寻找性情相近或只会附和的人做朋友。好朋友有很多种：乐观的朋友、智慧的朋友、脚踏实地的朋友、幽默风趣的朋友、激励你上进的朋友、提升你能力的朋友、帮你了解自己的朋友、对你说实话的朋友等。同时，学习团队精神和沟通能力至关重要，不容忽视。社团是微观的社会，参与社团是步入社会前最好的磨练。在社团中，可以培养团队合作的能力和领导才能，也可以发挥专业特长。但更重要的是，你要做一个诚心诚意的服务者和志愿者，或在担任学生工作时主动扮演同学和老师之间桥梁的角色，并以此锻炼自己的沟通能力。把握在大学时学习人际交往的机会，因为大学社团里的人际交往是一种不用"付学费"的学习，犯了错误也可以从头来过。经过大学四年，我们应该学会从思考中确立自我，从学习中寻求真理，从独立中体验自主，从计划中把握时间，从表达中锻炼口才，从交友中品味成熟，从实践中赢得价值，从兴趣中获取快乐，从追求中得到力量。

当有一天我们离开时，只要做到了这些，就不至于慌乱，那时面对的也将不是"对什么都没有忍耐和适应"，而是"对什么都可以拥有自信和渴望"。四年的法大年华，我们曾经迷惘，曾经狂热，曾经狂妄，曾经挫伤，但最后终于学会面对。回望过去，只见星星点点的偶然拼成弯曲的轨迹。还是那句老得不能再老的话：孤独是可耻的，把青春浪费在孤独里更是可耻的。年少的心免不了有些轻狂，但执着、淡定、温暖、纯真。就像那心里的声音：我们无法后退，纵然伤痕累累，也走在勇往直前的路上，带着青春的长剑和赤子的良心，说服自己不出卖理想和灵魂。

（选自 2005 年 6 月 10 日第 93 期总第 499 期）

北京，回忆之时谁将你捂暖

唐 馨

班上讨论去哪里秋游，有女孩提议说到郊外的风景区看红叶，我鬼使神差地说了一句去天坛吧，立刻遭到诸多反对。

有人说，如果秋游进城的话，恐怕就没人去了。有人说，城里有什么好玩的，女孩去了就逛街，集体活动不能被拆散。还有北京女孩问我，天坛在哪里。我笑。我有些后悔自己怎么说出这么个不招喜爱的建议。我只好为自己辩解，我说到北京来上大学，北京城却还没玩过。

男孩又说，他暑假天天找女朋友，一条地铁线坐了十几次，怎么会没去过。

到最后班长问我去天坛的理由时，我已经苦笑到说不出个所以然，只能非常勉强地解释，城里热岛效应，暖和。班委会散会，昌平的晚风很凉，吹得我直打冷战。坐着345支奔驰在京昌的高速公路，六环，五环，四环，从漆黑不见五指过渡到灯火通明。我始终在想，为什么所有人对北京都没有好感，包括我自己。为什么明明不喜欢北京，又不愿意听到别人对它的批评，仿佛只有自己有权利去评论。

小区里各个窗口亮着不同颜色的灯。

北京难道只是个生存的地方？只在缺乏物资的时候才向它伸手？只在每早上班的路中才向它打招呼？只把匆匆的步伐和冷冷的表情留给它？我记忆中的北京，不是这样。之所以会提议天坛，是因为那里对我来说，有着最坚实而不可摧毁的回忆。从城东搬到城西，北京天翻地覆的变化，已经使我对于许多地方的回忆化为沙砾。只有天坛，我相信它不会改变，也希望它不要、千万不要改变。

小时候的周末，母亲经常会带我去天坛。那时候门票很便宜，母亲去买票的时候，我就蹲在花坛旁饶有兴趣地看鬼脸花。我们会带上午饭，有时还带着小提琴或者羽毛球、母亲工作的材料或者我的作业。最早的春天，桃花盛开的时候，我喜欢在桃树上爬来爬去，抚摩它疙瘩不平的皮肤；也喜欢在长椅旁的石缝发现开春第一只蚂蚁，把它放在手掌心，尽管蚂蚁惊恐无比。我和母亲知道天坛深处有一片空地，鲜少有人经过。我们便到那里去晒太阳，晒到后背滚烫、面色红润。我们相视一笑，这是连父亲都没告诉过的秘密基地。

母亲喜欢让我在空场拉小提琴，柏树和松鼠是我忠实的听众。因为没有室内的拢音，我必须拉得很努力，才能尽量将音量提高。她会微笑地看着我，然后埋头备课，偶尔告诉我哪个音不准、哪里的节奏不对。或者我坐在大石头上看书，她就到不知道哪里的地方散步，并且在我等得焦虑的时候从不知道哪里的地方回来。

冬天下过雪，我们也去那里散步。踩在树林的白雪上，却发出沙沙的响声。母亲说，那是秋天落下的枯叶。林子里的人很少，走路的声音非常响，我的频率快，母亲的频率慢。我会故意用力踩下去，那年枯落的叶子，就在我的小鞋子下重新复活，如夏日在枝头一般高声歌唱。那天回到家，我写了一首诗还是母亲写了一篇文章，已经忘了。

我小时候很少记事，却几乎对每次去天坛都记得清清楚楚。哪次去野餐，哪次系了红色丝带，哪次在林里采各种野花带回家捣鼓入药，声色俱全。天坛的宁静和沉稳，多年沉淀的帝王气质，无论它周遭怎样变化，都始终如一。我记得那旁边以前有个花鸟鱼虫市场，之后变成卖植物的，再到卖古董的，那对面从纷乱的店铺到现在的红桥市场；那路边的小餐厅变成了西饼屋；那门口的公交车站逐渐多了站牌……哪怕门票成倍地翻涨，一进入园内，闻到的还是回忆中松针的清香。我不知道自己对北京带有怎样的感情，我只记得，北京现在少见的早市，那时候就摆在劲松中街的街两边。北面是卖蔬菜的，而我常去的是南街卖花草的。每个周六的早晨，就会去那里买上几盆植物，然后叫父亲下楼帮我运。阳台上码的全是我的宝贝，从杜鹃花到含羞草，我会站在小板凳上，听着维瓦尔第的《四季》，把那些沉默不语的植物当作热闹的乐队，而我就是这个乐队的指挥，自我陶醉地模仿指挥的动作。早市的开放时间有限，哪怕晚去几分钟，它们就会像灰姑娘的马车，砰的一声全然不见。现在那里北街是麦当劳，南街是肯德基。

没有潘家园旧货市场的时候，那边有一个小土坡。大概五六岁的时候，每到夏天，父亲就带我去爬那个小土坡。现在只需几步就可走上去的小坡，对那时的我而言却是巨大的挑战，每次都要爬到满脸是土才能征服。有很多小朋友也和我一起又爬又滚，蓝黑的天幕上也能看到星星闪烁。后来它被推土机包围，后来有了旧货市场，许多人在那里发了财。没有整顿时，北大东门外是一条满是咖啡屋和书店的小街。最早的"雕刻时光"就开在那里，店面很小，光线很暗。最早的"万圣书店"似乎也在那条街的对面。后来说是那边太凌乱，现在收拾得整整齐齐，那些小咖啡屋都失散了，只有"雕刻时光"现在有了三个分店。

我记得五道口曾经的光景，一下雨就积水淹到膝盖，路边都是暧昧不清的小店，从五金到服装，在还不听打口盘的年代，我们一下课就骑车冲到那里吃刨冰；在还没有轻轨的年代，那里经常堵车直到天黑，我则不慌不忙地在车上写完所有的作业；在那边华清嘉园没有建起的时候，蓝旗营的拆迁户和施工单位对峙将近一年，每早上学经过那里，都会懵懂地读那些红色的抗议标语。

没有家乐福或者24小时超市的时候，是副食品店，母亲连续三个春节都在排队买糖果的时候被小偷把过年买糖的钱偷去；没有宜家家居的时候，父亲不知道从哪里给我买回一个书架作为六一儿童节礼物；没有哈根达斯和DQ的时候，我喜欢叼着个冰糖葫芦跑来跑去；没有后海酒吧时，我和母亲晚上的消遣就是坐在路边吃田螺，她比我多一瓶啤酒；没有地铁之前，我带着全院子的男生烧毛毛虫或者和女孩子们坐在枣树下玩过家家；没有谈恋爱之前，和男孩子在草坪上摔跤直到各家父母在窗口大声呼喊我们的名字；牵过一次手之后，大庭广众下碰一下他的手背都会脸红。北京也是。没有改变之前，质朴而天真，而现在，竟然朦胧得连我也认不出来。申奥的那阵子，把临街的所有房屋都重新漆了颜色，用的是纳米漆、高科技，一夜之间，仿佛多了许多积木，颜色都是奇怪的苹果绿或者糖果粉。到处都在修路，高中门口和北大西门外的小吃街被夷为平地，断了我们的口粮；建国门忽地一下变得让人分不出是在北京还是纽约；北海对面，突然灯红酒绿地串起了一溜酒吧。四环、五环、六环，也像紧箍咒一样套在这古老的城头上；而他的脊背，趴着张牙舞爪的立交桥。

那个回忆中夜晚漆黑却温暖的城市，一去不复返。在我们脸上青春痘开始消退的时候，它却疙疙瘩瘩地长满了平地而起的这样那样的小区，首付五万、月付一千。345 支到了终点站，我坐着 27 路到家乐福买香芋，晚上 9 点，人们的表情疲惫得像沙皮狗，没有谁向这个打瞌睡的老城微笑，大家都小心手机钱包，谨防扒手，以免把任何东西遗留在这个城市。果真如我所说，热岛效应的夜晚非常舒适。

也许北京真的是作为回忆的背影才最好看，这个几乎无人疼爱的城市，负担着沉重的钢筋水泥，也没法做出讨好的表情。而城区里唯一闪亮的，也只有在这里居住的人们，残缺和布满伤痕的回忆，在铭记与遗忘之中，和城市一同无可奈何。我第一次坐 345 支的时候，从没想过 19 岁的时候，会每周至少坐两次往返于家和大学之间。那时候是到小提琴厂去买我第一把成人琴，345 支的后座颠得非常厉害，车在高速上开了 40 分钟，我开始感到害怕，不知道背离北京之后去往何处。那是在沙河，对十岁的我来说，很远。

（选自 2006 年 2 月 26 日第 110 期总第 516 期）

大学和小店

李中华

曾记得有位哲人说过，一个大学的气度，在很大程度上取决于散落在大学附近的一家的小书屋、小茶馆、小酒店的品位与格调。

在喧噪的街市里，这样的小店一般不抢风头，多是素素淡淡的。在分布上似乎也很随意，随遇而安地镶嵌在大学的空隙里。然而，久了才会发觉，这里面还是应该包含了店主的一番苦心的，不然的话，它们不会坐落得那么恰到好处。比方说，书屋大多离教室不远，学习累了，可到里面翻翻近期到的新书，与店主人搭搭讪，瞄两眼来此小站的美女或帅哥，疲劳就给忘得差不多了。

妙就妙在一个小。小了自然就装不下太多人，而不太多的人相互之间才有熟悉的可能。多少年以后，从这里毕业的人们，也许会在某个下雨的午后，或是一个落日的黄昏，在心灵最柔软的地方不经意间泛起的，更多的是对这样一个个温暖角落的回忆。如汪曾祺在《忆茶馆》里对西南联大的追忆，梁实秋、闻一多等在青岛大学留下的酒中八仙的美名，流淌着轻缓音乐的小小书屋给某某留下的印象。

可是，我失望地发现，文人才子们笔下的小店之妙在我的母校法大是阙如的。当然，这里有的是书店，可店里充塞的多是不符合格调的店员之间打情骂俏的笑声。音乐几乎是没有的，即使有，也不会刻意轻缓。流行歌里的爱来爱去、摇滚里的狂放劲吼，总让人感觉与一个读书的地方不太搭界。酒馆里多的也不是仙，只是鬼。没有人会品酒，只有人会嗜酒。没有人能雅致地悟到酒醉七分的微醺境界，只有人醉倒，骂骂咧咧。茶馆是没有的，清风也不常有。咖啡厅倒有，但似乎不适合两个男人相对而坐。所以，我一度是失望的，我在这里未能找到法大的风骨与清韵，未能为疲惫的精神找到一个可以安闲的家。

到了传说中的学院路四十一号的研究生院后，我发现小店的小在这所大学里倒是到处都有体现。靠近七号楼的书店里站了 5 个人就得显得挤，文化楼的书店更是深卧在一家居民房里，不用完全伸展手臂就可以触到两边立着的书架。除书店外，在校内其他小店并不多见，也许法大的容积有限吧。

小店小，校园也小。常说的四个大门，就东门像个门的样子，门前还懒坐着两个煞有介事的石狮。北门和南门只隔一箭的距离，分别挂着一个与书本大小差不多的木牌，上面用绿漆写着一行字，就是校名了。不过据传闻，绿漆还是新近几年才用的，原先直接用粉笔写，真是简洁、朴素、小而美。研院本来是没有西门的，所谓的西门，更确切地说是在铁栅栏里专门留出来的一个宽一尺高二尺的"狗门"。不过为了就近取道，大家似乎都不介意从此弯腰而过。再儒雅的学者，来到西门也得蹲下，侧身，慢慢地探出头来。至今还记得舒国滢老师一边整理西装，一边气度不凡地率领我们众弟子从西门成功"钻"出来的可爱场景。这真可谓是"武将下马，文官下轿"在法大新的阐释。出了西门，有很多好吃的小店，像贵友酒家、老北京炸酱面之类的，师徒间的聚会大多在那里举行。

不过，时常去的还是南门外的一条小街。出了门依次可以看见理发店、报摊、水果铺、小超市、小商店、小饭馆、照相店、烟酒行、包子铺，挤挤挨挨着，宛若昌平当年的西街。这些店面不讲排场，卖的东西很实用、便宜。店主大多都是外地人，操着浓重的乡音，人也很实诚。卖豆浆的老板会告诉你，豆子涨价了，再五角钱一杯就赔钱了，不过可以一块五两杯，或者一块钱一塑料袋，里面也有两杯的量。小商店也能打长途，打完电话，店主人有时会与来此的学生拉拉家常，像家是哪儿的啊，家里都有谁啊，出来念书几年了，等等，渐渐地客与主就亲切了起来。

并且这种亲切关系很持久。有一次，我和女朋友在晓月河边散步，恰巧碰上了一家小店的女主人。她牵着刚上小学的儿子，迎面走来。我心里很犹豫，不知是不是应该和她打个招呼。我怕她不认识我，或者即使认识，要是打完招呼她不答话，我岂不是很尴尬？她也看见了我们，立即冲我们笑了，打招呼道："出来转转啊？"她的笑很羞涩，也许她也担心我们不回答吧，但很真诚，不是店主对顾客的笑，完全是老朋友之间的笑。她的一笑一问一下子把我感动了，我的心里涌动着一种难以名状的热流。她的儿子调皮地看着我们，懒洋洋的夕阳写在她的脸上，她的笑有一种难以形容的美。我认为，徐志摩形容日本女子的"最是那一低头的温柔，恰似一朵水莲花不胜凉风的娇羞。道一声珍重，那一声珍重里有甜蜜的忧愁。莎扬娜拉"里所能想象的笑意，也不能尽含她的笑的美。在冷漠的都市，对她的笑，那一刻，我真的有点醉意了。

过几天就要飞往德国汉堡求学，也许在法大的时光就这样结束了，关于法大、关于法大小店，不自觉地浮现的竟然是这些回忆和印象。直到现在，尽管我还没有在法大发现书中的大学经典小店，那些小店的品位与格调、风骨与清韵，都还只是抽象地存在着。但充盈于心的是法大小店的人情味儿，它是法大的小店给我的另一种幸福和满足。

据说，这样的小店可以消减游子的乡愁。可刚意识到这个问题，自己就要远离，也许再也没机会与这些店主人寒暄了。想着想着，不禁暗暗地感伤起来。

（选自 2007 年 11 月 6 日第 175 期总第 581 期）

热爱这片土地

戴家洛

还记得三年前第一次踏进法大的情景，夜幕降临的时刻，坐落于京郊一隅的法大，显得宁静而略带落寞。因为遥遥北上的疲乏，接触新环境的不适应，第一眼的法大，并未如我想象般美好。"你可以数落她很多，比如陈旧的建筑，比如简陋的住宿，等等。"这是一位老乡在我苦闷的时候，跟我谈起法大说的话。那位老乡，我后来知道，是位非常优秀的师姐。可能是同乡的缘故，师姐很敏锐地就捕捉到我当时的感受。"然而"，她用一种非常亲切而柔和的语调接着说道，"随着时光流逝，你会越来越爱这片土地"。这句话在当时当然不会引起我的共鸣，但师姐说话时的语调和诚挚的眼神还是给了我很大的震撼。

现在回想起来，自己所渡过的三载法大岁月，如果用一条线索将其连贯统领起来的话，对于师姐当时那句话的验证莫不是最好的选择吗？于是，思绪翻飞，一页页珍贵的画面从记忆的画册缓缓打开，呈现在我面前，如同昨日刚刚发生……

学海的扬帆，梦想的放飞

"凡我在处便是法"，讲台上一位年轻睿智的老师，严谨而又充满激情地讲授着。台下，一双双求知的眼睛，透着或是认真思索，或是用心体会，或是会心微笑的神采。偌大的教室，在讨论之外的时间里，除了老师极富魅力的声音外，竟无一点杂声。这，就是郑永流老师的法理课堂——我在法大的第一门专业课。

有人说，大学之别于中小学，乃在于其自由思想，在于学界泰斗从教科书上走到了你的面前，在于学生与老师的交流更直接、更深刻。我赞同这一观点，而我也很幸运，因为在法大，它真实地在我的生命中得到了实践。聆听着，并且不时交流着郑老师精到的见解，"法律"二字第一次以近乎完美的姿态走进了我的脑海，进而占据了我思考的空间。

自知肤浅无知，我开始整理和填补自己接近真空的知识框架。泡图书馆、泡自习室成了我大学生活重要的组成部分。而开学初的那份焦虑苦闷，随着法大第一门专业课，随着法大名师的出现，也渐渐淡去。我与法大，陌生却开始亲近。

燃烧的激情，流金的岁月

如果没有亲身经历，你肯定想不到，军都山下这片精致而并不宽广的土地上，会有如此缤纷繁多的社团，如此精彩纷呈的社团生活。诗社、记者团、辩论队、万里车协、准律师协会……这些社团的云集，总让我想起一个英语单词——overwhelming，的确那是种"潮水般向你涌来"的感觉，尤其是当迎新时，各社团迎新的展台沿主干道两侧一字排开的时候。而活力奔放的法大学子则戏称之为"百团大战"。

怀揣着一份向往和期待，我也参加了两个社团。社团里，来自大江南北的伙伴们，虽然家庭背景不同、人生经历各异，却常常让我产生一种错觉，仿佛一切似曾相识，仿佛我们从来就是朋友。一起指点江山、激扬文字，一起追逐理想、奔波忙碌，社团里的同伴们成了我在法大最重要的朋友群之一，而社团生活也成了我大学生活不可分割的一部分。

还记得那次记者大赛的举办。从数个月前的开始酝酿策划，到临近时一天一次碰头会，再到后来大家天天泡在一起；从赛前场地器械的准备，到赛时赛场秩序的维护，再到赛后后续活动的完成，我们齐心协力全力以赴。没有经验储备的我们，凭着一丝不苟坚持到了最后，也笑到了最后。不过，让我记忆深刻的，倒不是比赛圆满举办的结果，而社团的伙伴跟我说的几句话。那是在庆功会后，一个朋友对我说："大赛筹备的时候，有时真是忙得天昏地暗，真就想放弃不干了，但是一想起同伴们搬桌椅、挂横幅时流下的汗水，一想起活动筹划时大家热切期盼的目光，一想起见面时相互之间默契的点头，自己的心中就会激荡起一股温暖、一股豪情，似乎无形之中被注入了巨大的动力，让自己又继续奋斗下去。"朋友说完后，向我微微一笑。当时，我并没有说话，因为他的话同样也道出了我的心声。这就是在法大的社团生活，理想、青春、激情、友情……你尽可以用最美好的词为它做注脚。

后来，在与人谈起法大社团时，有人说道："没有参加法大社团，你就不曾真正认识过法大，也就不曾拥有完整的法大四年。"不知道其他人是否有同样的感慨，对于我，它确是如此。正是在社团挥洒青春的那段岁月，让我更感受到了法大的魅力，正是在社团收获的那份沉甸甸的友情，让我对军都山下的这片土地有了更深沉的归属感。

似乎是在不经意间，自己已成了法大人，因为自己与她的联系已经千丝万缕、水乳交融。

迷人的气质，动人的容颜

55 周年校庆之际，法大校园内进行了一次大规模的整修。几乎是一夜之间，一袭深湛的绿色便布满了校园的各个角落。绿化后的法大，一洗略显沧桑古朴的风格，如同一位从江南水乡走来的少女，泛着笑意，怀着希望，让严谨沉稳的校园透发着一股清新和蓬勃向上的氛围。

迅速变化着的，不单是花园草坪，抑或广场纪念碑，法大的每个角落都在悄然变化着。喜欢徜徉书海的同学常常会感到惊喜，因为数日之违的图书馆的藏书又有众多新书爬上了书架。勤奋的法大学子们也越来越被温馨的情愫所感染，因为校园的公共服务更加彰显了以学生为本的服务理念：可以查询空余时间的课表贴在了各教室门口，一台台全天候供水的饮水机摆上了各教学楼的楼道里，阶梯教室配上了崭新的桌椅和空调……

如果说外景的重整是法大容颜的美化，那么教育设施的改善和服务质量的提升则是她气质的提升。晚自习前，步行于校园的林荫道上，我的心中除了一片安详的情愫外，更是多了一份欣喜和自信。欣喜是缘于这片土地的愈发美丽，自信则是因为自己是于此求学的法大学子。

三个片段，三段回忆，或许粗疏，或许杂乱，却真实地记录了我的心理轨迹。师姐的话终于还是在我身上得到了印证。如今，大三已将结束，大四近在眼前，站在学年的转换点上，面临着生命中的又一个重要年头，没有过多的焦躁，没有太多的疲乏，我依然坚持着自己从容的步伐，因为有这片土地给我以力量，有法大与我并行。

（选自 2008 年 5 月 20 日第 196 期总第 602 期）

蓟门烟树赋

杨文森

　　龙腾于瀚海兮，凤起祥云；虎啸乎深山兮，鹰击穹庐。云蒸霞蔚，古蓟门之烟树；虎啸龙吟，今政法之学府。学府新声，笔冲星斗；中国故地，剑指宏图。门前桃李，越八方而并开；圣殿麒麟，历千秋而长驻。万家良驹，大师苦海；千里骏马，正道坦途。

　　雪聚秦岭，雾失鸿鹄；霞烘丹景，气染皇都。绿柳垂枝，春晓飞燕衔入梦；蓝田种玉，城郭栋梁自生辉。四周俱寂，楼前花落看云起；一笛独鸣，松间月明待鹤归。苍松拔地，桐叶飞天。海棠夜寐，芙蓉春仙。千里亭台，小月河畔来佳丽；一轮明月，蓟门楼上共婵娟。沧海连云，元大都之金銮；关山如画，清京城之喉咽。东抵紫禁之城，长河韬映；北依中关之村，柔祇雪凝。南望世纪之坛，金闺诸彦；西守大钟之寺，兰台群英。有如太液之秋风，有如玉泉之垂虹。可望卢沟之晓月，可赏西山之晴雪。琼岛春阴，不知此中盛景；金台夕照，不如烟树情结。和风畅舞，旭日初明；山盈紫气，国腾龙影。

　　厚德明法，厉风云而愈壮；格物致公，蠹国魂而远航。自由之民，见风清之肺石；正义之法，乐雨润之桁杨。政令畅通，乃有丰民阜物；法治普行，方可治国安邦。周公定制，乃有成康之盛；商鞅变法，方就大秦之昌。遥想兴校当年，北大之雄富才力；庠序伊始，清华之精妍士马。袤广三江，辅仁之爵马鱼龙；格高五岳，燕京之琴棋书画。四剑合璧，倚青天而凛冽；一身正气，挥白月之光华。枝繁树盛，千秋笔墨；道合志同，万代勋功。无奈十年之乱，山河遭劫；晴空不再，血雨腥风。风萧萧而异响，云漫漫而无踪。见金瓯之破碎，望银汉之焦容。巡坑儒之惨景，遇焚书之惊梦。数无边之悲雁，济壑断之哀鸿。是春亦冬，秋亦冬。举天下豪杰，怒折雕弓；政法学人，慨叹苍穹。幸而乾坤亮色，否极泰来；西风渐消，东方既白。祥光重返，正义锐气天地；宏图再展，法意均衡古今。石破天惊，鑫鑫楼台已去；文治武功，森森法言初临。四海擒蛟，力挽狂澜；九天揽月，气壮河山。入深山兮重林，闯虎穴兮过龙潭。玲珑捧卷，楼台得月；金科玉律，花木逢春。此去经年，政治兴而九州盛；曾几何时，法典成而四海尊。

不以己悲，不以物喜；学而修齐，学而治平。江陈二师，光耀民刑之泰斗；张李双贤，军领史哲之菁英。钊习百卷，腹内沉沉翰墨；雷霆万钧，胸中隐隐甲兵。宪法巍巍，护立国权民权；行政穆穆，旨在便民安民。民典广施，通中华而法外；刑律慎度，考古意而酌今。国无乱象，因有社保之规；民有不平，可依诉讼之道。公法私域，接轨国际之约；监管调控，搭建经济之桥。政通人和，享天下之大治；管力令行，望世间之明理。经国济世，复盛唐之气象；哲思睿言，法先秦之诸子。文坛泛舟，览雅俗之奇章；史海钩沉，品盛衰之古事。至人至治，法孔通孟；大经大伦，修性养真。立马看剑，三军威武；焚香读史，四美宜人。法殿飞阁流丹，秦宫汉阙；政论文思泉涌，陆海潘江。揣凌天之壮志，水云之际；洒俊秀之才情，眉宇之间。艺技压群芳，丹心冠京华；此曲只应天上有，今朝已往凡间迁。

凛凛正气，悠悠苍天。允哉圣人之徒，闻善则行，闻过则喜；大哉夫子之勇，见危必拯，见义必为。千秋笔墨惊天地，万里云山入画图。军都岁月，与有肝胆人论道；蓟门年华，从无字句处读书。交之以道，接之以礼；远之者来，近之者悦。行而不舍，若良骥之千里；纳无所容，如沧海之百川。一诺无辞，执法意之牛耳；三生有幸，倚蓟门之烟树。巍巍兮政法，泱泱兮中华，必将国运昌隆，法治天下！

（选自 2008 年 10 月 14 日第 209 期总第 615 期）

法大赋

肖冠华

政通可致人和，法昌能得世治。厉精牧国，施策安民。虽分京畿之两地，尤合政法之一心。为国家之法制，谋九州之安康；求万民之平等，促四海之和谐。

太行余脉巍巍而直走漠然之色，军都峰岭葱葱而尽染勃然之情。昌平远望、望浩浩京都之气，法大静观、观汤汤池湖之平。学语庸孟、积简牍浩瀚之气韵，刑礼律令、传响堂威喝之庄严。四年四度，皓首只为举世之经典；一生一世，霜雪原求初春之精神。

其于春也：草木土石幡然初醒，新嫩竞告艳阳之至；山原林泉跃然全清，鸟雀惊呼春雨之来。满地铺陈新绿之毯，遍树穿披青黄之衣。清秀溶漾，觉哉翳于层叶；茂树争荣，端升喜看奥草。银杏轻摇小扇，玉兰羞露细牙；雪松舒展长臂，月季闪躲嫩腰。金银木侧身斜目，暗窥室内景致；塔形杉踮足翘望，远眺球场风光。小猫扑逐粉蝶，欲飞无翅；东风拂动花枝，摘折随心。晨雾缭绕，非睡非醒；色彩斑斓，时浅时深。

其于夏也：龙箨落而美竹立，枝叶繁而草树重。烈日迎照，拓荒牛弃犁寻饮；灼火焚身，孔圣像持襟正身。喷泉大笑，时而起舞；法镜默然，独照青天。垂柳编织繁密，法鼎忽闪其身。遐迩绿翠，共享盛夏欢快；远近碧清，同存热烈之情。法渊阁招人堂庑之内，文渊阁请君大楼之中。探得其热，白杨蔽日；感知其灼，亭榭遮凉。或急雨，园圃如洗；或晴空，长烟愈清。较之南国，而有异乎？

其于秋也：幽阒辽阔，不能具状；万里无云，莫能言声。草木有时凋零，拾捡而不能掬挽；浆果渐趋红彤，攀摘即可嗅闻。竹园葱茏可以赏悦，风摇之而萧瑟；菊园金黄可以细观，雨淋之而尽收。北国秋鼓，军都角声。其色清莹，林霏清透；其容秀澈，黄叶飘摇；其气刚烈，枯枝静驻；其意萧然，天地空茫。岂不欲苍翠相隐？岂不欲满树葱茏？盖因大凡万物皆有失落，各类均需蕴藏也哉！

其于冬也：凛冽寂寥，惨淡清冷。风来针肌，雨滴刺骨。草圃喷水，溢洒路面而顿成层块之冰；花圃浇灌，油松浇淋液珠而立结珠玉之态。穿行回廊，趴钻方可得过；慢步硬地，战兢才能稳行。草尖细如发丝，结冰粗比筷头；竹叶薄比生宣，凝雪厚过掌背。呵气雾气成柱，吸气鼻孔刺疼。闲步法大，兰园满楼温暖，梅园时传欢笑；静坐明楼，恩师激情高涨，学子耸坐倾听。夜幕时分，端楼流光空明，北门暗饮朔风。

孔孟董韩，效儒雅之气；起翦颇牧，练雄武之姿。商君笑顾，韩非颔首。参知古今之政，编修天下之法。典章律令，尽收囊中；珠玑金帛，不为其享。清者严之基，廉者威之立。

> 层厚其上德；
> 明知其律法；
> 通格其物象；
> 致达其大公。

（选自 2008 年 12 月 2 日第 216 期总第 622 期）

九月，遥望昌平

姚力源

我想，最近我可以静静地听《那年夏天》了，可以小心翼翼地触碰大学四年，可以跟留在北京的同学说：昌平，承载着我们的大学，装载着我们如今满满的思念，大家要等我回北京一起回去看看。

曾经以为，我可以走出毕业的暴风骤雨了！事实证明还需要一段时间，今天接完百欢从昌平打来的电话，我还是很不争气地哭了。一边跟小朱聊 MSN，一边一个人寂寞地哭了很久，一直哭到 CX 打电话过来，伴随电话那边的声音，我渐渐地冷静下来。

每天匆忙地从德政南穿过德政中走到农讲所，再从东站下车，慌忙地从林和中走到林和西，偶尔去北京路看看——这就是我在广州的全部位移。我越来越发现广州其实不错，路边的一个个甜品店和粤菜馆都能给我很大的惊喜。

每个城市就像一张脸，我开始摆脱盲人摸象那样的困境，也许这就是对一个城市的适应过程吧，不要刻意把这里的一切跟北京比较就好！但当我一个人在路边品尝三块五的椰汁西米，当我一个人吃着四块钱的酱油捞面，当我一个人走过北京路疯狂打折的鞋店，当我一个人落寞地听见七夕节电影院门口的人声鼎沸，当我开始感慨一个人的效率很高，当我开始适应万事不求人的生活，我还是会周期性地感觉到孤单，感觉到一个人无法述说的无奈。我甚至开始恐惧这种独处的生活会给我带来那种类似于大城市女性白领很 man 的不良性格，我甚至开始怀疑回到北京这种情况就顿时会得到改变。

18 岁到 22 岁，曾经在昌平那么韶华最胜的四年！韶华最胜的四年就这样结束了，结束得没有一点蛛丝马迹，学校又开始轰轰烈烈地迎新，让我想起了几个月前我们拥抱着、哭着抑或笑着离开那里，哼着歌，甚至不忍回头再看一眼那拓荒牛和 7 号楼。

终于证明了"一代新人胜旧人"，7216也应该住进了一帮90后了吧，不知道睡在我那个位置的那个"小孩"，你会不会也像我一样经常丢三落四，我们的那个床跟墙有一个很大很大的缝隙，经常会有东西滑下去，所以如果找不到东西就用手电去那里照一下哦！

也不知道你的上铺，会不会也像音一样那样能吃能睡能熬夜，陪我聊天到半夜三点半呢？还有住在我对面床的那位，会把77的床保持得那样干净么？那曾经可是我们宿舍最干净的床哈！还有百欢他们那边，也应该换了新床了吧！那种白白的金属的床。宿舍里的那三张桌子，也应该像我们四年前那样，非常烂俗地摆成一条吧！四年里，你们会在宿舍疯狂地贴海报么？会如饥似渴地卧聊到深夜，然后统一睡到第二天上课迟到么？会在大三大四的时候开始学化妆、穿高跟鞋和性感的衣服么？也应该会谈恋爱吧？做那种女大学生一般都会做的事情。

有从北京去美国读书的人曾经这样说：我想念北京拥挤的地铁，嘈杂的大街，早晨热气腾腾的馒头店，傍晚出来遛狗的老头老太，我甚至想念北京的黄沙漫天！美利坚没有熟悉的面孔，没有熟悉的嘈杂和人声鼎沸，没有熟悉的黄色脸庞，没有辛苦劳作的人们，没有宽敞的马路，也听不见带着北京口音的公交车报站……原来，我们在这个世界的不同位置统一守望着那个北纬40度和东经118度交汇的城市，希望有一天我能回到那里。

这样的日子不会太久了吧，呵呵！

（选自2009年9月22日第242期总第648期）

卜算子·政法

张　杰

　　巍巍军都下，忽拔政法魂。荣辱风云近花甲，慷慨定乾坤。律政博弈难，劳神岁黄昏。蓬舟有勇风休住，法政一步酒一樽。

　　我不知道自己何时也写起了政治抒情诗，但是我的确写了，写在进大学的第二个年头。在我多次参观了我姐姐所在的大学之后，在我慢慢了解政法峥嵘岁月之后，我对她的爱慕之情便与日俱增。我喜欢她的小而唯美，喜欢她的曲径通幽，喜欢她的庄严肃穆，喜欢她的卓尔不群。巍峨的主楼，殷实的拓荒牛、厚重的宝鼎，静穆的法镜，婀娜的玉兰，挺拔的青松，静谧的回廊，所有的一切都那么恰当，正和我心灵暗暗契合。

　　闲适的环境，并不代表隐逸的情绪，我还是感染了一些青春的忧伤。

　　于遇见的人，总有种世事难料的感觉，那些我在意的人因为陌生而匆匆离去，擦肩而过虽然只有短短一秒，可心灵却着实震颤了一下，并在心里着实叹息了一声：只是过客……于时间的无涯，苍白了头发，衰竭了心灵，最后这皮囊也要销蚀在泥土中，我只是希望这销蚀不是生的结束，他们能爬上枝头，翘望远的星空，空的苍穹。

　　于尘土中见到伟大的背影，只是背影。因为我知道我很平凡。然而这平凡的权利依旧充盈，我只要拥有一种权利，我便倍感充实——在精神家园的征途上前行——即便踽踽独行，我亦如是……祝你天天开心。来信时讲一讲家乡的情况吧，我很想家了。

　　爱你的弟。

（选自 2010 年 6 月 29 日第 274 期总第 680 期）

昌平以北，鹭岛以南

穆 少

"此地背山靠海，风景佳绝，白天虽暖，夜却凉。"这是鲁迅到厦大的第一印象。同样是从北京出发，2011 年秋，我来到了鹭岛之南的这座有着"南方之强"称号的学府。

从迷路开始

如果在法大还能迷路的话，那真的是"前无古人后无来者"了，但是初到厦大，真有一头撞进了大迷宫的感觉。

厦大的本部大概可以分为四块：西北是教学区，东北是宿舍区，东南是各院院楼，西南则是运动场地。朝西有两座门，一座是正门，另一座靠近南普陀寺，却叫作"南门"，这让我的方位感一度产生了错乱，后来才知道是"大南校门"的简称。

本部往东，一条布满涂鸦的隧道通向海韵教学区，一条傍山的路通向海滨教学区。而厦大的法学院正"偏安"于海滨教学区，我们从宿舍出发去法学院上课的话，要走将近半个小时，一路上坡，让我们真有唱"当你在穿山越岭的另一边"的冲动。好在这条路依山而建，俯视白城海滩，视野极为开阔，远处油轮，近处沙滩，尽收眼底。

北边所"背山"，即是万石山，厦门植物园在此，与厦大校园相连，从我所在的宿舍一直往上走，就能到达植物园的南大门。据说早上 7 点前从这进可以免门票，我们在某个周末就 6 点多起来爬上山，路上遇见晨练归来的大爷乐呵呵地冲我们喊："快跑快跑，7 点前不要门票！"虽然我们成功逃掉了门票，但在山里面瞎逛了一圈就出去了，除了几处孤坟，啥都没看到，只好安慰自己："这满山都是植物，纯天然的。"

这还只是本部，厦大另有翔安和漳州两大校区，漳州与厦门轮渡往来，本科大一大二便在漳州校区，大三才搬回本部。所以刚到厦大问路时，被问者多半也茫然不知，因为这块土地对他们来说也是陌生的。记得领着我东奔西走办入学手续的那名校会干事还说："大一当干事，大二好不容易混到了部长，一回来，又是干事了！"

从昌平之北"小而美"的法大来到鹭岛之南这"大而美"的厦大，我们首先便忘记了自己的学生身份，而当作游客到处尽情游览了。

又回到原点

经过了最初一个月的好奇与新鲜，生活也逐渐恢复了原来的状貌。宿舍，教室，食堂，图书馆，每日在这几个点之间往返运动，也许在这种平淡中，才开始慢慢认识厦大。这是个包容性很强的校园。

她有时可能表现得很散漫，从后勤送水的速度上就可以看出来，打电话给后勤要一瓶桶装水的话，一般第二天才能送到，有时还可能一下送两瓶来，大概是把我们打去催促的电话也记上去了。鲁迅在《两地书》中就曾向许广平抱怨过这里的听差极懒，想不到遗风至今。

另外一个奇怪的现象是：我来这里很久之后一直没听见过铃声，后来才知道是用敲钟提示的，但钟声在教室里基本听不见，所以多半只能是老师注意时间了。

十一月初，北京的暖气都开始供应了，而这边天气却好得像阳春三月，在这样的气候中，生活的节奏很难快起来。而校内零星分布的咖啡屋，也为你的懒散提供了最惬意的温床。

但是到图书馆一看，却完全是另一番景象了，虽然自习的座位很多，但基本都被占满了，走道里也书声琅琅，那种踏破铁鞋难觅一座的感觉，仿佛又回到了法大。初到图书馆时，感觉这里的旧书太多，书页斑驳泛黄，让人难以提起兴致，但后来才发现这些"古董"里藏着不少"宝贝"，很多绝版的、现在市面上难见到的好书都在这里找着了，如江南的《蒋经国传》、高行健的《灵山》、卡尔维诺的《树上的男爵》，而且这些旧书都用印着书名和校徽的硬纸壳包装起来，制作和保养这些旧书的工程量就足以让人浩叹了。

而每周都有几场企业进校园的宣讲会，也能让人感受到这舒缓的表面下紧张的潜流。每次路过宣讲会现场，都能看见黑压压的人头挤在一起，他们深色的正装在幽暗的灯光下仿佛连成一体，会场里隐藏着希望，但大多数人恐怕还是要失望而归了。

这恐怕就是厦大给我的第一个启示，你可以在这里选择闲散的生活方式，你也可以在这里选择紧张的生活方式。选了前者会过得很开心，"暖风熏得游人醉"，却要小心"直把杭州作汴州"了；选了后者虽然远离了悠闲，却更有可能收获一个广阔的未来。如何及早做出正确的选择，就完全看个人的主动性了。

更多元的文化

厦大的包容性还体现在校园里各色的人等上。比如我，属于本科交流生，而我的舍友有两个是贵州师范交流来的研究生，另一个是中国药科大学交流来的研究生。

上课时，会遇到写一手繁体字的台湾交流生，也会遇到一口港台腔的香港交流生，而老师中也有好些位是台湾籍的。食堂里能经常遇见"非洲兄弟"，球场上也能常看到中国和外国留学生在一起打比赛的"中外对抗"，而有时甚至能看到隔壁南普陀寺的师傅穿着长袍子来和学生一起打篮球。到厦大前来参观的游客更是络绎不绝，或许你在上课时就能看到教室外正有好奇的游客在拍照。

厦大的老师们也大多住在校园里，受益于厦大优美的环境，我们也曾参加过哲学老师在情人谷水库的湖心亭举行的煮茶论道会，从夕阳西下聊到睡莲初开，大家在夜色中尽兴而归。如果说昌平之北像座幽静的象牙塔的话，那鹭岛之南则像个多元的文化市场，象牙塔里虽然幽静，却可能意味着拒绝了一些外来的东西；市场虽然喧嚣，却可能意味着更多元的文化碰撞。

来厦大之后，我常自称"法大"来的，多数人都不甚清楚，后来逐渐改口称"政法"来的、"中政"来的。在昌平之北，全国法学教育的重镇，我们浸染在浓郁的法学氛围中，一直笃信"法治天下"，但是出来之后，我可能会想，也许"法"只是"治"的很重要的一个方面，"治天下"也许还有更多的方式，并不是"法大"，比如老人摔倒无人敢扶，以及佛山"小悦悦"事件，人心和道德的沦丧，"法治"都能完全解决吗？"法治"并不是一味包治百病的灵丹妙药，我们应该更多元化地思考，这也许是厦大给我的第二个启示。

　　十一月，再过不久，昌平之北也许就被白雪覆盖了，那肃穆的校园，拥挤的澡堂，热闹的军都，一切都让人那么想念。在鹭岛之南，这种思念提醒自己：我是法大人，只是厦大的一个过客。

（选自 2011 年 11 月 15 日第 323 期总第 729 期）

城市 地铁 风

李 丹

那一夜，没有方向，只有风；那一夜，城市的霓虹灯亮起，谁站在斑马线旁，任凭风撩起发梢，沧桑、独立又美妙。这座城市里，我们近乎飘渺，风尘里，我们扎根于这片土地，忠贞、坚定，何来迷茫。

跋涉，为了今天一切真实的存在；如风，吹乱头发又扰乱心畔。生活的每一面，组合起来构成一个多面体，需要我们去周旋，不同于魔方，熟能生巧，就没了变数。我期待在城市里真正真实地生活，哪怕它满是狼烟。趁年轻，总要金戈铁马一次，这就是生命的热度吧。

从一个城市辗转到另一个城市，要的不是归属感，更多的是新鲜的拼搏感和漂泊感。存在于人群里，为着自己的目标，怀揣着自己心里的所想，这个世界从来都是神秘的，你看不到城市里的每一个人面下的心跳。但是，"我们在这欢笑，我们在这哭泣，我们在这祈祷，我们在这迷茫，我们在这寻找，我们也在这失去"。北京、北京！你的旋律，入耳、入心、不幻灭。

城市里的地铁，拥挤着万千灵魂，他们忙碌在一个又一个交叉线，他们在追逐生活、追赶幸福，不曾放弃任何奄奄一息的碎梦。有一天，如果我准备好在这里，我会成为他们，或者超越他们。而幸运又幸福的是，现实从未吞没依然本真的周身。

地铁里的风，在从地铁里往上走的时候，逆着身体，使身体被迫往前倾，头低下去，看着一级一级的楼梯，知道出口就在前方。握着拳，好像一下子就感受到了冬天的迫近和刺骨，和那城市里的风带来的归属感。是呢，我在城市里一行人当中，感受着每个人都经历着的风力。有时候，它真的能吹醒一个灵魂。

地铁，对每一个人来说，都是一个路经地，它也许只是承载了你几步匆匆的行径，一时短暂的停驻。这里少有寒暄，多数的人，形单影只，在不平稳中相拥沉默。结伴同行有着同样的目的地，却也不时地谈笑风生。可有朝一日，总有一幕，会让你对地铁产生情愫。对我来说，不是谦让，也不是廊道里的弹唱，却是那地铁寒风中的相互搀扶。去支教回来的路，依旧逆着风，向上，找寻自己的支点。楼梯间的风凝聚着寒气和冲击力，蹒跚的身影遮挡住了我向上急促的行进，只是轻轻地一抬头，怎想，却是值得永世凝眸的片刻。满头银丝，均是微胖的身躯，50 开外的年岁，手挽着手，一步一步向上迈进。即使是背影，却也可从他们颤动的体态和声音中察觉出他们在谈笑。那笑里，没有世事，是多年的沉淀，多年的默契累积，满满的都是不曾匆匆的幸福。风如此呼啸，却还是被他们所忽视。此时的风，不过是渲染陪唱，吹不尽沧桑冷决，却唱尽了年华的柔情、岁月的不可抵挡，简简单单的生活不再充斥匆忙的追赶，有的只是淡淡的陪伴，任风吹雨打。

他们代表着宁和与不匆匆，繁华迷乱的城市是不是终有一日会静下来，城市里的人终有一日，也会回首来时的路，懂得放慢脚步吧。那时的他们，一定不会觉察到城市的快节奏、风的瑟瑟、地铁的拥挤。因为他们忘记了利益，失却了急切的目的，终于可以心平气和地走一回漫漫人生路。对于我们，至少，现在还不行，我们所有企及的状态都会经过岁月沉积下来，自然而然地来，唯愿，脚步不会把心也催逼得急功近利。梦醒时，我们坦然，来时的路，那么坚实无悔又独一。

很多时候，站在铁板钢桥之上，看那来往的车辆，没有停住，只剩穿行。就像电视剧里的穿插片段，也成了城市里特有的一幕，不像绿意盎然的田间，不似静谧广博的云间，这是一个动态的维度。你站在桥边，向下，向远处眺望，若是在夜晚，你会发现，连霓虹灯都是闪烁的，静止的只有你，或者你的灵魂。歆享此刻的驻足，请忘却"乱花渐欲迷人眼"，风声在你耳边或呼啸，或轻语。我总觉得城市里的风是有人情味的，要么惹怒你，要么安抚你。桥头，风声映着心跳，周遭越是烦乱，仿佛越是心轻。当风撩起你的发鬓，那种空旷的凉爽甚或凉意，也是这城市独具的。若感受，请铭记。

这里是北京，我们相遇相伴。这里是法大，我们相遇相知。此刻或是未来，我们以此四年为起点，将会在地铁里穿梭出一段生命。而那风，无论柔和，还是凛冽，都会被我们铭记，甚至，在不久的以后，被我们深深怀念，那些噙有我们呼吸的风，也是有生命的吧。

（选自 2012 年 11 月 27 日第 360 期总第 766 期）

陌上花开　轮回的皈依

何孟莲

新年，对每个民族、每个国家都是极为重要的，尽管时间不同，庆祝方式不同，但是人们都把它当成一个神圣的日子并年复一年地期待。在中国，这更是一年里最大、最引人注目的盛会。

但其实很简单，也很自然，那些一年的开端不过也是一年三百六十多个日子里很平常的时光，北方依旧会飘着白雪，南方依然还挂着暖阳，世界依旧是人海茫茫，世界并不因为某个自诩的特殊时刻而有重大改变。

很多的特别，对于有心人来说才算有意义。

记得自己小时候和其他的孩子一样，对于新年总是怀着满满的期待和欣喜。因为喜欢穿新衣服，喜欢吃美味的东西，喜欢拿压岁钱，喜欢听着鞭炮那噼里啪啦的热闹声音。快乐得那么纯粹，那么简单。

但是现在，渐渐地，觉得过年不再令人特别的激动和兴奋，经常还会听着身边的朋友抱怨过年很无聊、很没有意思。当那些珍贵的东西变得随手可得，理所当然地会变得暗淡；当物质生活得到满足，精神生活的渴望便会被放大。也许，有时候知道得越少，渴望得越少，反而越能感到幸福吧！这似乎应了那句经典解释："幸福就是，我饿了，看见别人手里拿个肉包子那他就比我幸福；我冷了，看别人穿了件厚棉袄，那他就比我幸福；我想上茅房就一个坑，你蹲那了，你就比我幸福！"

可是我们依然念念不忘着新年，在这样的时代，即便是一种精神上的寄托，也显得更加地必不可少。

在这个苍茫世界，每个人都是渺小的，当一次又一次地踏进无法避免的喜怒哀乐，借阅着别处的风景，当个人和世界深深地纠缠在一起的时候，既不了解自己，也无法了解世界。这时候，需要渐行渐远地疏离，达到足够的高度，再来审视自己，因为最终我们需要的是自渡，需要穿越的是心灵的暗礁与沟壑。

　　每个人奔波一年，努力扮演着自己的角色，需要在这样的时候停一停，看一看来路，望一望去路。这样的日子是一个中转站，让我们的身心可以定时地休息，更好地开始一段新的旅程。

　　惠特曼在诗里这样写道："不论你望得多远，仍然有无限的空间在外边；无论你能数多久，仍然有无限的时间数不清。"无法紧抓所有的时光，在一段时间后，必须要给自己一个结束，亦是一个开始，丢掉虚妄的过去，无论痛苦或是荣誉，轻装上阵才能走得更远。

　　我们习惯找一个开始，开始意味着一切都在进行中、一切还都有希望。

　　传统的节日，喜庆的新年，我们可以亲切地问候亲人，默默地思念远人，尽情宣泄自己平日里隐秘的情感；可以停下忙碌的步伐，静静地梳理自己的旧年，放手某些，坚持某些，从而自洽，以一个新我向更远的远方走去。

　　历史长河，时光的渡船穿越三百多个日子，穿越大江南北，一次又一次回到岁末终点，开始新的轮回。

　　当然，轮回的还应有我们心灵的小憩、自洽和皈依。

　　　　　　　　　　　　　　　　（选自 2013 年 3 月 5 日第 369 期总第 775 期）

不悔仲子逾我墙

薛一鸣

> 将仲子兮，无逾我墙，无折我树桑。岂敢爱之，畏我诸兄。仲可
> 怀也，诸兄之言，亦可畏也。
>
> ——《郑风·将仲子》

卉木萋萋，这样的时节，翻起案头的《诗经》，却被曾经甚少留意的这一篇触动了情肠。恍惚记得当年看《倚天屠龙记》的时候，金老先生写纪晓芙与杨逍的那章，名字正是"不悔仲子逾我墙"，可惜才疏学浅，直到今天才知道，原来典故出处竟在这里。

金庸的江湖里有太多的爱恨纠缠，浅淡如程瑛对杨过，浓烈如阿紫待乔峰，轻喜完满如虚竹与梦姑，百转千回如赵敏和无忌……写到这里或许应当引用《白马啸西风》里李文秀的那句"这些都是很好很好的，可是我偏偏不喜欢"。我所爱的是纪晓芙，那个隐忍自持的姑娘，用简单的起承转合写尽了一场爱而不能的戏，纵然结局是黄泉碧落不相见，她却是不悔仲子逾我墙。

其实杨逍有什么好呢？不过是个生着好皮相的情场浪子罢了，万花丛中过，片叶不沾身。人世间的所有相遇，都是久别重逢，大家总说他对她是一见倾心，所以才用还剑、暗擒这些招数步步攻陷，可若是真正的爱，又怎么会不顾及她的感受与尊严，用强占的手段成全自己，更多的不过是欲望罢了。

所以，金庸的江湖永远是男人的，这样的开头她没能猜中，后来的情节展开更是不由自己控制，她一定也如诗里的这个姑娘一样暗自恳求过吧，"将仲子兮，无逾我墙"，她希望他不要靠近，不要拨动她古井一样的内心。可是，事与愿违往往是人间常理，不由自主地爱了，注定要被这样的感情灼伤。

私生子哪怕在现代也依旧受人诟病，何况是那个时代的未婚女子，要有多大的勇气，才能毅然带着这个不为世俗所容的孩子坚强地活在一隅。她不知道杨逍是否爱她，她也不愿意去找他、让他看低了自己，思君催人老，垂影罗衫瘦，她就那么咬牙撑着、忍着、别扭着，不愿意放弃原则，也不愿意辜负感情。要有多笃定，才能这样隐忍着不肯动摇。你看她的表面，只觉她是柔弱美好的芙蓉花，却不知这背后，充满了刚烈的张力。

记得小时候看书，读到纪晓芙死于剑下的那一段，我的反应与书里的杨逍别无二致，都是慨叹，为何不能假意答应了灭绝师太再去找杨逍，保全了生命，一家三口自在江湖，岂不快哉？长大了细细思索，才明白这样的结局才是纪晓芙的光芒之所在，她就是这样的刚烈与高贵，她有着自己的信仰，宁愿舍弃掉生命，也不愿意背叛心里的坚守。这才是真正独立人格的体现，而不是如小昭、双儿等中国男人推崇的缺乏个性色彩的标准女性。也只有这样的女子，才能在眉目流转，气韵初现时让杨逍心折。

"纪姑姑她，已经死了。"

放达潇洒如杨逍，听见无忌口中的这句，颓然倒地，回转处见到那垂髫女童，眉眼盈盈，带了那么多她的痕迹。

"不悔，我的名字叫不悔，我娘说，遇上爹她从不后悔。"

有人说，这世上只有三样东西不能隐藏：咳嗽，贫穷和爱。可是纪晓芙的感情却偏偏犹如深潭。其实一粒沙子也能改变水位，表面上却从来都是不露声色的。直到听见小姑娘的这一句话，他才突然明白，原来这自持淡然的女子，内心汹涌的，早已是如海情深。

她是不悔的，可他，只怕是悔得肠子都青了，这么多斑驳的时光，本应该是刻上她的影子的，蹉跎的日子已是去者不可追，岁月的齿轮也无法倒转，人生不相见，动如参与商，他所能为她做的，不过就是这样。惟将终夜长开眼，报答平生未展眉。

后来我想，如果是赵敏，一定不顾一切地跟了张无忌天涯海角，管他爱多爱少，管它世俗礼教；如果是周芷若，一定隐忍着感情、承担了责任，背着峨眉掌门的包袱艰难前行。所以啊，这世上，只有一个纪晓芙。

杜拉斯说，爱之于我，不是肌肤之亲，不是一蔬一饭，它是一种不死的欲望，是疲惫生活中的英雄梦想。

　　爱情从来都是自己的事情，爱而不得之时，忘却是一般人愿意做的事情，可是她决定不忘记他，像失去双腿的人不愿忘记曾经的健步如飞，像犀牛不愿忘记夏天的味道。你说不忘记是种折磨，可是那又如何，她始终是不悔的，诸兄之言亦可畏，不悔仲子逾我墙。这就够了。

（选自 2013 年 6 月 4 日第 381 期总第 787 期）

他们理应是暗夜里的灯火

林济源

世界上最亮的不是太阳，而是暗夜里的那一豆灯光。

说起记者这个行当，大家眼中的他们往往是一群交际广泛、工作稳定、游走八方的光鲜个体，而他们干的事情却千夫所指。毕竟在冷峻的现实下，为金钱而折腰的事例数不胜数，为威权而哑言的记者大有人在，他们或将民生问题弃置一旁，而关心起市场环境下的咖啡价格问题；或在当地政府的红字文件下暗自神伤，只能等待异地的曝光。好不容易《新快报》用其铮铮铁骨捍卫自家记者的权利，大声呼吁"请放人!"而陈永洲事件大白，不禁让人唏嘘。这样的记者在社交媒体的天雷滚滚中为这个职业抹黑，其阴影在长时间难以消退。不禁引人深思，在中国还有多少个陈永洲们，还有多少人正在成为陈永洲?

据说七十多年前《大公报》创办人张季鸾曾对"记者节"作过两个解释：一是记者的节日，二是记者的节操。从定义来看，记者是媒体从事信息采集和新闻报道工作的人。而在马克思主义新闻观的指导下，记者的职责是成为党和人民的喉舌。党性和人民性，记者往往面临两难的选择，所以，记者常被称为带着镣铐跳舞的人。那么，从这个角度，所有的记者无法自由地舞蹈，都是理所当然吗？所有的记者难以直面正义与理性的光芒，都是无能为力吗？

事实并非如此。当时效性、客观性、典型性等新闻要素在广大记者们面前不值一提的时候，广大的读者与观众痛苦不堪。而动车事件、地震灾难报道、曝光"表叔"等一系列与百姓息息相关的报道的出现，我们何尝不应该庆幸：还有记者以生命为主题抒发出自肺腑的疾呼；还有记者出于民族的未来大声呐喊"中国请慢走"；还有记者深入一线，不畏险难，反映灾难的动态；还有记者坚守正义的担当，矛头直对贪腐的官员。

而我们能做的，不过是庆幸而已。毕竟，这样的人群还很少。

为什么和国外相比，中国记者被认为是最安全的职业？为什么这么多时代的记者，我们却无法对他们拍案叫起、赞不绝口？为什么这个本应该神圣的职业，难以得到属于他们的尊重？

1994年12月8日，新疆克拉玛依市发生恶性火灾事故，造成325人死亡、132人受伤。死者中，288人是学生，37人是老师、家长和工作人员。而大火中至今回响着一句话：学生们不要动，让领导先走！这是旧闻，却如同新闻一般纠动着新闻从业者的内心。而在当时，对于该事件的报道几乎为零。这里头到底是充斥着记者的无奈，还是隐含着他们罪恶的屈服？

而到21世纪，河北省张家口市蔚县李家洼煤矿新井，2008年7月发生特别重大炸药燃烧事故。为了瞒报事故，矿主共支付260多万元用于收买记者，共有10名记者涉嫌犯罪。如果说个例还无法引起众怒，在个人利益与社会公益的权衡下，他们集体丢掉了社会赋予他们的监督武器，而选择了与正义相反的隐瞒，酝酿着矿主逍遥法外、矿工亲属无处控诉的又一幕悲剧。这样的记者，如何不令人寒心？

在新闻事业的发展史中，记者这个职业不该如此。邵飘萍一生保持其倔强和正直的禀性，他自资创办《京报》，在其编辑部手书"铁肩辣手"四大字，以铭己志。独家新闻、言辞辛辣，抨击政府、揭露时弊，最终报业被禁，被枪决身亡。同样的，邹韬奋先生一生坚守独立精神的报格、人格，绝不肯将社会给予的"信用"转送、附会。他一再拒绝国民党大员将生活书店与中正书局合并的企图，终至生活书店被"消灭"殆尽，55家分店被封54家。"富贵不能淫，贫贱不能移，威武不能屈"成为他作为记者最有力的注脚。

如此傲骨，莫过于暗夜中最明亮的那一豆灯火，点亮黑暗，传递出无穷的希望。我们的新闻老前辈们如是，而我们是否能够前仆后继，让乌云笼罩下的夜空闪烁星星之火，给予前行的社会正确的方向？

记者是什么？著名学者吴晗说："历史工作者是记录昨天的历史，新闻工作者记录今天的历史。"而这样的记录是否真实有价值，不正是记者们职责的本初吗？敏锐的洞察，坚持真相的追踪，还原社会的百态，可以说是世界上最难的过程，却是最值得尊重的职业的体现。

而今天，当我们谈起记者，我们希望都是在非典中不畏生死、在病房中穿梭的发言人，都是在利益诱惑下不为所动的正义者，都是在纷繁社会的晨曦中的第一抹阳光；当我们谈起记者，我们希望都是不畏威权、勇于为人民的基本利益振臂高呼的先导者，因为记者是党和人民的喉舌，而党的宗旨就是全心全意为人民服务，只有真正做到为人民发声，才能符合党性的标准；当我们谈起记者，我们希望我们不再充满怀疑，我们可以通过真实客观的报道，了解事件的本身，尊重为这一报道辛勤付出的人们。

路漫漫其修远兮，吾将上下而求索。在中国的第十四个记者节，尽管我们面临着诸多困惑，尽管我们保留着许多质疑，但我们不得不承认，正是这样一群让社会又爱又恨的群体，每天冲刺在生活的第一线，做社会的勇者！夜以继日，昼夜颠倒，用健康换取报道的真实，用青春描摹岁月的进程。而我们除了希望，便是祝福。祝福中国的新闻事业蒸蒸日上，祝福这样的群体做真实的自我，做社会的旁观者，做暗夜里的一豆豆灯火，照亮阡陌里每一个疾行的人。祝愿他们节日快乐！

（选自 2013 年 11 月 12 日第 394 期总第 800 期）

乡 愁

陆 昕

　　唐人崔灏《黄鹤楼》诗末两句"日暮乡关何处是，烟波江上使人愁"，诗中的乡愁，十分感人。我居北京，虽少年时离开数年，但很快归来，之后再未离乡，照说不该有什么乡愁，但最近却也为此多有触动，这缘于两次聚会。

　　一次是朋友们聚会，一桌儿凑巧都是北京人，自然很快就聊到了老北京现在的状况。在大家对北京风貌日益衰落的一片惋惜声中，有位朋友却剑走偏锋，他说，最好把北京拆没了，因为目前的北京，已经没有多少保留价值。

　　他说，一提北京，就会说到四合院；一说四合院，就得有胡同；有胡同就得有树木，桑榆槐柳，一样不少。有树木就得有花草，有了树木花草就得有自在闲人。闲人有闲做派，闲做派最能透出老北京人知足常乐的价值观，才能观照出北京人的老规矩、老礼数儿、老生活方式。现而今，时代早翻过这篇儿了，说保护古都风貌，其实就是保留几条胡同，几座四合院，这里头还尽是断壁颓垣、残砖破瓦。文化是个整体，就像一个人，去了身躯，光剩下胳膊腿儿，没法看。所以最好拆个干净，上下都省心。

　　另一次聚会是学校里同事聚餐。有位外地同事说，北京人太傲，有些时候甚至缺乏自知之明。当然，北京人的傲，是有资本的。作为千年帝都，北京有无数宏大壮丽、金碧辉煌的宫殿楼阁，可以观赏过去被皇帝世代珍藏、秘不示人的珍宝。有许多老字号饭庄，可以品尝四面八方的美味佳肴。有舞榭歌台，可以欣赏全国各地的戏曲歌舞，又能随意赏玩从皇家园林到王府、到胡同、到四合院的种种建筑妙趣，还可以和来自五湖四海、三山五岳的人们相识、交游，时刻感知社会风雨、政治阴晴，有"一叶落而知天下秋"的便利。这里的每条胡同，恨不得都有遗址；每个院落，似乎都住过名人。因此，老北京人以见多识广自负，也就养成了皇城根儿底下的傲气，老觉得自己如何如何，看不起他乡客。

虽然我同意同事的某些看法，但不同意他的结论。北京人是有些傲气，但他们的包容性也受到各地人们的普遍认同甚至赞许。北京人骨子里的傲，并不妨碍他们助人的热情；说话口气的"大"，也不妨碍他们做事的豪爽。但我更想说的是：这种傲气，从另一层面来讲，也是一种对家乡的挚爱和自豪。

我是土生土长的北京人，我能理解北京人对家乡的感情，正如我能理解每个人都会对生养哺育自己的故土充满眷恋。在我读过的许多描写北京的文字里，有这样一段最让我难忘。那是一位世居京华又在抗战期间从沦陷的北平到后方参加抗战的著名学者，写他胜利后坐飞机返京时的情景。当飞机缓缓降落时，他渐次看到下面星罗棋布、严整有序的街道，红墙黄瓦的宫阙庙宇，碧蓝的湖水，浓绿的树木，心头禁不住一阵阵激动，心底禁不住一遍遍呼喊：北京，我回来啦！这位学者又在回忆中说，他在南方时，觉得北京的一切都那么美好，甚至每年春天刮起的大风，都那么让人怀念。

北京一到春天就刮大风，风沙蔽天，尘土飞扬，躲之唯恐不及，有何好处！但我能理解这位学者的感受。大风一起，拔木发屋，惊天动地，耳边全是咆哮嘶吼之声。那么带劲儿，那么痛快，那么淋漓酣畅！带着扫除天下、荡涤人间的威势！由风及人，俗语满面风尘，风尘仆仆，往往让人联想到闯荡天涯的英雄，如"风尘三侠"。也就难怪刘邦作《大风歌》："大风起兮云飞扬，威加海内兮归故乡！安得猛士兮守四方！"

然而，北京的风，又那么富有人情。我当年在东北当知青时，北京知青对东北的风和北京的风做过比较，他们说，两边儿的风，都大！但东北的风，往骨缝里钻，疼、伤人！北京的风，再大，也就是个冷，从不钻骨缝，没事儿！

故乡的风，总那样亲切，那样令人眷恋！每个人对自己的家乡都怀有深情。《古诗十九首·行行重行行》中"胡马依北风，越鸟巢南枝"，说北地的马总愿立在西风中，草原是它的家乡；江浙的鸟做窝总选朝南的树枝，南方是它的故土。曹孟德《却东西门行》中唱道："神龙藏深泉，猛虎步高岗，狐死犹首丘，故乡安可忘！"

我是个北方人，就我个人而言，南方乡野中那种山柔水软、莺飞草长、浮云蔽日、烟雨迷蒙的风光，令人悠然神往。但在这种环境下呆久了，身上就有种不大舒展的感觉，也就更愿见天高云淡、水阔山长的气象。也许，这就是故土难离吧！

因此，我不同意我那位北京老乡"把北京拆光了"的"建议"。但他这一时愤激之语，却说出了个实在的道理。老北京应该整体保护，而非几条街巷、几所院落。一座北京城，物物相连，事事相连，人人相连，没有了物、事、人相连的这些关系，就只见树木，不见森林。现在不少外地朋友到北京旅游后，都对北京表示失望：也是遍地高楼大厦，和自己家乡差别不大，甚至还不如自己家乡有特色。

那么，我能为北京做些什么？充其量也就是照照相，动动笔，为后人留些点滴资料。因此，我便常在北京城里走街串巷、四处闲逛。但我不是做保护工程的官员或专家，我更多的是徘徊流连在过去留下记忆的地方。每当这时，往日情形便异常鲜明生动地浮现出来，每一条未被拆除的青石路下，我都能听到心的跳动；每一堵尚未倒塌的墙壁后面，我都能感到血的流淌。然而，我并不悲伤。我知道，北京，作为传统意义上的文化古都，终将逝去，也必将逝去。

只是偶尔，还会为个人生活中的记忆感到惆怅。一天傍晚，我正在一条胡同里漫步，不远处街边的几棵老槐树，忽然使我一下子停住了脚步。几十年前，就在那树下，我曾站着等她。约定时间已过了很久，我还在等。猛然间，从前面的胡同口，转出一个小小人影，飞快地向这边跑来。白上衣在暮色中那么鲜明，蓝色裙子在晚风中海水般舞动。四周，晚霞成绮，树色朦胧。

（选自 2014 年 4 月 22 日第 421 期总第 817 期）

文，轻梦

程　重

多年以后，我定不会再回到那一片神奇的土地，因为他们已经在一片洪流中化为泡影，第一代会在文字中长远地发展，最后一代注定会在书卷中湮没。

我，是断然写不出马尔克斯式的开头的，就像个在文学殿堂前玩耍的孩子，我始终能够看到宫殿屋檐那獬豸与虬龙所反射的光芒，但中间的鸿沟却永远都在，书本却是引领我的一级级阶梯，让我有可能去接近它，也可以去接近她。

引用余光中先生的一句话：历史是我的母亲，法学（政治）是我的妻子，文学则是我的情人。能够产生如此情愫的应是中学时代中二荷尔蒙刚刚起作用时，对所谓感情的憧憬与懵懂，虽然并没有看小明的那些花落知多少之类，但是对受小明影响的写手的那些仍有涉猎，记得那时总喜欢看一些中短篇的故事，那种未语还休、戛然而止、懵懂却能引起共鸣的文字（那时以为那便是共鸣了），至于作者是不重要的，不过那些作者本来也不重要，大概类似于今天一些微信号里机器文的写手一样，只是那时的感觉——这个极朦胧的词汇无数次迷住了少年的心，感觉这个物质跟着那时的书本伴随着走过了那一段中二期。

只是，中学是分初阶与高阶的。书籍亦如此吧！

文科的选择与读书的氛围已未知其时间先后了，对现在的我来说，文理的区别，从行为上看，个人认为是文科生可以在理科生刷题的时候多看些那时别人所谓的闲书。自然对于文学的朦胧感也就出现了，只是很可惜启蒙读物并不是哪一本高大上的厚如城砖的名著，而是一种谓之《语文教学与研究》的杂志，记忆中的文学论文、争鸣之类的基本是从那里看到的，也经常会有一些非著名作家，如莫言、麦家之类，川端康成即是那时闯入方寸之地的。

川端的文字如同他的名作《雪国》其名，似一些晶莹之物不加刻意修饰而成，空明二字恰可比拟当时心境。多年以后，想起那时读川端还是因为少年的情愫吧！简短如伊豆的舞女都可以让人为之沉寂，少年的心灵在那时是平静的，却又是躁动的。此后陆续看到他的作品，娇美若伊，花可曾眠，算是我对他的文字的理解，离奇的身世加之花与女子那永不变的主题，让此后的写作也不知不觉地去模仿他的特有心境，特有的东方风格。

少年是离不开才子的吧，少年的心里应该也离不开软玉的吧！

稍长大些，宋人，那个特殊的才子团体似乎是突然地涌现在眼前，才子怎堪枚举，念想唯有当时我一无所知的张三影的文字确实打动了我。才子诸多，言辞却不离鱼服尺素，但单相思的情况却是颇为动人的，尤其是没有任何对象的相思能绘出如此色彩，自是颇为当时的少年所喜欢。谈及张先，最初只因那不知所云的"一树梨花压海棠"，后来才知那是苏子瞻的荤段子。张先其人，潇洒一世，某些语汇不易多言，但是"那堪更被明月，隔墙送过秋千影"，残春病酒，见别院欣戚之殊，因秋千之影而触怀，应是别有人在吧，这一句清明酒后之语，不知醉了少年多少时光的心，少年心里或许知道了共鸣之意吧。只是，后来方知是一老叟之相思，自然心境受了影响，但是少年也因为才子们的心思而迷上了才子们那独特的方式。与文学情人的梦，于是移到了一千年以前吧。

逝者不分昼夜，少年却成为"非中二"人群的一员，阅读那些迷离句子的日子也少了很多。只是，少年还会时时梦到那些阶梯，或许多年以后，少年不再记得曾经的文学情人，或许少年会重新投向母亲的怀抱，但是轻梦萦绕自是不会在记忆中消失的。

只是惧怕少年曾经的情人真的会在不知所谓的书卷中湮没。

（选自 2015 年 4 月 27 日第 454 总第 850 期）

致青春路上一切美丽的相遇

刘端端

最近有句话很火："世界那么大，我想去看看。"

也有学生在与我闲聊时开玩笑说："老师，世界那么大，青春苦短，我也想去看看，您给我批一个月假呗。"

她说，她想去看苏伊士运河上的日落，喂布拉格广场上的白鸽，感受阳光透过巴黎圣母院的彩色琉璃窗，暖暖地撒在身上。

她问我："老师，您也还很年轻啊，你不会想出去看看吗?"

这句话像一把钥匙，"吧嗒"一声，打开了记忆的盒子。这几年，青春路上，一幕幕，一张张脸庞，在眼前交叠出现。

我跟她说：老师呢，当然也想看美好的风景，看外面的世界。但这几年，青春路上，我也遇见了很多人，很多事。他们让我知道，这个大大的世界，并不是只有新奇和美好。还有很多角落、还有很多人，还在经受着磨难，等待着帮助。有种说法是"时光就是应该被浪费在美好的事情上"。而我觉得，世界那么大，那些阳光照不到的小角落，更需要我们。青春苦短，青春就应该被用在让世界因为有了我们而更美好的事情上。

大二的暑假，我们组建了一个双百团队，到云南宣威下面的一个乡进行农村义务教育状况调研。那三天，去政府，去学校，去民众家，同遇到的每一个人聊天。那时，我们才知道，这是个常年饱受旱灾之苦的地方。不用谈教育普及，娃娃们连每天吃饱饭，有件不打补丁的衣裳，都是奢望。那三天，走过的所有路，坑坑洼洼，尘土满天飞扬，孩子们骨瘦如柴，脸上没有一片干净的地方。那些孩子会跟我们说："哥哥姐姐，好羡慕你们呀，你们的衣服好漂亮。我也想去北京念书，但我连饭都吃不饱，我不敢想。"我依然清晰地记得，那三天，我们团队的每一个人，都没有吃过一顿饱餐，半夜被饿醒后便再难入眠。六年过去了，到现在，我仍然会对每一餐一饭保有一颗敬畏之心，只因那几晚的辗转反侧，早如针刺般扎进我的心里。

仔细想想，那短短的三天，我并不能带给那些可怜的孩子们任何东西，我既没有给他们带去他们最渴望的饼干和衣裳，也没有带给他们任何足以改变他们命运的知识和力量。但我收获的，是我原本生活所不能够给我的。与他们的这场不期而遇，让我真正懂得了，什么是曾经老师口中的"民生疾苦"，什么是希望工程海报上那个大眼睛女孩眼底所饱含的沉重和忧郁。而孩子们从稚嫩的只字片语中透露出的对命运的迷茫和对外面世界的向往，更让我懂得了：作为青年，作为大学生，我们不该只安逸地坐在法渊阁与书香为伴，不该只沉醉于享受这个大千世界的繁华和美丽。时代需要我们，这个社会需要我们，我们身上有沉甸甸的责任，我们应当相信自己有改变世界的力量。

记得那次在回程的火车上，我们一行人出奇地沉默，一路无言。几个小时后，其中一个男孩打破了沉默，说我们要不今年寒假再一起来云南支教吧，我来负责联系。大家相视一笑，没有一秒犹豫，点头答应。这是孩子们带给我的，让我不再只把视野聚焦于属于自己的一亩三分地，而是从此有了新的信仰，去做一个有担当的青年，也努力去影响更多的青年。也就是从这时起，我立志成为一名大学老师，去和青年们一起成长，也去告诉青年们，你们应当有的方向。青年们有知识，有理想，敢拼敢闯，当大家的目标能汇聚成一个梦想，聚是一团火，散是满天星，我们必然能够成为支撑这些孩子们、支撑这整个民族的脊梁。

后来，我如愿留校工作。这四年，在与学生朝夕相处的 1500 天，我经历了很多，付出了很多，也收获了很多。我想，在这之中，我最感恩的，是这些年我与带过的这 1311 名学生的相遇。它们就像一个个含苞待放的花蕊，在我们的共同浇灌下，开出一朵朵美丽的小花。

2011 年的冬天，一个女孩得了急性脑出血，这个病死亡率特别高。我和同事带着昏迷的她，跑了北京好多医院，好不容易在空军总院找到了床位。记得那时候，医生拿着手术同意书给我签字。那时候极度恐惧慌张的我强忍着哭腔，故作镇定给女孩的父母打了电话。电话的那头，他们说："老师，就拜托给您了。我们一时赶不到，您就是孩子的母亲，我们相信您。您放心签，什么结果，我们都能承受。"这一刻，我眼泪"哗"地就下来了。那是我第一次意识到，自己肩上扛着那么重的责任，它关系到一个鲜活的生命，它关系到一个家庭从此的命运。手术很顺利，女孩醒来，看到床边憔悴的我，艰难地挤出了一个灿烂的笑容，伸手摸了摸我的脸，说："端姐，我命硬着呢死不了，你快去睡一觉。"从她身上，我学会了什么是真正的勇敢。当然，我也知道了，在我们的这场相遇中，我的存在因守护了她的生命而有价值。

2013 年的秋天，我认识了一个姑娘。入学第一天我觉得她有点奇怪，总低着头，不正眼看人，也不和别人交流。我赶紧了解了情况，知道她有一段悲惨的童年，那是我原本完全无法想象到的苦难。对于她，我倾注了很多的情感。记得有一次，她的钱包被偷了，她受不了这个打击，一整天都没去上课，也不吃饭。当晚我知道后，赶紧出门买了面包水果，去宿舍找她。宿舍里只有她一个人，关着灯，傻傻坐在床上。她看到我，抱着我就嚎啕大哭。那天晚上，我始终陪着她，陪着她掉眼泪，陪着她说话。我俩在楼梯间里，聊了一夜。她给我讲她从小到大的每一段经历，我耐心地听，不时安慰她，鼓励她。第二天，她给我发了一条特别长的短信，最后一句这样写道："我从来不知道自己的人生中也会有人为我加油呐喊，我觉得我的世界出现阳光了。我要改变自己，我要让全世界刮目相看。"后来，她确实一直很努力，我看着她狠狠地揪着自己的头发，把自己一点一点从泥地里拔起来。在这个过程中，她很痛苦，很挣扎，多少次歇斯底里，多少次抱着我痛哭，但她一刻也不曾放弃，不曾退缩。

她现在很白很漂亮，她现在好多门必修课成绩都是全班第一，她现在能笑着和每一个遇见的老师同学交流了，她现在还经常去支教、参加法律援助，她已经不止能带给自己勇气和力量，她还能够给更多不幸的人带去阳光和温暖。

我为她骄傲！

从她身上，我学会了什么是真正的坚强。当然，我也知道了，在我们的这场相遇中，我的存在因激发了她的力量而有价值。

2013 年的秋天，还有那么个男孩，跟我说他要回去复读。我问他为什么，他说作为国防生的他实在不能适应严苛的军事化生活。他羡慕大学轻松自由的氛围，他向往以梦为马的自在，他希望未来能够成为一名律师，而不是未来的人生轨迹在此刻已成为定局。连续和他聊了几天，最后一次，我们坐在操场边上的看台，吹着风，我很坚定地说："好，我支持你。"我们培养的并不是流水线生产出来的千人一面，我们现在面对的青年有他们独立的人格，有他们张扬的个性，我更相信他们有能力承担自己深思熟虑后做出的选择。

后来我们一直保持联系。今年高考，他又考上了一所重点大学。前几天，我收到了他的短信，他跟我说："端姐，我在这儿过得很好。我进了学生会，我交了女朋友，我特别喜欢现在的大学生活。谢谢你，在全世界都不理解我的时候你理解了我。我很庆幸那时候的坚持。事实证明我是对的。"

虽然现在判断这个选择是否正确为时尚早，但此时此刻，我为他的快乐而快乐。

从他身上，我学会了什么是真正的坚持自我。当然，我也知道了，在我们的这场相遇中，我的存在因尊重了他的选择而有价值。我一直很喜欢这个故事：

在暴风雨后的一个早晨，一位男士在海边散步，注意到沙滩的浅水洼里，有许多被昨夜的暴风雨卷上岸来的小鱼。被困的小鱼尽管近在海边，也许有几百条，甚至几千条，然而用不了多久，浅水洼里的水就会被沙粒吸干，被太阳蒸干，小鱼就会干涸而死。这位男士突然发现海边有一个小孩不停地从浅水洼里捡起小鱼，扔回大海。

男士禁不住走过去："孩子，这水洼里有几百几千条小鱼，你救不过来的。"

"我知道。"小孩头也不回地回答。

"哦？那你为什么还在扔？谁在乎呢？"

"这条小鱼在乎！"

"这条小鱼也在乎！"小孩儿一边回答，一边捡起一条一条鱼扔回大海。

我想，青春路上，我与学生们的这场相遇，也就像我遇见了一条条小鱼。他们有的原本就无忧无虑地在青春的大海里徜徉，而有的可能不小心被卷到岸上，在浅水洼里等待爱的救援。

那么在别人潇洒地坐上轮渡，准备"世界那么大，我想去看看"的时候，就让我任性一把，留在岸边，做这个孩子吧！

人生，总是有不期而遇的温暖和生生不息的希望。

用价值碰撞价值，用力量激发力量，用心灵感染心灵，用生命影响生命。

不辜负这青春路上，一切美丽的相遇。

这就是我，无悔的青春。

（选自 2015 年 5 月 26 日第 459 期总第 855 期）

从未如此接近梦想

范力文

老实说，我已记不起何时对法律一见钟情，但我记得，当别的小朋友在奥特曼与小怪兽的打斗中乐不可支时，每天中午 12 点 38 分的节目是我的最爱。我已记不起何时产生了对法大的无比向往，但我记得，当读到"四年四度军都春，一生一世法大人"时，我坚定地认为我应当朝着法大奋斗而且应当在法大奋斗！

我在自主招生自荐信中写道：我希望有一天能在宪法大道上感受民主法治的阳光，能在法渊阁里与名家大师进行心灵的对话，能在拓荒牛前坚定法治天下的信仰。现在，这些不再遥不可及，我深深地感到自己从未如此接近希望！

相信绝大多数同学选择了法大便绝不是选择得过且过。张载说："为天地立心，为生民立命，为往圣继绝学，为万世开太平。"相信大家的心里都有着一定的家国情怀。我们来自五湖四海、城镇乡野，我们在生活的不同乐章中，感受这个国家民主法制的点滴进步与遗憾不足。我们在所谓深谙世故者的轻蔑甚至冷嘲热讽中感到青年人的责任与担当。很多人劝我说：你学什么法律啊，学习又枯燥，就业又"亚历山大"。但是我想：如果法律是我浓厚的兴趣，那么枯燥便浇灭不了求知的火焰；如果法治是我毕生的事业，那么压力便压不垮追梦的路基！

我读过江平先生的诗集《信是明年春自来》和口述自传《浮沉与枯荣》。所谓"高山仰止，景行行止"，我在对老先生充满崇敬的同时也认识到：老一辈法大人用一生去追求他们的法治梦想，也为我们这些后生逐梦指引了方向。一想到在法大有那么多德才兼修的老师，那么多志同道合的朋友，我不知道大家是否和我一样，感到从未如此接近梦想！

我的一位高中老师得知我的录取结果后给我发了一条短信："恭喜你成为法大人！做学问贵在恒，中国现代法学师承东洋，远溯英德，经伍廷芳、沈家本修订，初具规模；抗战军兴，钱端升、王世重订法统，奉美系法治为圭臬。新中国成立后法学教育五院四系成为正统之权威，你能在钱端升先生创立的中国政法大学学习一定要倍加珍惜。望你能通古今之变，成一家之言。"

　　现在，我将这条短信送给即将并肩奋斗四年的战友们，与君共勉！

　　法度苍生，情系黎民，兼通文史，专触不直。请家长们放心，请老师们放心，请让我们寻着光明飞翔，因为，我们从未如此接近梦想！

（选自 2015 年 11 月 10 日第 472 期总第 868 期）

人情暖，老北京

褚文婷

说起北京，太多年轻人会想到年复一年的北漂生活，会想到高耸的大厦和川流不息、匆匆而过的车流和行人，会想到这里是最繁华恢宏的宫殿。在来到这里之前，它在我心里就像雾里的光点，模糊却令人向往。当你站上这片土地，或许你会明白为什么那么多人穷极一生想要在这里扎根立命，渴望在这里拥有自己的天地。因为北京她极富包容性，她宽容又毫不吝啬地接受每一个来到这里闯荡的人，她慷慨地包容古今所有的是是非非，她允许在这片土地上保留千年前的殿堂，也允许在这里耸立起一座座金刚铁板的大厦。

她容纳了最富中国特色的一切，容纳了祖祖辈辈传承了几千年的传统，容纳了不同的血液和民族。

或许是祖辈父辈喜欢的中国红，古时的女子穿着一身火红的嫁衣接受祝福，老北京春节的老巷里挂满了烛光闪烁的灯笼，门前贴着黑字儿红底的对联。这是一种颜色，更是一种世代相承的传统符号。老北京有些破旧的大门漆着中国红，双手灵巧的手艺人编织起中国结，每一代人对于这颜色总有一种眷恋，是对它喜气洋洋的喜爱，是对它绵延不息的眷顾，是对它背后前一代人衷于使用的传承。

走进老北京，听得到正宗的"京片子"，看得到自家门口围了一圈下象棋的老人家，闻得到深巷中传来浓郁悠扬的香气。我来到这里后，更愿意去逛一逛大街小巷，看一看砖瓦砌起的屋檐；在难得的漫天飞雪的时候走近银装素裹的故宫，那里白茫茫一片，就像是回到了千年前的一代天子、威威朝堂。《春秋左传》中说："中国有礼仪之大，故称夏；有服章之美，谓之华。"我们的传统服饰在一天天淡出人们的视野，但生活中许多传统的物什并没有被遗忘，我们的风俗习惯也没有消失。

在冬夜里，约上几个好友七扭八拐走进一条巷子中，在尽头那家有些古旧的店里吃了一顿老北京传统的铜锅涮羊肉。一个有些像塔的铜锅冒着热气放在了中间，坐在一旁哼曲儿的老板操着一口北京腔拦住了匆匆下筷的我们，说正宗的火锅应该要一片一片地慢慢涮，大家边聊边吃，一个火锅通常要吃很久。说着倒了倒挂在腰间的烟斗，轻声叹了句："现在的年轻人就是啥事儿都要赶，这老火锅就该慢慢吃啊。"一时间他口中吞吐的烟气让我瞧不清他的脸，像是走在路上大包小包逃难的人，突然被告知前面也不是条活路，倏地怔在了原地，开始想走到这里的初衷。

那时我想，或许这才是很多年前北京的样子，她一成不变，但是慢悠悠的，充满人情味儿：是有些陈旧的墙壁和砖瓦，老大爷提溜着鸟笼拿着刺啦响的收音机；是穿着大褂儿喝茶听曲儿摇头晃脑的"闲人"；是许多人家互不相识却住在一间四合院儿里的情义；是街边天还没亮就热气腾腾的铺子。

越来越多的人在研究中国的传统文化，他们测天测地，考古观今，从一本本厚重的文献中逐字逐句地翻译，想要从那里找出关于前人、关于中国传统的点点滴滴。然而这些或许并不如走在一条砖瓦砌成的古巷中来得实在，不如听一听躺在竹椅上晒太阳的老人说一说来得亲切，不如老北京她本身所具有的文化底蕴那样富有人情味儿。文化说到底都是祖祖辈辈传承下来的，真的传统都渗透在生活的点滴之中。所有要被研究的历史故事，只有好好看一看其中的人，才能真正解出其深意来。

或许是穿着棉褂子在街边吹糖人的老师傅，他的手指有些粗糙，但随着吹进去的气便灵活了起来，轻轻一揪便出现了一只脚、一条尾巴。小孩子被裹在厚厚的棉大衣里，小脸粉扑扑的，眼睛一转也不转地盯着一小块糖变成活灵活现的小动物。是由白糖细细熬制，锅下的火只有小小一苗，大勺不断翻起落下的糖浆，轻轻把山楂裹上一层，在冬天也显得晶莹剔透的糖葫芦。是骑得慢悠悠，一蹬一助力，后座的人也摇摇晃晃瞅着身边的北京城的黄包车。是一褂几人站上舞台，顺口就来的传统相声段子。是那威严的紫禁之巅，是由下至上旁有石狮的台阶，是绵延万里时间太久甚至有些破损的长城，是交错有致的青板小巷。

传统渗入老北京的一城一瓦、一店一铺中，渗入老北京人的一行一业中。正是这些无法被钢筋铁骨泯灭的点滴，造就了许多世代相传不可遗弃的传统。是技艺，是绝活儿，是文化符号，是传统。是生生不息、代代相传的文化，是为外人所津津称道的华夏文明。北京被寄予无数的期望和万般回想，她承载着千年前的殿堂文明，更意味着如今的人情冷暖，代代相承。

（选自 2015 年 12 月 1 日第 475 期总第 871 期）

糖盐幸福

罗雨荔

在男女平等作为宪法原则广为接受的今日，男女在入职、就业、薪酬等方面呈现出的一系列差异却并没有得到彻底的消除。让女性主义者深感挫败的现象是：好不容易通过一系列争权运动为女性群体争取到教育上的平等，却发现"学得好才能嫁得好"的观念与之伴生。女性自身并未因为受教育的事实而放弃对男性的依附，反而将教育作为谋求依附的一种手段。更有人认为，之所以女性群体的整体薪酬水平呈现出低于男性群体的状貌，是因为女性自身在择业时更愿意选择具有低风险、少波动等性质的岗位，其低收入是低投入后的必然结果。

作为对这一问题的回应，阿马蒂亚森提出了"适应性偏好"的概念，认为：欲望是适应性的，人们不可能形成环境以外的偏好。也就是说，女性之所以会在择业时出现对具有稳定、顾家等性质职业的偏好，是因为我们的社会乃至女性自身对女性的期待仍然是"在家做面包"而非"在外挣面包"，这实际上也是男女不平等的社会人环境未得到良好改观的一种体现。

然而，初接触此理论的我却始终对之感到疑惑：大量女性在做出选择时，当然不是因为"社会、家庭和我自己都期待我成为一个在家做面包的贤妻良母"，而是因为"成为一个在家做面包的贤妻良母可能更让我幸福"。如人饮水，冷暖自知。女性主义的目的当然不应该是为女性"自讨麻烦"。如果此种"做面包"的幸福模式确实被大多数女性所认可，甚至是来自于女性天性中的所谓"母性"，那么少部分女性有什么资格高举"男女平等"的大旗来试图实现其"挣面包"的个人渴望，并且自赋权利地去代表整个女性群体的诉求、为她们徒增些负担呢？

这个周末，偶然看了一部名为《永不妥协》的电影，女主角艾琳的故事多多少少让我有所启发。故事里的艾琳，是一个离过两次婚、带着三个小孩的单亲妈妈，她的两位前夫都选择了分文不留地抛下她扬长而去。影片的开始，艾琳为了生计开始了求职，此刻的她仍旧羡慕着那些未被男人抛弃、可以相夫教子的"幸运"女人，将自己的惨淡境况归因于自己没有遇见更好的男人。但随着影片的发展，艾琳在事业上一步一步得到认可之时，艾琳自己对待这份工作的态度也悄然发生了变化。当影片的男主角，这位真心爱着艾琳，也愿意守护她、让她做个幸福的家庭主妇的男人对她说出"你可以辞职，我来工作"的时候，换来的却是艾琳的拒绝。艾琳的理由是：我从未受过如此的尊重，我不能放弃我的工作。

借用孟京辉戏里的一句台词：我没吃过糖，我以为盐就是糖。对于我们母亲那一辈人来说，她们的童年和花季都承受着比我们更大的苦难与磨砺。同时，在属于她们的时代里，女性能够追求到事业成功的可能性也远比今日要小。她们就和最初的艾琳一样，发自内心的认为，能够嫁给一个老实忠厚的男人，能够拥有一份安定和乐的生活，就已经是莫大的幸福。在她们告诉女儿"做面包的幸福是最大的幸福"时，就像一个没有吃过糖的人，坚信着盐的味道就是传说中的甜蜜与幸福。即使女性主义者们巧舌如簧，也很难仅通过言语上的描述让她们相信，这世界上还有另一种"挣面包"的幸福是更高层次的幸福。

在我们生活的世界里，能够像艾琳一样对比过两种幸福差异的人太少太少。新一代女性们虽然受过更高等的教育，可是，她们亲身可感的幸福种类里，"做面包"的幸福占了绝大多数。如果看过上一辈人做面包时的幸福表情，你很难再期待其能对仅仅存于理论的"挣面包的幸福"有所坚信。况且，通往"挣面包的幸福"的路通常来说要长得多。那些为着"吃糖"付出过而没有坚持到最后的人，她们同样不解甜意，甚至还可能把追求甜味之路上的辛苦误认作甜味本身。这样一来，就更无怪她们一面重走着老辈人以盐为糖的老路，一面加入长辈们对"做面包的幸福就是最大的幸福"的殷勤奉劝里。

我想，"女性主义要争取的是男女在人格上的平等"并非一句虚张声势的口号。它反映出的，是期待着女性能够拥有追求传统家庭幸福之外更高层次的、受尊重的幸福的权利。女性主义者要做的，不是拿出否定传统家庭幸福的对立姿态来大肆宣讲人格平等的重要性，而是以自己为一面旗帜，让那些未见过吃糖时的甜蜜微笑的女性们知晓：你可以先用盐来调剂生活里的五味杂陈，却不要因之就轻易放弃自己追求糖的甜味的可能性。

（选自 2016 年 5 月 3 日第 491 期总第 887 期）

光

刁皓璇

一睁眼，已有阳光透过海水，点亮新的一天。

用力向下一摆尾，手臂自上而下滑动——我习惯性地浮上水面呼吸新鲜空气，虽然这并非必需。来自海水的阻力总是让我获得莫名的兴奋感，一种对光的渴望似乎抑制不住地从心里喷涌而出。

是的，我是一条人鱼，一种传说中的生物。海藻般又长又卷的头发，与人类无异的五官，贝壳似的耳朵后有小小的鳃，这与柔软有力的尾巴一样，是我在外观上与人类最大的区别。没有同类的陪伴，我孤独地生活在这片海域。其实这样的生活也算不上无聊，捕食小鱼小虾，扑腾扑腾水花，或者极慢极慢地吐出一个个小泡泡，然后看着它们破裂——还是闲适又安逸的。

我所在的这片海域大部分时候总是风平浪静的，没有什么强大而危险的物种威胁到我的生命。温文尔雅的海豚、色彩斑斓的小丑鱼、有些孤僻的梭子蟹……我们其乐融融地生活在这里，和谐却略显单调。说来也怪，不仅我的周围没有同类，就连我的幼年记忆都不甚清晰。不知何时，"我是谁？我从哪里来？我要到哪去？"这样的问题开始困扰我，我也由此开始了对自己生活方方面面的探究。

我还记得让我的生活轨迹开始改变的那天。那是一个阳光灿烂得有些晃眼的早上，岸边那块很大的石头旁，一个人类少年在安静地看书。他有比珍珠更白的皮肤，有比海水更清澈的眼眸，还有比我们紧盯猎物时更专注的眼神。为什么之前从来没有见过他？他来这里干什么？他或许知道些关于我的事情？一连串的问题浮上脑海，更多的疑虑又让我保持警惕，决定先观察他一段时间。

他出现的时间并不固定。有时他沐浴着清晨的阳光，书页在有些寒意的海风中翻动得沙沙作响；有时他也会在慵懒得想让人在沙滩上休息的下午出现，戴着很衬发色的耳机。但是他晚上从来都不会来，这样我就可以在铺满银色月光的水面上安静仰着出神，直到一次又一次从月亮里看出他的面孔。

这种情况，好像有点奇怪。

我开始习惯于一醒来便寻找他那夹在白衬衫里的单薄身影，习惯于在他唇角上扬时也露出微笑，习惯于他蹙眉纠结时也变得烦躁。我会期待他每天的到来，会因为他来的时间而紧张，甚至还有些渴盼他与我的距离更近些。

一切发生地似乎顺理成章，却又过分巧合。我看着他的书因为风太大没有被抓稳而飞进海里；我看着他因为意外和焦急而面孔涨得通红；我看着他趴到岸边伸长双臂奋力打捞，然后在他自己也跌入海里惊慌挣扎时再也无法袖手旁观。我游了上去，帮助他重回岸边。他似乎对我的身份感到很是惊异，像个好奇宝宝一样不断追问着什么。他的声音是海风穿过椰子树叶，是月色倾泻在海面，是海藻飘荡挠得我心头发痒。

就这样，我们成了所谓的朋友。他可能不喜欢水，总是制止我去远离岸边的海域；他有个随身携带的小本子，却从来没有让我看过里面的内容；他从来都只是一个人过来，也很少讲自己的故事。他在心里放了很多事，但是不愿意与我分享。这一点让我有点失落。

后来他来的次数一天比一天少，我的身体机能似乎也在一天天下降。不时袭来的头晕、乏力，让我更愿意卧在细沙上，任凭尾巴上的鳞片将跳跃的阳光一一反照。呼吸不再那么顺畅，加剧了我的恐慌——是不是，我快要死了？

记不清多久没有进食之后，迷糊中我的眼前出现了一群人类。身穿白大褂的他，站在人群的最前面指挥着什么。意识模糊中，我感觉身边的水正强有力地把我往下拉拽，身下不知何时却出现了一张网，阻止了我被水流吸走。

"这次的试验很成功，将其克隆并投放市场，必然会取得极大经济效益。"他的镜片闪着我看不懂却让我害怕的光，说着我听不懂却浸着寒意的话。他身后的人纷纷点头称是。我成了炽热目光的焦点，这比身体上的不适更让我厌恶。

海水逐渐减退，我只能看见一个巨大的玻璃缸，折射着目的不明的光。

合上双眼，我，再不见光。

（选自 2016 年 11 月 15 日第 509 总第 905 期）

法大情怀

我与法大共命运

王传道

　　母校 50 华诞将临，在喜庆 50 周年校庆之际，我心潮起伏，思绪万千。回顾母校的历程，犹如一个人的成长过程，三十而立，四十不惑，五十知天命。50 年来历经了风雨沧桑、悲欢离合、荣辱兴衰，我始终心系母校，终于迎来了母校今日的发展和繁荣。

　　我在中国政法大学（前身北京政法学院）校园内已经度过了 45 个春秋。45 年前，当母校 5 周年生日时，我满怀报国之志和强烈的求知欲进入这所高等教育的殿堂，经过母校老师们的辛勤培育，我成为政法教育战线上的一名教师。45 年来，我个人的命运和荣辱都与法大紧紧地连在一起，我深深地爱着昔日的北京政法学院和今日的中国政法大学，因为这里有精心培育我成长的领导和恩师，有支持与帮助我的同窗和好友，还有一批我曾为其授课而今又远远超过我的后起之秀，他们是政法教育战线上的中坚，国家的瑰宝，政法大学复兴的希望！想到此，我心潮澎湃，兴奋不已。

　　我在法大从事刑事侦查学、物证技术学教学已有 41 个年头，随着国家政治形势的变化，学科设置几经更改变迁，我所从事的专业也随之几起几落，伴随着专业的兴衰，个人的职业几经更替。经过近八年的流离颠沛，母校终于获得新生，我亦返回政法校园，重操旧业，继续恪守"认认真真教书，实实在在办事，堂堂正正做人"的信条。二次返校后，为不辱教师的神圣使命，不敢有半点偷闲，一面积极治病，一面如饥似渴地攻读业务书和外语，夜以继日地备课和编写教材。重返法大的 20 年来，在领导的关怀与支持下，我同其他老师一道，克服重重困难，使侦查学和物证技术学、法医学等曾被遗弃多年的学科又重新振兴起来，并得到学术界同行专家的抬爱和赞誉，还与国外和境外同行广泛进行学术交流，为本学科的发展争得了一席之地，亦为母校添了一份光彩。

我来自布衣之家，是共产党拯救和培养了我，人民用血汗养育了我，所以我牢记职微不忘报国心，位卑未敢忘忧国。我是一名普通教师，40 多年来始终把教书育人视为自己的天职，尽管工作条件艰苦，可多年来，我始终站在教学第一线，在超额完成教学工作量的同时，在十分拥挤的"多功能"陋室内，仍撰写并出版了学术专著、教科书 30 余部，发表学术论文 40 余篇。说这些并非为自我表彰，而是为了向母校和培育我的恩师作一次简要的汇报。

我仅是政法教育百花园中的一棵无名小草，无意也无力同五颜六色的花仙子们争芳斗艳，只是愿意为母校的发展尽一份力，问心无愧，聊以自慰而已。我天生不善交际，更不善于"自我包装"，不可能也不敢为他人之先，我深知老老实实做学问，似乎穷困潦倒一世，窝囊一生，因此像我这样的人，能有一个藏身之处，有一个生存空间，就算不错了，哪还敢再有更高的奢望。

回首 45 年历程，可以说是母校兴旺我荣耀，母校遭难我悲愤，我个人的感情与法大是相通的，命运与母校紧紧连在一起，荣辱与共。在喜迎法大 50 周年校庆之际，我这棵无名小草已到了枯萎季节，不可能再继续为母校增添光彩了。但却愿与法大校园的草木同腐，化作泥土敬献给母校。我虽然退出了政法教育的舞台，但我仍心向法大，愿母校重振雄风，前程似锦，在党的领导下，五湖四海的志士仁人，团结奋斗，让各学科鲜花盛开，群芳争艳，迎来法大万紫千红的新春天！

注："多功能"指房子可作书房、教室（曾躺在床上为学生上课）、会客室、卧室、餐厅、托儿所、娱乐室等。

（选自 2002 年 3 月 1 日第 1 期总第 407 期）

"北政"情结

陈明华

在"北政"的三年研究生生活，恐怕是我一生中在北京最长的时间了。毛体的红色校徽已珍藏了二十多年，它时时勾起我的美好回忆……

那是1978年，冰雪消融，迎来了中国民主与法制的春天。北政这所高教部的重点院校，一边复办一边着手招收首届硕士研究生。久旱逢甘露。对"研究生"的渴望、梦想，诱使我逾而立之年却决意上京赶考、拜师学艺。走出黄土地不容易，离开工作了十年的狱政管理岗位也不容易，丢下被穷苦困扰的妻子和两个年幼的孩子更不容易。一份录取通知书，像激起千层浪的一块石头，竟惹得省政法机关大院里沸沸扬扬。我，毅然乘上了北去的列车。

35岁的我，怀揣着考研时的两件宝——20世纪50年代中央政法干校编印的"刑法刑诉讲义"和伴随我十年始终舍不得丢掉的大学时油印"俄语讲义"，走进了陌生而向往的北政园。校园环境的荒乱，教学设施的破旧，令人有满目疮痍凄惨之感。刚刚从全国各地返回的老师们正忙于"安居"。京剧团、曲艺团、歌舞团仍占据着校园四角，锣鼓叮咚、咿咿呀呀的操练声整日响彻上空。这是学习的地方吗？我疑虑、惆怅而近乎失望。

手中提着报到时配发的一个马扎凳子，上课是在大楼后的泥笆棚子，还有那蹲在简易棚用餐时每顿必有的"鸡蛋炒黄瓜"，是留给我最初但却是迄今最难忘怀的印象。正是在这里，在包罗了不同专业的几十位同学的"研究生班"里度过了不寻常的三年时光，给了我如饥似渴的求知欲和自强不息的进取心；正是在这里，集聚着来自全国的一批饱经风雨洗礼的青年学子，他们崇尚科学，信仰法律，追求真理；也正是在这里，使我结识了一批名师名家，从他们的身上汲取着知识、智慧和营养，学着治学和做人。

二十年后的今天，昔日的校园在我心中早已消失，而永未消失的是那些呕心沥血、无私奉献、手执教鞭、教书育人的老师们。

师恩难忘。余叔通先生把坎坷一生置之度外，开讲外国刑法这门新课，凭着通晓几门外语的超人技能和才华，一边看原版外文资料，一边进行"应急"讲授，实在令人佩服。他学贯中西，对外语十分重视，要求我们一定要学好外语，必须注重联系中国实际学习法律。他除了精通外语、学识广博、治学严谨，在专业学术会议上，他常常纠正翻译人员的法律术语错误，尤其令我难忘的，是他在那时就大胆提出："我们不仅要有中国刑法，还要有中国刑法史，中国刑法思想史；中国的法学家应该走向世界，世界法坛上应该有中国法学家的声音。"就是这位大家的一句话，激励我几次走出国门。而先生逝世前，在医院病床前我回报给他的只是一束鲜花！

宁汉林先生主讲中国刑法史，对中国古代、近代和旧中国刑法造诣颇深。20 世纪 50 年代因倡导犯罪构成理论而蒙受不公，80 年代而又因"论无罪推定"的倡导而险遭厄运。为了打破禁区，他追求科学和真理，不顾个人安危。为了正本清源，我曾四次陪他去蔡枢衡先生家中求教；为了使文章及早与世人见面，他夜以继日，拼命工作、奋笔疾书。他的理论勇气和科学态度、学者风范使我高山仰止！他身上有老政法人的作风，像朋友，像家人，十分关爱学生，传道授业解惑，十分敬业。一口湖南话对我来说，虽不大好懂，但却感人至深。就算是离校多年以后，得知我担任了领导职务，他还赠书赠言给我："学而优则仕，但不能仕而优则不学。"去年，传来先生逝世的噩耗，我因公务而未得脱身，发去的只是一份悲痛而悼念的唁电！

曹子丹先生为学生付出的心血更令人难忘。他曾留学苏联列大，精通俄语，获得法学博士学位，又当过哲学副教授。他主讲中国刑法和苏联刑法。治学严谨，诲人不倦，人品高尚，堪称师表，谦虚热情，虚怀若谷。既是良师，又是益友。教学工作非常负责，学生生活不忘关照。推荐书目，介绍资料，教给方法，指点迷津。一副学者风范，和蔼可亲又可敬。大概是曹先生弟子的缘故，连他的老伴雷女士也无时不关照我们，常常有"近水楼台先得月"之方便和特殊情分。先生的人格力量永为楷模。

先生也是我们刑法专业一位很有思想和个性的老师。那时他的夫人远在四川，两地分居给他的工作、生活带来诸多不便。他克难进取，一间屋子做学问，酷爱研究，善于思辨，长于文笔。滔滔不绝的专题讲座，颇有深度，饱含着先生的辛劳。他工作拼命，企图把自己所掌握的全部释放给学生。先生勤奋异常，闭门"练"外语，后来翻译出版了有分量的译作。为了训练、培养我们的研究能力，先生极善于"动员群众"，广泛收集，整合资料，并坦露自己的学术观点，启发式、研究式的教学方法，治学之勤奋，做学问之有个性，对学生学术素养要求之严厉，使我们受益匪浅。

好大的一个政法园，学者济济。教过我们的恩师还有更多更多，譬如那满头白发的童颜老师、教授法理学的张浩、甘绩华老师，那高个子的教授俄语的蔡秀珍女士……也许有的名字一时不能想起，但在我心底永远怀着对他们的眷恋和尊敬！1982年9月，在我顺利通过硕士论文答辩后，我手捧着印有"北京政法学院"大字的学位证书激动不已。三年的北政园生活，是老师教给了我知识和做人，教给了我创造和人生。面冷心热的我——西北汉子，没有说什么豪言壮语，甚至对老师们未说上一句感谢的话就西返长安。

二十年后的"北政"，已旧貌换新颜，令我羡慕又高兴。远在千里之外的我，深知"三、六、九，往前走"，唯有脚踏实地地工作，奏响西部大开发的一曲凯歌，努力去报效这个生我、养我的国家，才是对他们最好、最真诚的回报！

老师，请接受黄土地上的学子的一个深深鞠躬！

母校，请接受你大西北的学生的一个美好祝福！

（选自2002年3月20日第409期）

我是法大人

焦洪昌

中国政法大学应简称为什么，在我们法律系创办学术刊物命名时，曾发生争论。一种意见认为，应叫"中政大法律评论"，另一种观点主张叫"法大评论"。我赞成后一种叫法。理由是：尽管政治与法律有着密切的相邻关系，但不可否认，精品法学始终是我们的品牌，更是我们的骄傲。

在我内心深处，法大是一个梦。在形而上层面，她的境界是以平等代替特权，以公正代替偏私，以自由代替专制，以法治代替人治，最终用法大置换权大，实现自由、民主、法治的理念。就形而下而言，法大应成为全国的法学教育中心、法律信息中心和法学研究中心。

作为法大人，我把梦用青春写在了三尺讲台上。在法大，我主要开三门课：中国宪法、外国宪法和港澳基本法。对象有研究生和本科生等。在20年的教学生涯中，我好像得了职业病，一想到讲课就激动，一上讲台就兴奋。讲课和演戏差不多，应付容易，讲好讲活难。我的体会是：你首先要爱学生。能来法大上学的，都是尖子生，他们是实现法大梦的希望。面对这么优秀的学生，你没有理由不喜欢他们。记得在一次毕业生的欢送会上，我代表全校老师寄语："不论在天涯，不论在海角，老师们的心会陪伴在你们身旁；不论在何时，不论在何方，法大会永远祝福你们快乐健康。"在场的许多师生都禁不住热泪盈眶，因为这道出了大家的心声。

要使学生爱听你的课，你的课本身要有"彩"。在我听过的法学教授讲课中，最让我折服的是江平老师和吴家林老师。他们虽然一个讲授民商法，一个讲授宪法，但他们共同的特点是：讲课声音洪亮、悦耳，思路清晰连贯，语言流畅、优雅，思想开放、前卫。特别是他们的人格魅力，更让学生倾倒。二十年来，我一直以他们二位前辈为楷模，苦练内功，塑造自己的讲课风格，在三尺讲台上，演绎出精彩的法学戏剧。当我的课堂挤满了学生，当学生聚精会神地睁大双眼，当眼神中透出自信和微笑时，我感到法大的梦在逐渐地实现。特别令我欣慰的是，今年我被广大同学评为最受本科生欢迎的老师，我觉得这是同学们对我的肯定和厚爱。

2002 年新年伊始，李岚清副总理来法大时，肯定法大是中国法学的最高学府。我认为支撑法大的是一大批法学大师和教授，而真正赢得人们赞誉的是学者原创性的科研成果、对国家政策法律制定的影响力以及所培养学生的社会知名度和美誉度。作为法大人，我深感责任重大，所以对学问不敢有丝毫懈怠。近年来，我主持并撰写了《公民权利义务摘要》《港澳台法制概论》《宪法学》《宪法教学案例》《开放的宪政》《国家机关组织问题研究》等著作 6 部；参与编写各种法学教材 9 部；发表"论依法治国的宪法效力""建立国家公职人员宣誓就职制度""论澳台关系的法律思考""从法院的地方化到法院设置的双轨制"等论文 30 余篇；合作完成"中国加入公民权利政治权利国际公约的法律适用问题""中国选举制度改革调查研究"等国际合作项目 3 项；参加了全国人大常委会和相关专门委员会组织的立法法、监督法、村民委员会组织法、民族区域自治法、法官法和检察官法的专家论证会；为中央电视台、北京电视台、山东电视台、法制日报、新华社、检察日报、人民法院报、中国青年报、北京晚报、北京青年报等多家媒体作专家法律点评，产生了一定的社会影响。

法大是国内的，更应该是国际的。作为宪法教研室主任和法律系主管科研的副主任，我深切地感受到，一个大学的科研组织能力是获得同行认可的一个重要方面。近年来，我较为成功地组织了宪法教学研讨会、法律推理与法律解释研讨会、司法体制改革研讨会、宪法的司法适用研讨会、违宪审查研讨会等，加强了横向沟通和科际整合。在国际交往方面，我们除了虚心向外国学习外，更要展现我们的研究实力，树立法大的学术形象。记得 1997 年在美国杜肯大学作访问学者时，一部分美国学者对中国持有偏见，经过几次学术交流，他们非常佩服我们对美国宪法问题的熟悉，而他们连中国是否有宪法都不知道，后来他们彻底改变了对中国的看法。1999 年，我国司法部的两位官员去芬兰的赫尔辛基大学和吐尔库大学访问，就芬兰的议会督察专员制度进行了深入的探讨，他们惊讶地发现，中国学者对芬兰的政治法律制度有如此全面的了解，从而加深了两国和两校间的友谊。

俗话说，身体是事业的本钱。作为法大的学者，更应该保持乐观的情绪、健康的体魄和良好的生活习惯。在生活的每一天，我觉得最年轻、最忘我的时候，是和学生一起打篮球。除了不能推掉的事情之外，我每天下午都拿出一个小时打球，这已坚持了 20 年。我的很多同学，不管经商的、从政的，还是做律师的，都很羡慕我在法大自由自在的学者生活，我会继续地保持下去。

法大——我的母校，我生活和工作的地方。你在风雨中已度过了 50 个春秋，在您 50 岁华诞来临之际，我衷心祝愿法大再创辉煌。

（选自 2002 年 3 月 30 日第 4 期总第 410 期）

无悔的选择

马晓刚

23 年前，当我在高考志愿栏里填上"北京政法学院"时，对母校、对法学，心里尚懵懂。我只想选一个离家近的学校，选一个热门的专业。就这样，毕生的事业选择竟然在狭隘的追求中确定了。

然而，从走进母校那刻起，23 年来，我却不断为我当时的选择而感到庆幸和自豪。是母校把我培养成了一个法律人；是母校使我有了引以为荣的职业；是母校使我有了毕生的事业追求。

在我走过的 45 个春秋里，对职业有过无数次的选择：高中毕业本可以留城，却选择了插队；回城工作后本可以成为医生，却选择了参加高考；高考分数公布后本可以选择一个更有名的重点大学，却选择了当时第二批录取的母校；大学毕业本可以选一个更好的工作，却选择了去司法工作第一线；在检察院本可以轻松从事本职工作，却选择了去劳改农场筹建检察分院；在国家机关仕途平坦时，却选择了辞职当律师……每一次选择都是一次挑战，每一次挑战都让我快乐。这其中最让我回味无穷的选择就是当初选择了母校。

在校学习的 4 年里，我认识了母校，认识了法律，也明确了做一个法律人的决心。1983 年，作为北京政法学院"文革"后首批毕业生，中国政法大学挂牌后第一批毕业生中的一员，我走出了母校大门。这 20 多年来，我时刻铭记我的政法大学毕业生的身份，并在不同的岗位上努力工作。

我是一个做事认真、追求完美的人。对任何事我坚持：要做，就要做得最好，绝不凑合、糊弄。母校的 4 年法学教育更强化了这一点。在母校上学时，我的床铺总是宿舍中最整洁的，上课也绝不迟到，更不用说旷课了。在检察院工作时，对每一件经手的案件认真负责，参加审查的第一件案件就发现并查实了一名犯罪嫌疑人虚报年龄的问题，从而避免了错判。

在国家版权局工作时，我细致勤勉，当时著作权立法因受到几个科技部门的反对而停滞，我利用随团出访的机会，认真收集、分析有关信息，写出了详实有力的报告，推动了立法进程。从事律师职业以来，我把自己积累的知识和经验全部用于承办的每一件法律事务中，努力把每一件业务都办成经典案例。

在校 4 年，我们学习了法学精神、法学原则，虽然我们并不能在课堂里学会法律的全部，但母校教会了我们如何去领会、运用法律，如何投身于实践中再学习，更重要的是教会了我们如何去做个合格的法律人。

以知者为师，不耻下问，这是做学问、做事业的准则。是母校教会了我这一准则，走出母校后，我尊敬的老师又使我对它有了更深的体会。由于我参加了著作权法的立法及在相当长的时间内主持全国著作权行政管理工作，所以在知识产权法律及实务方面积累了一些经验。这些经验不但使我本人代理法律业务时有了信心和实力保证，一些律师界同行也经常向我咨询，与我交流。每当这时，我都会热情无私地提供令对方满意的信息。同样，遇到一些问题，我也会向任何能够解答的人求教，哪怕解答的人是我的下属。我这样做是受到了江平老师的影响，江平老师是我最尊敬的师长，我在校期间，民商法的课程就是江老师教授的。离开母校十余年，江老师已是声名显赫的民法学家。在我参加著作权法起草工作的过程中，在"人大"审议法律阶段，于人民大会堂见到过江老师数次。忽一日，我接到江老师一个电话，没想到的是，江老师开口即说："晓刚呀，我跟你请教个问题。"接着江老师问了个著作权法保护方面的小问题，具体问题我已记不清了，但这件事却使我激动至今、感触至今。江老师这样的师长、前辈、专家，竟为一个小问题不耻向学生下问，这正是严谨、谦逊美德的彰显。有这样的师长，我们怎能不深深获益呢？

离开母校的 20 多年里，我一直从事着法律工作，不论是立法、执法或维护法律，我都力争精益求精，一丝不苟。律师职业，是我兜了一个大圈子后的最终选择，我已不仅把律师工作当成职业对待，它成了我的毕生事业。我热爱律师职业，因为它可以施展你的学识、才华，它可以磨练你的意志、品格，它可以开阔你的胸怀、眼界，它也可以带给你快乐和遗憾。我不能准确地记住每一件我承办过的法律事务的细节，但是我记得在承办法律事务时，我是如何尽心竭力。我要无愧于为委托人排忧解难的律师称号，更要无愧于中国政法大学毕业生的荣誉。

我的今天是母校给的，我无悔当初的选择。

（选自 2002 年 4 月 10 日第 5 期总第 411 期）

对原北京政法学院几位老教授的缅怀

宁致远

中国政法大学的前身是北京政法学院，于 1952 年我国高教系统进行院系调整时，以原北京大学法学院为基础，吸收原燕京大学、清华大学、辅仁大学的法律系、政治系、外交系和社会学系等组建而成。当时除将各有关校系的学生合并为一校外，也将担任各有关校系的教师一起调入我校。当时的院长由原来的北大法学院院长钱端升先生担任，副院长和其他党政领导多为从华北革大调来的老革命干部，老师则是由原 4 所大学中的老教授和中青年教师以及从华北革大中调来的一批青年知识分子组成。为了加强我校的领导，国家将原华北人民革命大学政治研究院的部分党政领导及其曾参加革命的青年知识分子调入我校。这就使当时北京政法学院的学校领导、教师队伍呈现出一种多元化的局面。那时，除一部分文化基础课由原 4 所大学中调入的教师担任外，法律、政治课多半是聘请政法机关的干部和著名的政治理论家如艾思奇等人担任，而青年教师则参加教学辅导工作。鉴于当时的政治形势，绝大部分在 4 所大学中从事法学教育工作的老教授，难以胜任当时的法律教育课程，只能被编入研究组，从事所谓研究工作。这既有客观方面的因素，也有这部分教授主观方面的因素。

我从华北革大调入北京政法学院，调入后一直从事文字工作和语言教学工作(开始担任学报编辑，之后担任汉语和写作教学工作)。我在工作中接触过几位原 4 所大学的老教授，并从他们身上学到了不少治学的经验和为师之道，他们值得我们称道和怀念。

张锡彤老先生是原燕京大学的教授，精通英语、俄语、日语等多国语言，对古代文化发展史有很深的造诣。张先生和我同在学报编辑室工作，当时学报编辑室名为"编译室"，专门从事外文翻译工作。据说他是原燕京大学中唯一一位没有"留洋"的教授，治学精神非常严谨，一丝不苟，待人热情诚恳，曾给过我不少具体的帮助和指点。张先生后来调入中央民族学院担任民族文化史的教学工作。我校的一位青年教师结婚时无房居住，张先生把他的一处住房借给那位青年教师，直至有关方面分给那位青年住房时为止。

像张先生一样非常友善的一位知名教授吴恩裕先生，也是一位博学多才的学者。一般人戏称吴先生为"杂家"，就是因为他涉及的学术领域很宽。他本是研究政治学的，据说他能大段大段地背诵英文版本的《资本论》，当然在旧大学中只是把资本论当成马克思的一种政治学说加以介绍。除此而外，吴先生又酷爱文学和史学，特别是对《红楼梦》颇有研究，他所写的《曹雪芹的故事》在香港的某出版社出版。我就是因为在1954年召开的一次评论《红楼梦》的座谈会上，对吴先生的《曹雪芹的故事》有所批评而认识吴先生的（吴先生的观点基本上是"自传说"）。此后，我们就有了较多的交往，吴先生平易近人，学识渊博，在1958年大搞群众创作时，我们还一起写过一个电影脚本。由于最后由我统稿，故得以通看全文，我发现吴先生文笔精湛，流畅老辣。后来，他准备代表中国的红学家出席在美国召开的一次国际学术界评论《红楼梦》的会议，但当他把论文写完画上最后一个句号时，不幸因心脏病突发而猝死于书案之上，实在令人万分痛惜。

后来我调入汉语教研室，那里的几位名教授也给我留下深刻的印象。第一任教研室主任是王利器教授，是一位古籍注释家，新中国成立后正式出版的74回本的《水浒传》就是由他注释的。他埋头注释，一共注释了十多种古籍，为我国的古籍注释工作做出了突出的贡献。第二任教研室主任是阴法鲁教授，也是一位古籍专家。后来调到社科院历史研究所，一度专门从事中国二十四史的校订工作，后又调到北京大学中文系主持古典文献专业的教学工作。我和我校的高潮同志在1979年第一次评定高级职称时，都是请阴先生为我们做的学术鉴定。这几位老先生勤奋治学的精神和可贵的为师之道都十分令人钦佩，这些也使我在个人成长的过程中受益匪浅。在我们纪念我校建校50年之际，这些老先生们有的已然仙逝，有的仍然健在，而他们的治学精神和为师做人之道是值得我们认真学习并加以提倡的。

（选自2002年4月20日第6期总第412期）

情系法大

李 蠡

　　新年伊始，贺卡频传时节，中国政法大学（在法律法学界和青年学生中间，人们大多喜欢像称呼北大、清华、师大那样，用两个明快而富有寓意的字节称之为"法大"）授予我一份特殊的礼物——兼职教授聘书。接过这份聘书，我的心中不由涌起了双份的感激之情。我本科是北大中文系毕业的，所修的专业是文学；到了法制日报社之后，工作需要更多的是法律与新闻专业。文学与新闻，可以说是相近而相通的学科；而文学与法律，则是两个完全不同的领域。为了适应工作的需要，我参加了法大培训中心举办的为期两年的法律专业进修班学习。这个培训中心，应该就是现在的成人教育学院前身吧。曾记得，报名手续和结业证书都是郑秦院长给我代办的（令人遗憾的是，郑秦院长前几年因病去世了）。这两年的学习虽然短暂，但对我学习法律与法学有着至关重要的作用。此前，我参加过中共中央党校国家机关分部举办的进修班，因办班地点借寄法大，该班的学习也是在这里度过的。

　　在工作中，法大和法大人给予我的支持和帮助更为珍贵。20多年来，记不清了，我曾多少次到法大进行采访和组稿，每次都是有求必应，满载而归。在我担任主编的大型报告文学《中国普法之歌》系列丛书、大型法律读物《人与法》系列丛书，以及去年交由法律出版社出版的大型法律辞书《中外法学之最》这三项大型编撰活动中，先后得到了北大、人大和法大三所大学包括40多名教授、副教授以及博士、硕士在内的众多学者的协助和支持，其中法大参与编撰的学者为数最多。法大终身教授、著名法学家张晋藩先生，曾为我多部编著担任顾问，并亲笔撰写了序言。

　　法大虽然不是我的母校，却是我赖以从事法制新闻采编实务和理论研究所必需的专业知识修养与社会活动的重要驿站之一，也可以说是我人生旅途中至关重要的"加油站"和"宿营地"之一。我与法大的许多老师和青年学生有着广泛的交往，结下了真挚的友谊。回顾以往，法大和法大人给予我的教诲和帮助、协助与支持，已使我永怀感激，终生难忘。

而今，接过法大兼职教授的聘书，我的心中又平添一份感激。尽管这并非我收获的头一份兼职邀聘，去年西南政法大学也授予我客座教授的聘书，但我却特别珍视法大的这份聘书。在"知识爆炸"的当代社会，"尊重知识、尊重人才"早已成为人们交口称颂的口号，但由于"信息不对称"的现实及其理论的张扬，片面追逐权贵与功名的世风却在某些领域和行业蔓延，尽管我们早已远离了"著作等身知是谁，万言不值一杯水"的时代，远离了"勤攻苦读几十年，不如考场交白卷"的年代，但是"以官量才、以职论文""权贵言重、人微言轻"的昨日情怀依然存在；而真正潜心于知识的底蕴，能够抛弃职务衣冠包装而品味真才实学的远见卓识，依然属于稀有之金而格外令人钦佩和珍惜。在红尘滚滚、市井喧嚣的当下，法大不弃一名无职无权的编辑、记者或曰一介书生、学者的卑微，惟以我500多万字的作品和学识而忝列兼职教授队伍。这样的眼光、胸怀和品格，又怎能不令人深感荣幸甚至庆幸呢？又怎能不令人涌起双份的感激并报以双倍的努力呢！

本报同仁胡建辉撰文说过，记者是匆匆来去的"看客"，看各种各样的生活，看各种各样的人生。是的，作为一名从事新闻工作20多年的"看客"，我看过社会的许多方面，看过人生的许多场所。许许多多方方面面的景象，犹如过眼云烟。然而，大学却一直是我为之心驰神往的精神家园，维系着我一份特别的情怀。法国文学大师罗曼·罗兰把著名的巴黎高师称为"高贵的精神隐修院"。在当代社会中，大学是青春和知识荟萃的园地；是青春活力和智慧竞相迸发的源头；是塑造健美青春乃至健美人生、营造健美的人文精神乃至健美的社会未来的圣殿；是引导社会文明的一面迎风招展而遗世独立的旗帜。然而，正如一些目光锐利的学者所指出的那样，由于现实社会对于大学急功近利的需求，由于市场经济大潮对于人类身心不舍昼夜的冲击，再加上当代科学研究分支以及教育学科设置的细化，造成了大学校园人文教育的结构性缺失。这种结构性缺失，表现在许多方面。其中，重于专业乃至功利而轻视人文关怀的倾向，以某一学科的一得之功或一孔之见而贬斥其他学科以致造成思想和理论的畸形，等等。然而，令人欣慰的是，当前许多高校对于这种状况已经予以正视和重视，并在积极寻求臻于健全的补救措施。法大的院系调整，特别是新设立的人文学院，我想正是修补人文教育的结构性缺失，塑造校园健美人文精神的得力举措，其意义重大而深远。在我国，政法大学有许多所，以中国冠名且立足于首都、放眼全国的政法大学，只有法大一所。在整治人文教育结构性缺失，建设健美的校园人文精神，培育德智体美全面发展的法学法律人才，从而推动社会主义民主法治建设的进程中，法大前景远大，大有可为。

我愿与法大和法大人一起，在这个伟大而光荣的进程中奉献自己的绵薄之力。

（选自 2003 年 3 月 1 日第 28 期总第 434 期）

大四散记

刘 杰

我知道永逝降临，并不悲伤，松林中安放着我的愿望。

——顾城

一

不经意地翻开尘封的日记，才发现大学的最后一页也即将翻过。此刻，已经又到了骊歌飘起的岁月。漫步在被夜色笼罩的法大，却再也找不到图书馆前那熟悉的流浪歌声。静静地伫立在光阴的边界，倏忽间，自己的心仿佛又被刻上了一道年轮。

燥热的空气一点点侵蚀着心里仅存的一点宁静的空间，莫名地从眼角滑下一点咸咸的泪，在眼前慢慢蒙上一层淡淡的伤感。这是一个被遗忘的岁月，曾经被奢侈挥霍的日子已经一点一点地从自己的指缝中滑走。到蓦然惊醒时才发现已经没有留下任何可以继续的资本。或许，岁月的流逝总会改变点什么，自己在这段不长不短的时空隧道里丢失了一些东西，又拾到了一些东西。孱弱的灵魂让我不敢回头去追忆这段光阴，现实却不会给自己半点宽容。毕竟，一个冰冷的事实摆在面前，自己行将拖着行李走出这个校门。

二

宿舍里，下铺的兄弟翻出珍藏四年的酒，轻酌一口，便已两眼通红。期待了四年，等来的只是苦涩的离别。校园里，经历一场疫病的肆虐，清净了很多，原本伤感的大四岁月此时又多了几分凄凉。初夏的不安和不知名却疯狂滋长的野花一齐绽放着瞬间的辉煌，它们终究会和地上的落叶一起昏殁成尘。这让我想起初进法大时的骄纵。的确，回忆过去是人人都不情愿的创痛，只是自己写在笔端的碎片可能给爱过的灵魂永远封存一个遥远的印象。

当曾经被唤作孩子的我们流浪到这最后一个驿站时，才会真正明白珍惜和爱的距离，没有人会不爱似水年华，但是不经意的浪费终究还是给自己带来了缺憾，此刻，这种缺憾如渔网紧紧缠绕着我的灵魂，这是一种无法通畅诉诸笔端的辛苦，让人不得不去忏悔四年的错。如同悬崖边，浪子回首，胶着地凝望自己的脚步，却无法探测前方的深渊是福是祸。只能无力地对着对岸呐喊几声，以此证明生命尚且存在。

三

临近远行的这种仓皇终究挡不住自己奔入红尘的脚步，四年的大学已经习惯了奔波忙碌，适应了在图书馆浓浊的空气里埋首于厚薄不一的书。到现在，我仍会睁大双眼，在夜里聆听小熊的《夜夜夜夜》，品味真空状态下的那种孤独。只是不会再在一种虚幻的疲惫下去做无谓的挣扎。在万千呼声中归于无所适从的沉默。

或许，某一夜的大雨仍然让我目睹了自然的灵性，刺激的诱惑还会促使我去在雨中狂奔；或许当"生存"不再成为借口时也会成为放弃的垃圾。庆幸的是，有一点我很清楚，自己的灵魂深处仍然仅仅抓着善良和真诚。可能，人生本来就是一个悖论。

明天，就要穿梭于象牙塔之外，顺便还要给自己涂上各种陀螺的颜色，可幸还有似有似无的希望伴着我。胡适先生说过："生命本无意义，你要给他什么意义，他就有什么意义。与其终日冥想人生有何意义，不如试用此生做点有意义的事。"

（选自 2003 年 6 月 10 日第 38 期总第 444 期）

二十年的思念与问候

赵玲书

　　得知 79 级学生要举行毕业 20 周年的聚会，我的心情激动万分，虽然那四年与同学们朝夕相处的岁月早已过去 20 年，但回忆起来，仍历历在目。

　　那是 1979 年 10 月，学院复办之初，学院任命我为 79 级年级办公室副主任。我和同志们在极其艰苦的条件下，迎来了高考后我校第一批新生，4 年后的 1983 年，又是我和我的同志们将这批优秀的学子送往祖国的四面八方。

　　4 年的共同生活，使我对年级的 403 名同学的学习、生活和家庭情况都有所了解。在他们求学的四年里，正值中华民族腾飞之际，我从他们身上不仅看到了对知识的渴望，还有一股报国的青春热情，他们用自己的行动书写着学好法律、报效祖国的决心书。为这批优秀学子服务是我们工作的主旨，我和 79 级办公室的全体同志深感责任重大。

　　2003 年 9 月 20 日，是我们大家相聚的日子，热情地握手，亲切地问候，昔日风华正茂的同学们，如今一个个都步入了中年，有的我还可以叫出名字，有的确实一下叫不出名字来，当他们将胸卡亮给我看时，在我的脑海里立刻闪现出他们当年在学校时的情景。此刻的我，鼻酸了、眼湿了、耳边是同学们亲切的呼唤，他们激动地讲述着老师是怎样关心和帮助他们的种种往事，而我却觉得在那个时候，每件工作都有做不到位的地方……

　　我还记得，79 级的学生在毕业时集体送给母校的那块匾，匾上是两个苍劲有力的大字——腾飞。20 年过去了，祖国在腾飞，学校也在腾飞，今天的昌平新校舍比起 20 年前的法大已是天壤之别。每当走进新校园，我都能感受到 79 级的同学是如何在艰苦、混乱和嘈杂的环境中度过他们的学习生活的。

　　1979 年 10 月，学生入学时，宿舍内还住着一些没有及时搬出的家属，同学们就把行李堆在宿舍的门口，等待入住。教室里没有桌椅，大家只能坐在马扎上听课，在腿上记笔记；吃饭也没有食堂，更没有桌子和凳子，大家端着饭碗，三人一堆、五人一群地蹲在地上或靠在树旁就餐，作为一个主管生活的老师，我看在眼里，疼在心里。那时法大复办只有一年的时间，各方面的条件都十分艰苦，但这 403 个学生没有一个叫苦，没有一个退缩，他们的心中只有一个愿望：学好知识，报效祖国。

79 级的同学中，相当一部分人来自祖国的南方，入学时北京已是深秋时节，从湖北农村来的同学脚上还穿着凉鞋，全部行李除了几本书就是一张草席，我赶紧找到当时分管学生生活的潘怀同志想办法。天快黑时，老潘不知从哪抱来稻草垫子说"这比凉席暖和"，就这样，那位同学度过了在法大的第一个夜晚。后来我们及时向学校申请，提前发放助学金，很快解决了贫困学生的生活问题。

而就在报到的第二天早上，我刚一进门，值班的人就告诉我，一号楼一层西头北屋里的女生吓得哭了一夜。我疾步走去，几个年纪较小的女生还在抹眼泪，一问才知道，这里的老鼠又多又大，同学们用手比划着竟有一尺多长。大家说："晚上一熄灯，老鼠就围着我们跑，有时爬到腿上，有时窜到脸上，吓得我们不敢关灯，实在困得不行了，我们几个就靠在一起坐着睡一会儿。老鼠听不见声音了，就又跑出来，爬到我们的脚上手上，吓得大家直叫……"

值班师傅告诉我："这间房原来是仓库，昨天上午才将粮食等杂物搬走，下午同学就住进去了。"我看着同学们那一双双哭得又红又肿的眼睛，心里也在流泪，她们多是些从未离开过父母的孩子，不能再让女孩子们受委屈了，搬！

我上三楼请校领导去说服还滞留在学生房中的家属先搬走，学生们高兴地欢呼雀跃。一个小同学问："如果楼上的房间还腾不出来，今晚我们住哪啊？"我说："接小同学到我家住，大的在办公室打地铺。"当然，问题还是在我们的强烈要求下很快解决了。随着天气一天天转凉，暖气供应不足，东北来的同学不适应，就买电褥子取暖，许多同学争相效仿，特别是有些同学模仿着自制电褥子。结果电路短路，影响全楼的正常用电，学校知道后立刻作出"一律取消用电褥子"的决定。当我看到同学们的手和脚都被冻伤时，又去学校要求在供暖方面保证宿舍室内温度适宜。

那时的各科老师都是从风雨中走过来的，他们为将自己的全部知识教授给学生，教书不分课上课下，连晚自习都主动到教室为学生辅导功课。

有些老师还到年级办公室听取学生们对讲课的要求和意见，而年级办公室的工作人员也常收集学生意见及时反映给教研室。记得有一次，我和李学芝同志带着同学们对政治经济学科的一些要求找到了康德琯老师向他反映，他很快召开学生座谈会，听取教学意见，改进教学内容，类似的事例不胜枚举。特别值得一提的是，复办初期，教师少、材料缺，大部分老师都是一边温习知识一边在讲台上授课，他们那时所付出的辛苦是难以言说的。同学们请你们记住这些可亲可敬的专业课老师吧！

这次聚会虽然时间短暂，但亲切而热烈的气氛令人久久难忘，同学们围着我问长问短，欢声笑语至今还萦绕在我的耳畔，这个说："老师，因为有您当年的关怀和照顾，我才有今天的事业和家庭。"那个说："赵老师，因为您在校经常敲打我，所以我现在学好啦。"……特别是当时在学校聪明活泼又调皮的栾少湖同学在发言时说："我这二十年来最想念的就是赵老师。"当他提出想要拥抱一下赵老师时，我的眼里溢出了幸福的泪花，会场上响起一阵阵掌声……

是啊，和同学们朝夕相处的 4 年，是我一生中最值得回忆的 4 年。但是，现在回想起来，在那 4 年里，我最对不起的是我的家人。那时我家有两个孩子待业，一个孩子准备高考，特别是临近毕业的前一年，我爱人查出患肝癌，他是一位经历过枪林弹雨的军人，面对疾病，平静如常，他理解支持我，不允许我因照顾他而影响学院的工作。特别是在他病重的时候，正赶上学生毕业分配，我不仅每天很晚才下班回家，而且将一些工作上的事带回家来办，就在我的学生全部走上工作岗位时，我的丈夫也永远地离开了我。每当回想起 1983 年那个冬天，我的心就痛……

在欢聚的盛会上，师生轮流发言，当话筒传到我手里时，我激动得不知从何说起，此刻，我面对的不是当年活泼可爱的青春少年，也不是每天夹着书本往返于教室和图书馆的莘莘学子，他们已经成长为法官、检察官、高级警察、知名律师、教授、高级公务员、科学家、企业家等，看着这些国家的栋梁、法学界的中流砥柱，我为自己能陪他们走过那难忘的 4 年而感到幸福和光荣。我手拿话筒，许多话从心里溜了出来，那都是我沉淀了 20 年的思念和问候。

（选自 2003 年 10 月 20 日第 47 期总第 453 期）

永远的法大人

朱蓓丽

当看到他们时，我想我领悟了"白发是荣耀的冠冕""智慧是老年的精髓"这两句话的真正含义。他们是谁？就是我们可亲可敬的63届老校友。

10月9日，是他们毕业40周年的一次聚会。校友们从全国各地赶来，为的就是看看老同学、看看母校。40年，对我们来说似乎遥不可及，而对于他们，已是弹指一挥间的往事了。不难想象当他们见到几十年没见过面的老同学时的兴奋、激动与感慨，当然还有很多东西是我们这些没有经历过太多风浪的年轻人难以体会的。

很幸运我有机会能参与这次活动的采访工作，说实话一开始很担心和这些老校友在一起会因为没有太多的共同语言而尴尬，因为我们之间毕竟有着不小的年龄差距。但短短一个上午的接触和交流，我竟有些舍不得离开他们了。

在采访过程中，有一个小小的细节一直感动着我。准备采访的时候，我们一行几人曾反复讨论应该如何称呼这些老校友们：是"师兄师姐"还是"老师"？似乎都不合适。最后我们想出了一个自认为很聪明的称呼："爷爷奶奶"，认为这样可以显得更加尊敬一些。但当我们这样称呼他们时，一位老校友说："怎么能叫爷爷呢，应该叫老同学。"当时，除了感到亲近之外，更多的还是感动。原来我们一直忽视了一点，那就是：我们同是法大人，无论时代如何变化，无论我们之间有多大的年龄差距，这一点永远不会改变，因为我们有着同样的母校，有着同样的信仰，同样的追求。

看着这些白发苍苍的老人们，我想到了曹操的一句话："老骥伏枥，志在千里，烈士暮年，壮心不已。"尽管忙碌了一辈子，奋斗了一辈子，付出了一辈子，可那份热情依旧不减，依旧渴望为了少年时的理想继续燃烧自己的生命。和他们坐在一起，不觉有些自惭形秽，老校友们对于理想执著的追求，那充满着激情的前进的脚步，似乎正是我们这一代人所欠缺的，虽然我们还很年轻。岁月，无时无刻不在每一个人身上剥夺着一些东西，但精神和信念是永远夺不走的。当这些老校友们在白发苍苍的时候，回望曾经走过的道路，我想他们是满足的、无怨无悔的。因为他们曾经的付出使他们成为时代和社会所需要的人，因为他们每一天的生活里都充满着信念和希望，正是这些信念和希望催生了他们无尽的智慧。

记得一位校友代表发言时慷慨激昂地说了几句话："我们没有给母校丢脸！我们用法律武器捍卫了无产阶级的红色政权！我们无愧于法大人的称号！"全场一片掌声，这是心的共鸣。很多校友都表示：母校不仅向他们传道授业解惑，更重要的是培养了他们良好的政治素质和敬业精神，教给了他们如何写好这个堂堂正正的"人"字，这是他们受用一生的宝贵财富。离开校园，走上工作岗位的他们始终牢记着自己是个法大人，正如徐显明校长说的："母校是校友的商标，校友是母校的名片。"老校友们意味深长的一句"一生一世法大情"，道出的是对母校无限的怀恋和责任。有首歌唱道："相逢是首歌，同行是你和我。"40 年前的相遇是种缘分，40年后的相聚是友情的见证……衷心祝愿老校友们身体健康，同我们的学校一样不断走向新的辉煌。

（选自 2003 年 10 月 20 日第 47 期总第 153 期）

感动着他们的感动

——我拍法大学子

艾 群

　　曾经向《中国国家地理》杂志的摄影师姜平先生请教如何拍好片子，他对我说："当你看到的景色足以叫你感动以至于流泪的时候按下快门，好片子就产生了。"记得当时我对他说："我从来也没有看见让我动情而落泪的景致。"我弄不清楚是我没机会碰到美景还是我缺乏情感。后来积攒了一些摄影经历，对什么是摄影有了更加深入的理解和认识，我逐渐体会到姜先生那句话的涵义——在摄影者最熟悉的人和物中寻找感动。姜平是风光摄影家，走遍了名山大川，长时间跋涉并在经历中积累了丰厚的经验。他按下千万次的快门，并在与自然交流的瞬间流下激动的眼泪。我从事新闻摄影之前也十分迷恋风光摄影，但那毕竟是我的业余爱好，我无法有他那样的精力去仔细地在山水间追逐与等待中感动自我。到宣传部后，新闻摄影成为我的职业，大学校园是我拍照的阵地。曾经有一度的不甘心，因为方寸之地的校园显然无法享受到大自然的宽广与多彩。周期重复的校园新闻，拍得多了让人觉得乏味。这段没有激情的时间里，在按部就班的工作中，我想了许多，忽然有了顿悟，是被我的拍摄者而感动的。每天我都享有着世界上最丰富和美丽的题材——年轻人的大学生活，新鲜、真实、丰富……顿悟让我感到了自己比起那些风光大师、社会新闻摄影大家的幸运所在，就是我工作的大学校园，一个丰富的资源宝库。我再一次为自己角色定位，拍摄思路也渐渐清晰起来了。若是放在以前，我都不敢想象在不大的校园里，在每天都发生的情景中，在快门声串起的工作中，让我先后三次流下了感动的泪水，记忆犹新。

　　第一次是在宣传部策划的"学习、思考、爱——与我最喜爱的老师亲密接触"的活动中，我奉命拍照。报告厅里挤满了学生，气氛热烈而让人感动，现场充盈着法大学子对于老师的爱，一份真真切切的爱。当时一个女孩子拿起话筒讲述起自己作为校报记者采访舒国滢老师的一段往事：采访结束后，舒老师亲自把她送上了班车，她被舒老师慈父般的关怀感动得哭了。再一次的回忆，再一次泣不成声。全场被这份敬仰和爱交织出的泪水感染。端着相机的我也被融入这个氛围，同时，对于照片的敏感让我本能地迅速调转镜头，不断地按下快门抓住这个瞬间。自己的血往头上涌，眼泪就不自觉地流了下来。我用相机挡住，偷偷地擦去。心想挺大岁数的人了，怎么就那么轻易地掉泪？是不是自己的燃点太低了？心里有一个声音在安慰：自己该保有份感情和年轻的心。这样才能更好地追逐着学子的追逐，感动着他们的感动。

第二次是在2002年第一届陈泽盛助学金颁发典礼上，二十几位家庭贫困的新生获得资助。当他们获得资助的代表发言说："我们不能选择贫富，但我们能选择自强。"他们中的一位女生流下了强忍不住的眼泪，这个镜头立刻被我发现了，在按下快门的那一刻觉得自己的鼻子发酸，眼泪在眼眶里转，她的眼泪深深地感动了我。后来，我费尽周折到各院系找到了这个女孩，把这个让人感动的瞬间放在了当月的新闻图片橱窗里，并在说明里写下了她的名字。我的工作和从中所获得的东西超出了我的职责本身。就在前不久，我拍摄青年志愿者协会组织的"志愿者学雷锋活动"中又一次见到了她，她站在6级的寒风里向过往的行人发宣传材料。我说："你不是那位受资助的同学吗？那时我都被你感动得掉泪了，你的那张照片永远珍藏在我的影集里。"女生听后使劲低着头，我觉得她快哭了……

2003年6月，历经了"非典"时期的封闭的校园开始解禁，刚刚回到学校的毕业生又要马上离开生活四年的校园奔赴四方。来不及叙旧，来不及好好告别，来不及好好宣泄自己的情感……总之，来不及的太多了。同窗好友一别可能是十年八载，也可能就是一辈子真的不再相见了。校园里不断地上演着一幕幕生离死别般的情节，从宿舍楼到校门口。感动让我们拿起相机行动，一连追拍了几天，我和我的摄影工作室的同学们都被大四离别的伤感所感染，拍照中泪眼涟涟。校门口是最后的道别：握手、拥抱、痛哭，直至车开动后最后的挥手，每个人都是一双红肿的泪眼。最是记得那个新疆男孩的痛哭离别，让我感到男儿的挥泪伤心之处更加深刻。我不敢说我们拍出的片子有多么大的视觉冲击力，但至少我们被感动了，并在感动中为法大记录下了这段历史，在这个特殊时期毕业的不同寻常的感人的情景。

工作中，令我难忘的感动还有很多，诸如新生入学、毕业典礼、支教、社会服务、学生露天舞会、卖旧书等。当我的镜头对准法大学子们的时候，我总能找到兴奋点，常常忘记时间和劳累。每次一起拍照回来，仔细地琢磨着我和我的学生的每张片子，逐渐地感觉到作为摄影记者在丰富的感情之余，更需要的是面对感动和激烈场面的冷静头脑。这是在我的学生身上学到的，他们比我做得更好。默默地学习，虽然我未曾向他们说起过。

拍摄的校园题材很多，其中最让我喜欢、最让我心动的是拍摄法大的学子。曾记得徐校长说过，我们法大的学生是一流的。的确，能进入法大校门的学生不愧是百里挑一、过五关斩六将、千军万马过独木桥拼杀出来的佼佼者，是国家的未来、社会的主流。他们才华横溢、充满青春活力，每个人都是一本书，值得我用镜头仔细阅读。我愿意拍法大的学子，因为我和他们同在一个校园里生活学习工作，他们是我最熟悉的人，我能感动着他们的感动，快乐着他们的快乐，甚至我也愿意悲伤着他们的悲伤。我相信我能拍好他们，因为我有一颗因和他们在一起而变得年轻的心。我相信我用一颗永远 20 岁的心，总会发现和懂得他们生活中的美丽。

（选自 2004 年 4 月 10 日第 60 期总第 466 期第四版）

在 55 周年校庆典礼上的讲话

徐显明

尊敬的各位来宾，亲爱的各位校友、教师、同学们：

今天，我们怀着喜悦与自豪的心情，在这里举行俭朴的聚会——庆祝中国政法大学建校 55 周年。在这个令人激动且难忘的时刻，我谨代表学校向出席今天庆典的罗豪才副主席及各位领导和嘉宾表示热烈的欢迎，向关心支持母校发展并为母校赢得声誉的广大海内外校友致以节日的问候！向播洒汗水与辛劳的历代法大开拓者、建设者以及现在正耕耘不辍的全体教职工致以崇高的敬意！向关心和支持法大发展的上级领导机关、兄弟院校及社会各界人士表示衷心的感谢！

55 年前，来自北京大学、清华大学、燕京大学、辅仁大学的一批创业者，在新中国高等教育体制改革和司法体制改革的双层背景下，开始了新中国政法专门教育事业的拓荒工作。正像美国耶鲁大学的一批教师离开耶鲁去创办普林斯顿大学一样，这些创业者们带着他们的热情、理想和已凝练的传统，创办了中国政法大学的前身——北京政法学院。这些令我们永志不忘的创业者是：钱瑞升、王铁崖、费青、吴恩裕、龚祥瑞、楼邦彦、芮沐、黄觉非、阴法鲁、严景耀、雷洁琼、程筱鹤、汪瑄、朱奇武、余叔通、张国华、杜汝楫、张锡彤、徐敦璋、曾炳均、张子培等。这些令我们后辈学人仰视的学术星宿代表着 20 世纪 50 年代中国法学、政治学、社会学这三大学科的最高水平。新诞生的北京政法学院因拥有一大批这样的名师而自始就显得与众不同，是这些大师和先哲们创造了我校历史上的第一次辉煌。北京政法学院因此而成为新中国政治家成长的摇篮，法律家培养的基地，成为推动社会进步和法治昌明的骨干力量。

20 世纪 80 年代初期，历史的重任再一次降落于我校肩上。1982 年，邓小平同志指示：抓紧筹办中国政法大学，把它办成中国政法教育的中心。1983 年，中央政法工作会议将筹办中国政法大学作为专题进行部署，邓小平同志亲自为我校选任校长。中央批准我校一校三院建制，使我校获得了当时全国高校最高规格的配备。我校研究生院的设置成为全国首批，法学研究生教育因之也开辟了中国的先河。我校独创的研究生教育中的导师组制，吸纳了当时首都法学教育界的所有学术精华，北大、人大、社科院法学所的名师们几乎都兼职于我校的导师组工作，全国的法学名家云集于法大的讲坛之上。新中国自己培养的法学博士序号1、2、3均出自我校。三院中的进修生院——后改为中央政法管理干部学院，1997年又并回中国政法大学，继承了20世纪50年代由彭真同志任校长的中央政法干校的传统，承担着政法系统中央党校的使命。在其存在十余年的历史中，一大批像肖扬同志这样杰出的公、检、法、司及政法委系统的主要领导干部都接受过她的洗礼。而本科生教育则开始拥有全国最优秀的生源，成为莘莘学子向往的法学圣地。此时的中国政法大学，是55年历史上最受中央、党和国家重视的时期，也是我校成为全国名校的开始时期。这一时期是我校发展史上的第二个黄金时代。

进入21世纪，随着中国高等教育体制的改革，学校的隶属关系由司法部改为教育部。由此，中国政法大学由过去的行业性办学改变为按高等教育的主流标准办学，学校一下子从行业的龙头翘楚降为综合势力排名的末端最后，甚至连"211工程"建设也被排除在外。面对挑战，法大人再次发扬不甘人后、艰苦办学的传统，奋起直追，将压力变为动力，通过更新理念、调整定位、重组学科、改革体制，短短5年，学校实现了由单科性向多科性、由教学型向教学科研型、由行业性向开放性的历史性转变。通过实施"以学生为主体，以教师为本位"的理念以及"学术立校，人才强校，特色兴校，依法治校"四大战略，学校实现了诸多跨越式发展：学科——由2001年的5个博士学科点发展为今天的19个博士学科点；学术实力——承担国家级课题的数量及人均科研经费均已进入全国前10名；国家级教学科研基地由1个发展为4个；学术队伍——由过去的430名教师发展为近1000人，其中博士学位人数由过去40人增长为近500人；社会影响力——政府、学术、社会三大评价体系中的名次均大幅前提。尤为可喜的是，在法学的10个二级学科中，我校具有优势地位的已占半数以上，法学与其他学科交叉后培育的新的学科均在全国处于领先水平。非法学学科取得了长足的进步，政治学科、经济学科、哲学学科等均取得了历史性的突破，获得了博士授权。博士、硕士的研究生教育已涵盖了人文社会科学的所有学科。目前的法大是有史以来综合办学实力最强的时期，我们拥有三大骄傲：①我们拥有中国一流的生源。美国联邦法院大法官肯尼迪在来校演讲并回答学生提问后曾评价：这是我见到的世界上最优秀的法科学生。②我们拥有世界最大的法学家集团，拥有中国一流的师资。在我们一千名师资中，有五百余名是法科出身。教师中有像江平、陈光中、张晋藩、李德顺、王名扬、潘汉典等造诣高深的学术大师，也有像巫昌祯、罗大华、何秉松、廉希圣、董璠舆、宁致远、曹子丹、徐杰、吴焕宁、罗典荣、杨荣新、王康、郭翔、黄道秀、杨鹤皋、张俊浩、高潮等在各自领域里独领风骚的名家；还有像方流芳、樊崇义、王牧、蔡拓、乐国安、朱勇、张桂琳、王卫国、卜建林、马怀德、朱维究、蔡定剑、王人博、郑永流、舒国滢、莫世健、米健、徐世虹、王传丽、赵相林、周忠海、赵旭东、王灿发、丛日云、郭世佑、单纯、杨帆、席涛、刘纪鹏等杰出的学科带头人，也有像刘广安、费安玲、张楚、廖美珍、张凌、夏吟兰、张树义、李曙光、崔永东、林乾、金仁淑、金雁、文兵、方尔加、孙选中、李凯林、杨阳、潘小娟、刘俊生、李立、杨玉圣、常林等在特色领域里产生较大影响的学术骨干；还有像曲新久、薛刚凌、许传玺、应星、张中秋、时建中、李程伟、李永军、龙卫球、薛虹、齐延平、王涌、于志刚、张生、宋建武、王万华等学科新秀与青年领军人物。尤应一提的是，在我们的师资队伍构成中，有四十多位是从海外取得学位回国执教的，他们是一支特殊的队伍，正发挥着不可替代的独特作用。中美法学院 12 位教师，清一色来自美国的名校。令人感到欣慰的是，法大的学术生态已发生了质的变化，现正呈多样性良好发展势态。③我们拥有中国最丰富的法学图书资料，现已建成规模中国居先、在世界上也名列前茅的法学专业图书馆。现有的馆藏书量达 120 万册，其数量与哈佛大学法学图书馆等量齐观。从学校的整体发展来看，法大目前正处于历史上的第三个黄金时期，学校已由过去的"行业队"跃升为"国家队"。

总结我们的历史，所有的法大人都感到无比自豪。55 年来，我们为国家和社会做出了四方面的突出贡献：①培养了近 20 万名校友，他们正以领袖和骨干的身份支撑着国家的政法事业。在我们的校友名录中，有像彭真、谢觉哉、雷洁琼、刘复之、热地等党和国家领导人；也有像邹瑜、李至伦、张耕、强卫、韩长赋、袁纯青、王巨禄这样的部长、省委书记、省长；更有王家福先生、郑成思先生、王保树先生、马骏驹先生、储怀植先生、王裕国先生、陈明华先生等学界领袖。青年校友的代表如袁曙宏、胡建淼、陈卫东、贺卫方、陈瑞华、高鸿钧、许章润、杨松等也正在为母校增添新誉。在我们"文革"前最后一届招生中，有一个班不足40人，30年后，他们中有十余人担任了省高级法院的院长或省检察院的检察长。这个班级的成功是法大人才培养质量最好的例证。李岚清副总理视察政法大学时，给我们的评价是"中国政法大学是中国法学教育的最高学府"。②参与了自1952年起至今的几乎所有立法。从五四宪法起草时，钱瑞升院长担任顾问开始，直至刚刚制定的《物权法》，多部重要法律的起草专家组组长都由中国政法大学教授担任。法大参与国家立法的贡献是人所公认的。李铁映同志在视察政法大学工作后曾评价："中国政法大学是全国人大的得力工作助手。"③贡献学术思想与法律理念。从20世纪50年代"法律平等"的讨论，到十一届三中全会后关于"人治与法治"的争论及"法的本质"的再认识，再到"法治国家"的构成理论、"人权理论"、"市场经济是法治经济的判断"、"社会主义法治理念"，对于这些重大的理论问题，法大人总是扮演着理论策源地和推动力的角色。由法大教师担任主讲的中央政治局常委会的讲座、人大常委会讲座、国务院的讲座，以及中央党校、国家行政学院、中央各部委、各省几大班子讲座，每年均在数十起之多。教师近年来发表的学术文章达三千六百余篇，出版的学术著作达四百余部。各学科的一些创新性思想贡献，正改变着国家现有制度。推动国家政治进步和法治昌明，已成为法大人的当然使命。法学以外的其他学科如价值哲学、人民币汇率研究、近代思想史、全球化问题、社会心理学、西方政治思想史、宗教哲学、学术批评等也在全国具有重大影响。④对外传播着中华法律文化，成为国家对外法律交流的代表性窗口。目前，我校接纳的外国法律专业留学生是全国最多的，每年我校派往海外留学的法科学生数也是全国最多的。世界上二十余个国家的七十余所学校与我校保持固定校际联系，各主要大国的代表性学校如牛津大学、耶鲁大学、明尼苏达大学、法兰克福大学、科隆大学、慕尼黑大学、罗马二大、巴黎一大、名古屋大学、蒙特利尔大学、墨尔本大学等都与我校有固定交流项目，学校实施的"学生海外经历"（四种经历之一种）计划正由过去的每年几十人扩张到几百人。中国与美国最早启动法律交流的"天普项目"，我校是发起人；中美法学院院长联席会议在华开过三次，其中两次是由我校主办的；由我校主导成立了中美法律交流委员会并由我校担任中方主席；与港台的法律交流项目也肇始于我校；港台两地在大陆获得的各第一个法学硕士、博士学位均是我校授予的。我校独具特色的中美法学院、中德法学院已成为我校与英美法系国家、大陆法系国家交流的两大管道，目前已开始产生国际影响。

在总结我们所取得的成绩时，首先使我们由衷起敬的是我们法大事业的奠基者。他们中的多数人已经故去了，但他们留下的办学传统仍在延续。他们点燃的学术薪火愈燃愈旺，我们永远缅怀他们。其次想到的是无数的建设者，这其中有历代在曲折与艰苦中办学的老领导，有学校初创时在北大红楼清点文献的图书管理员，也有1979年复办时因校舍不足而为学生上课搭建帐篷的后勤职工，还有为昌平校区建设累病了的人们。他们创造了法大的辉煌，也为我校今天的快速发展奠定了基础。我们永远保持着对贡献者的崇高敬意。

历史，始终是发展的起点。回顾历史，目的不在于留恋过去，而在于创造新的历史，而新的历史，就在我们现今的法大人手中。

学校规划：要用20年左右的时间，把中国政法大学建设成为世界知名的法科强校，实现"111工程"所确定的办学目标。

"111工程"中的第一个"1"，指的是在人文社会科学的综合势力与综合竞争力上进入全国前十位。我们已经从5年前的六十几位跃升到目前的二十几位。"行百里者半九十"，我们知道今后十几位的提升难度会更大，但办法总比困难多。

"111工程"中的第二个"1"，指的是在学校的所有学科中，率先支持和扶植几个学科达到国内一流。一流的标志为：有一流的师资队伍，有一流的创新成果，有一流的人才培养质量，有同学科不可绕过去的公认地位。

"111工程"中的第三个"1"，指的是法学学科达到国内第一，实现规模、质量、实力与贡献四者皆为第一的有机统一。在成为国内第一的同时，参与国际法学领域的竞争，并成为世界知名的法科强校。

一所大学的魅力，不在于其学科的多寡，而在于她是否具有不可替代的特色。政法大学无意去争取十项全能的冠军，但我们有能力、有决心争取单项冠军。

实现上述"三一"目标的具体措施有：

第一，实行"三步走"的发展战略。第一步，用4年时间调整学科布局，该步骤已基本完成。我们既不做单科性大学，也不做综合性大学，我们所做的选择是建设一所有独特优势与显著特色的多科性大学。学校今后的发展，不再进行规模与学科的扩展，学科要长期处于稳定状态。第二步，用6~7年的时间，完成从教学科研型大学向研究型大学的转变，今后着力要提升的是教育质量。在稳定本科教育规模的前提下，大力发展研究生教育，最终达到本科生数量与研究生数量比是1∶1或研究生数量高于本科生。人才培养上，兼顾各学科的不同特点，将创新力的培育与职业守成力训练并重，使我校学生成为具有领袖特质的杰出人才。第三步，用6~7年时间，实现开放性的办学目标，使法大成为一所高度开放性和国际化的大学，成为中国制度文化对外传播的主阵地。

第二，坚定不移地实施人才强校战略，将师资队伍建设放在一切工作的重中之重。得人才者，得学科。创造一切条件，打造高水平师资队伍，实行培养与引进并举策略，法学学科以高水平单人引进为主，其他学科实行团队引进与单人引进并行。创造人尽其才、才尽其力、才成其器的环境和条件。

第三，实施"小而美，特而强"的规划理念。校园建设立足于目前的两个校区，将其做成袖珍式花园、特色型校园。十一五期间，拟投入13亿，彻底改造老校区，扩大其办学功能，改善教师及工作人员的研究、办公条件，使每位教师都有独立的研究空间。改善新老校区学生的学习环境与条件，实现让学生"接受最好的教育"理念。

第四，实施"海外计划"。第一部分内容为从海外招聘名校最高学位获得者担任教师。第二部分内容为每年学校出资向海外派遣不少于50人的进修教师，鼓励教师获得海外学位。第三部分内容为制定配套措施，鼓励教师获得海外资助科研立项或共同研究。第四部分内容为设立海外留学基金，增加学生海外派出数量，使学生多一种经历，为其成才和成为国际型人才创造条件。第五部分内容为发挥中美法学院、中德法学院、国际儒学院及拟建立的具有国际交流功能的其他学院作用，使其成为师生外派的主渠道。

第五，深化内部管理体制改革，完善党委领导下的校长负责制，实施"党委领导，校长负责，民主管理，依法治校"的治校方略，探索建立符合高等教育规律、以大学自治与学术自由为基本支柱的现代大学制度。坚持以人为本，将"以学生为主体，以教师为本位"的理念内化为法大的主流文化，实现学校和谐。

各位领导、各位校友、老师们、同学们！5 年前，在我们共迎法大 50 华诞时，法大的改革刚刚开始。5 年后的今天，法大已行驶在中国高等教育发展的快车道上。只要我们始终把握住高等教育的主流意识，把全面、协调、可持续发展作为治校、兴校的第一要务，把"厚德、明法、格物、致公"作为我们的守则；只要能继续得到教育部、北京市及政法与社会其他部门的领导、帮助和支持；只要能得到校友的鼓励和关心，我们在校的全体法大人就一定能再谱写发展的新篇章。国家正在实施"三国战略"，在"科技兴国"与"人才强国"两大战略的实现上，全国所有高校都在做着贡献，法大亦是如此，但对"依法治国"方略的实施，法大则会做出独特的贡献，且这种贡献会大于任何一所大学。做我们能做而其他大学不能做的事情，就是法大的永恒与伟大之所在。

最后，再一次感谢出席今天庆典的全体领导、嘉宾、校友和老师、同学。

谢谢大家。

（选自 2007 年 5 月 22 日第 159 期总第 565 期）

小月河边，有一所大学叫政法

舒国滢

> 我跨过此生的门槛之际，我并没有发觉。是什么力量使我像一朵嫩蕊深夜在这无边的神秘境界中开放。
>
> —— （印度）泰戈尔：《我的大学》

有一所大学，她临靠京城的小月河边。不知是小月河因她出名，还是她因有小月河而为外界所知——这就是我的母校——中国政法大学。1983年之前其名为北京政法学院，当时的通讯地址为"学院路41号"，后来改为"西土城25号"。年纪稍长的北京人至今依然不改前称"政法学院"，西南政法大学的同道大多简约地称之为"北政"，听起来多少有些异样，说不清他们内心对这所大学所抱持的感觉。

这所学校创办于1952年，由北京大学、清华大学、燕京大学、辅仁大学的法学、政治学、社会学等学科合并而成。当时学校云集国内一批知名的法学、政治学和社会学的学者，如钱端升、吴恩裕、楼邦彦、费青、严景耀、雷洁琼、杜汝楫、曾炳钧、汪暄、朱奇武等。

钱端升先生任第一任院长，他在学校创办之初，曾雄心勃勃地说："只要有政府和人民的支持，在不久的将来，政法（学院）在教学上绝不会逊色于伦敦经济学院。"

但历史与钱院长开了一个不大不小的玩笑：我们的学校由于历史的原因并没有按照他心中设想的轨迹发展。毋宁说，学校后来的历史完全不同于他留学的母校——伦敦经济学院发展的模式。钱老的"伦敦经济学院"情结也许只能因他的去世而随风飘散了。

1979年10月19日，当我怀揣着"大学录取通知书"，随同其他403位同学一起来到学校时，被眼前的景象所震惊：这是一个似乎经受过兵燹之灾的院落——政法学院这个传说中"小巧玲珑的校园"在1970年停办后的几年内已经面目全非——垂柳依依的"小滇池"，风声沙沙的"苹果林"，青春流动的"林间幽径"……一切一切都在眼前消逝，成了叙事者和听叙事者们偶尔提及的伤痛。我们作为学院复办后的第一批学生，到处看到的是破碎的瓦砾、坑洼不平的道路和路旁疯长的荒草。

当时学校被北京市的几个"文化单位"所侵占：北京市歌舞团占据 2 号楼、5 号楼和校礼堂；北京市曲艺团占用 6 号楼；北京市戏曲学校挤占 3 号楼、联合楼；174 中学在 4 号楼和教学楼办学。我们这些"北政一期"的学生每天只得在被"腾退的"1 号楼、饭厅和教学楼部分楼层之逼仄空间内游走，耳边充塞着戏校学生的"唱念做打"、歌舞团演员的"引吭高歌"以及曲艺团演员的"京腔京韵"……"北京的声音"在学院路 41 号的这个狭小的院落里此起彼伏，交相轰鸣，整个将"神圣的法学"气息消解殆尽。当时，即使像江平教授那样洪亮的声音，也被淹没在嘈杂的锣鼓声中，其阵势真可谓鼓响如雷、其人声咽。

或许正是因为这并非清静的声音在四年中一直不曾停歇，我们这些"北政一期"的学生注定不会像曾经在"未名湖畔""水木清华""珞珈山麓"甚或"歌乐山下"念书的学子那样对"清静"有来自心底的体认。在大学的生活中，学生们记忆尤深的不是读书和思考的快乐，而是激越地与戏校、歌舞团和曲艺团的锣鼓响动一起构成"狂欢"的场景：黑夜篝火旁的"舞蹈"，运动场上的激动的呐喊，中国女排战胜日本获得"世界冠军"后彻夜地敲击洗脸盆的兴奋……躁动的心绪，像当时整个社会的情绪一样，在这一代学子心中弥漫，他们毕业之后大多选择了"火热的生活"，当 20 年后这些同学再相聚于"学院路 41 号"时，他们已经成为知名的律师、法官和检察官，但选择大学教师职业并坚守到底的却为数不多。

在我的记忆中，大学读书生活似乎真正开始于 1983 年。这一年，北京政法学院更名为"中国政法大学"，而我本人亦考取了本校法学理论专业的研究生。从我的感觉看，小月河边的政法校园并未因为校名的更换而有太大的变化，相反，在这一百多亩的仄逼空间上，瞬间搭建起一座座类似"抗震棚"的平房，密密麻麻几乎排列在院落的每一寸土地上，外人所见的"中国法学教育的最高学府"其实不过是一个"抗震棚"林立的"大杂院"。

尽管如此，只有像我这样"北政一期"的政法人才知道，从 1983 年开始，政法校园将注定经历一个巨大的变化。当时，"思想的喷涌"所生成的强劲风潮席卷至这个由于空间仄逼而变得愈来愈有热度的校园，来自天南地北的100多名研究生和几乎同样数量从各地分配而来的青年教师，汇集而成两股"热情的激流"，在这个校园内蔓延而成为具有广泛冲击势能的力量。

北大法律系毕业的青年诗人海子（查海生）斯年分配至校刊编辑部工作，创作长诗《亚洲铜》和《阿尔的太阳》，在政法学子中点燃"诗性的火种"，让许多法科的学子突破僵化呆板的法律之学的藩篱，迸溅出"渴望无限接近天空"的想象火花，幻想着作为"远方的忠诚的儿子"，一直在"太阳"里高飞。可以想见，当海子在山海关卧轨自杀时，在政法校园曾经引起了怎样的惊愕和悲痛！

热烈的激情同样影响和感染着我们这一届研究生和随后而来的两届学生（84级和85的研究生）。1985年，法理学研究生熊继宁等4人在《政法论坛》发表"新的探索——系统法学派的崛起"一文，随后又发起组织召开全国首次法制系统科学研讨会，著名科学家钱学森和法学耄耋张友渔以及司法部长、中国法学会会长莅会。一时间，"系统法学""法学的定量分析""数量法学""法的实证研究"等成为颇为风行的语汇。那个时期，在政法校园三号楼（研究生楼）的研究生们蕴藏着一股特有的朝气、想象力和冲击力，他们几乎把全部的能量挥洒在自由的论辩和学问的砥砺上，构成昂扬上升的氛围。

记得1982级法律史研究生贺卫方在其毕业前的《临别杂感》中写道："我有个感觉，也许是一种希望：在不久将来的中国法学界，我们这些曾在三号楼住过的老同学一定会汇成一股不可小视的力量，一定的。"（《研究生通讯》1985年2期）应该说，贺卫方的预言和期望是应验了的：从这个三号楼走出去的研究生目前在中国各大学做教授和博士生导师者数不胜数，一些人已经成为某些学科的领军人物（比如贺卫方本人及其北大同事陈瑞华，清华大学的高鸿钧、许章润，厦门大学的徐国栋，中南财经政法大学的范忠信和陈景良，中山大学的刘星，中国政法大学的张桂琳、赵旭东、李曙光、张中秋、马怀德和曲新久等）。

1987年之后，政法大学开始在军都山下的昌平新校招生。一校两址的空间分离，将大学的教学设施、图书资料、研究生与本科生之间的学缘联系切割成两半，政法的师生自此长年累月地在两个校园之间奔忙，连接昌平和市内的"345 路"公共汽车一夜之间成了政法大学师生的专线，车内闪动着来自全国各地的青春的身影，演绎着一段又一段政法人的故事。而我和同时留校的同届 60 位同学则拥挤在学院路 41 号的"政法方舟"（一栋行将废弃的二层简易楼），感受夏天的酷热和冬天的寒冷（楼内暖气几乎无用），守候着小月河边这个愈来愈显陈旧破败的院落。我常常一个人在院子的林间散步，目送一批批学生在这个院落里走进走出。每年的 7 月，学生们像小鸟一般飞进辽阔自由的天空，而我依然在这个院落里孤独地徘徊，留下一行行单调的足迹，偶尔回忆起在这个院里曾经发生的故事和故事里熟悉的人们。

——我看见，湛蓝，向天际无限伸展澄明的静寂……

（选自 2007 年 6 月 5 日第 567 期）

中国政法大学：一个德国记者的印象

[德] 英娥·林可博士（Dr. Inge Linck）

从来没敢梦想过，我——一个德国人，曾经做过医生，15年前开始成为自由记者——能来到中国，在这里撰写报道，并可以获得亲密了解中国大学生活的机会。感谢我的先生——耀和木·林可博士，他受中国政法大学中德法学院邀请作为客座教授，当然，同时也感谢中德法学院和他的同事们的热情好客。

我们在这里居留了近三个月，可以说，感觉自己就像在家一样。

首先，我喜欢和年轻人在一起，我也预期到，在一个大学中有足够多的年轻人。我是怎么走近这些学生的呢？他们单纯、坦率、具有好奇心、特别友好、合群并且显得思维敏捷。比如，当一些学生们用非常流利的德语和我交谈时，我很吃惊地得知，他们3个月前才开始学习德语语言课程。反过来，我却不能做得这么好。在对于我们来说如此具有异域风味的中文里，我只能说出"你好""谢谢"和"再见"等一些少数的表达。

因此我们非常高兴，来自我先生课上的一位女学生陪我们到北京附近一些有趣而美丽的风景区游玩。这是一个典型的"双赢"场合：我们尽可以把主要在饭馆吃饭时发挥巨大作用的电子词典放在家里，她则可以练练德语，同时与我先生探讨一些法律问题。由于她已经取得了留学德国的奖学金，我们将可以继续发展我们之间友好的关系。

在中德法学院每周四晚的德语沙龙上进行的活动都是具有实质内容的。老师们和学生们围绕着诸如环境保护、宗教、媒体在中德两国的角色之比较等话题进行探讨，并且我们肯定，大家看待政治判断的角度是相当接近的，我们能够在一个自由的学术氛围中互相争辩与讨论。

其次，我们受到了中德法学院同事们如此友好的对待，以至于在我们不得不走的时候，心里开始犯难。一开始，两个非常友好的学生于早上6点在机场接我们，并且把我们送到学院给我们安排的一个北京宾馆的住处。次日下午，中德法学院院长米健教授及其他同事又邀请我们到附近用餐，这种方式当然也同样让我们接近了学院。在德国时我们就听说过中国人善食喜食，如今得以亲身体会，真是名不虚传。虽然我们还不能很灵巧地使用筷子，但这也并不是一个很大的问题。在友好的氛围里，在品尝美食时，通过谈话中互相认识，并且稍作评论，如我上次遇见的是谁，与他相处得是否愉快云云，对于我们来说，倒也不失为一种人与人之间交流的好方式。作为记者，我在工作遇到交流困难时，得到了学院一次又一次的帮助与支持，虽然这可能只是辅助性的，我也非常感激。我的先生和我也乐意对这些帮助予以回报，如撰写德国奖学金申请或为中德法学院图书馆获得进一步的资助而做出努力。

再次，我有机会参加了两次我先生受学校的邀请而举办的讲座。在报告以及随后的讨论中，我切实地感觉到，在这个大学的自由学术氛围里，人们为了问题的解决和疑难设问的答案而殚精竭虑。

最后，我还想说，中国政法大学的朱勇副校长为问候我的先生而举行的礼数周到的接待在特别友好的氛围中进行，所以我们也在这个非常正式的层面上感觉到，我们在这里是受欢迎的。

我们将要带着对这个城市和人们许多美好的回忆返回德国了，我们确定，我们两国之间的学术交流访问是一个值得继续挖掘的宝藏，它对促进两国相互关系只会产生积极的影响。

（选自 2007 年 6 月 26 日第 570 期）

蓟门杏林三十载

李显冬

　　小月河边的北京政法学院自建院以来道路坎坷，1952 年建校，1954 年学校迁址至学院路。1978 年 8 月 5 日，国务院批准复办北京政法学院，学校重新恢复办学。30 年前国庆前夕，我来到了中国政法大学的前身北京政法学院报到。对于当时在北京街头出现的广告都感到新鲜的我来说，能来到首都北京读书，无疑无比兴奋。

　　作为学校恢复招生后的第一批本科生，我们成为复办后也可以说是新中国第一批系统接受西方法学理论教育的大学本科生，自喻"黄埔一期"，为我国的法学教育改革薪火相传，点燃了新的希望。

　　特别是 1983 年，在中央"要抓紧筹办中国政法大学，把它建成我国政法教育中心"的指示下，北京政法学院正式更名为中国政法大学，邓小平同志还特意为这所大学题写了校名，这件事在当时的法学界无疑是轰动一时的大事。今年是法大建校 57 周年，也是法大改革开放后恢复招生 30 周年。我本人有幸沐浴了政法大学自恢复招生 30 年以来的风风雨雨，在这 30 年中，法大明显的进步和发展无疑是与中国的改革开放息息相关、休戚与共的。

　　大学生活开始于 1979 年 9 月底，我们初来到北京政法学院时，北京政法学院只有一个学院路校区，20 世纪 50 年代建设的主楼，改属过一七四中学，复办后一切均需从头做起，物质条件极其匮乏，就连桌椅板凳当时都难以到位，我们坐着小马扎上第一课，才第一次亲身体验到了什么是真正的延安精神，现在略感窄小的昌平校区，也是我们 1979 级毕业后，于 1985 年在党中央的关怀支持下才新建的。

　　虽然老校地处燕京八大景之一的"蓟门烟树"西南侧，东临小月河，校外的村田野趣耐人回味，但那时的学院路校区感觉更像一个小而破旧的中学，其规模完全不能用一般人观念中的"大学"来形容。经过了十年的动乱，学校里戏校师生、歌舞团演职员、曲剧团和文化局职工，杂处一地，热闹非凡。

校园里最壮观的情景，莫过于在法学老师慷慨激昂的政治演讲中，突然被窗外锣鼓喧天的戏曲教学课所打断，顿时一片会意的笑声，异常热闹。虽然学校礼堂为人所占，澡堂为人所用，四年之中我们都是在新影礼堂、冶金礼堂看电影，到西直门外去洗澡，但小巧玲珑的老校区，古朴典雅，紧临三环，交通便利，且与首都众多知名高校并肩毗邻，充溢着浓郁的人文气息；伴着戏曲专业学生曲调优美的唱腔，在"蓟门烟树"的薄雾之中开始每天清晨的英文诵读，于"金台夕照"中的小月河畔相约倾诉同学的衷肠，使我们时至今日，情趣难忘。

无法忘怀的开学典礼伴随着全国各地改革开放的春风，北京政法学院又迎来了一个生机盎然的春天。开学后不久，10 月份北京政法学院举办了恢复招生后的第一届开学典礼。给我印象最深刻的是时任中央政法委员会委员、最高人民法院院长的江华同志在开学典礼上的讲话。他先讲了"红机子"里装窃听器这样我们闻所未闻的信息后，突然问我们说："同学们，你们知道为什么我们国家要开始筹划制定《继承法》吗？"

这个问题自然使我们丈二和尚摸不着头脑，江华同志接着即道出了缘由：改革开放后不久，邓小平同志接见外宾，曾被人家多次问及，外国人在中国投资所得，将来是归共产党所有还是归外国资本家所有呢？其所得会得到保护吗？这其实就是后来《继承法》规定的合法私有财产能否继承的问题。

直到 1985 年《继承法》颁行，特别是 2009 年《物权法》颁行，自己站到讲台上阐述《物权法》颁行的伟大意义时，才更加理解了江华同志的讲话。

我的第一节民法课是听恩师江平老师讲的，虽然已经过去 30 年了，但我仍然记得第一次上江老师课的情景。彼时，略显阴冷的天气暗示着初冬的到来，传说中深奥莫测的江平老师终于答应给我们班来做一次民法讲座，我们一吃完晚饭，就坐在教室等候着。门被一个头发稀疏的像列宁的男子推开，江平老师穿了一件破旧的小大衣，瘸着一条腿，一步一步走上了我们班的讲台，就是他给我上了人生中第一节民法课。

他说话时的声音总是很洪亮，像洪钟那样的深沉有力，绝不会让任何人有机会打瞌睡。那堂课江老师讲的第一句话就是：同学们，大家想学民法，其实学习民法，就是研究三字：人、物、债。这里的人，简单地说，就是商品的所有人；这里的物其实就是指商品；而这里所谓的债，无非就是商品交换的最一般形式即合同，在民法理论中的高度法律抽象。

这一节课我是铭记在心、永志不忘的，这无疑就是我的民法启蒙课，也就是从江老师这一节课后，我不但崇拜他，而且有幸能追随在他的左右，跟着一个"只向真理低头"的人，在学术的汪洋大海中，乘风破浪。

1996 年我从加拿大留学归国，去看江平老师，他和我促膝相谈、语重心长地对我讲，他自己没有上燕京新闻系的时候，觉得自己一个年轻人，什么都不知道；上了燕京，顿时觉得自己啥都知道了。但一听大师们演讲，似乎又觉得自己啥也不知道了。去苏联以前，总觉得自己啥也不知道；到了苏联就觉得自己啥也不知道了。从苏联归国后，觉得自己啥也知道；一归国经历的一些事情，当然就更感到自己啥也不知道了。

法大给我们首先不是现代化的大楼，但当时北京政法学院集中了全国一半的法学高级知识分子，不论是我们刚入校门时所谓政法"四大才女"（婚姻法巫昌祯、刑诉严端、宪法孙秉珠、法律思想史薛梅卿），还是所谓两大才子（刑法余叔通、民法江平），以及许许多多像他们一样而没有被正式授予大师称号的大师们，所有向我们这些莘莘学子传道、授业、解惑的老师，共同将我们领入了法学教学与科研的圣地，他们都是我们的恩师，江平老师仅仅是他们中间的最典型的一个代表。

30 年前，北京政法学院复办暨 1979 级开学典礼上，江华同志传达了当时中央的一个希望。他说，中央政治局讨论中国的法学教育，认为即使北京政法学院一年能够培养一万人，那要达到全中国所有的政法干部都换成大学生的目标，也要一百年才行。

中国政法大学，这一个甲子轮回即将到来之际，最大的功绩，就是给新中国培养了任何一个学校都不能比拟的政法干部。特别是改革开放 30 年来，在建设中国特色社会主义的伟大实践中，中国的法治建设取得了巨大成就，都与我们的毕业生有着这样那样的联系。

沐浴着改革开放的春风，1983 年我毕业了，我们这届毕业生是新中国建立后第一代系统地用近代西方法律知识培养出来的法学本科学生。自1979 年我国恢复招生后，我校源源不断的法学毕业生投入到了建设有中国特色的社会主义建设的大军中来，而我们之前的老校友们，大多都已走上了领导岗位。

在半个多世纪的办学历程中，我校为国家培养了各类优秀人才20余万人，参与了自建校以来国家的几乎所有立法活动，甚至我们的工作就反映着国家法学理论的变革和法律思想的更新，代表着国家对外进行法学等领域的学术交流趋势。有统计认为，全国具有高等学历的司法工作者中，约有1/10都来自于我校。未来我校应该对中国司法系统贡献出大量的高层次应用型人才，在法律人才培养模式的改革和创新方面在全国范围内起到"引领"作用。我校不愧是新中国的法学教育中心、法学科研咨询中心以及图书资料信息中心。世间一切事物中，人是第一个宝贵的。政法的几十万同学，就是我们对新中国法治建设的最大贡献。

新中国60年来取得了辉煌成就。中央高层对法学教育和法治建设一年比一年重视，法治是政治体制改革的先声。经过改革开放30年，全国上下都看到了依法治国的力量，法治已经不仅仅是一个口号，它已经成为我们整个政治生活、经济生活和普通老百姓生活的一部分。法大对国家和社会的贡献是巨大的，我们在这里工作和学习，应当为学校感到骄傲和自豪。

每一个法大人都是在老一辈的怀抱里，听着长者倾诉的故事而成长起来的。法大人的故事，就这样一代一代地讲下去。可谓前途光明、道路曲折。改革开放30年后，中国似乎不差钱了，但经济发达之后的我们，无一不在思索——实现中华民族的伟大复兴，只能法治天下，为此，舍法大其谁。

（选自2009年10月13日第650期）

一个甲子两个身影：法大的沉思与展望

石亚军

今年 5 月 16 日，是中国政法大学成立以来的第一个纪年，即中国传统说法的六十甲子华诞。度过 60 春秋的法大，佩戴着昔日的枚枚勋章，站在了需要以更高的境界、更宽的胸怀、更大的魄力去赢得竞争性发展、创新性提高、变革性跨越的新的历史起点上。

历史总是把成为时代主角的机会留给适时顺应客观趋势并善于能动把握自身命运的人。

站在 60 周年里程碑跟前，中国政法大学有两个身影：往后看，是已经建立起来的法科大校；往前看，是要努力去实现的法科强校。

今天，称 60 周岁的中国政法大学是中国十分醒目的法科大校，恰如其分。

学校初建时，党和国家希望今后能够从这里培养出一批批我国需要的政法人才，法大人张开宽阔的胸怀拓展了自己的使命，一代代地续传着"经国纬政、法泽天下"的血脉，活跃地奋进在国家高等教育尤其是法学教育以及法治建设的最前列，培养了大批高质量专业人才，研发了大批高水平学术成果，提供了大批高品位智力服务，在极大推进法治昌明、政治文明、经济发展、社会进步、文化繁荣中，名副其实地成为国家实施依法治国基本国策的主要依托，彰显出以法学为主体、多学科有机共存、协调发展的法科大校的分量。

回眸学校建设发展的路径，有三点是值得我们特别提及的：

第一，中国政法大学是一所有特色的大学，始终保持鲜明的办学特色是学校的立校之本。学校拥有全国最全的法学学科专业体系，拥有全国最大的法学家集团，拥有全国最高的优质法学教育平台，拥有全国最宽的国际法学交流体系，并在多科性拓展中，形成了有强烈法学色彩的其他人文社会科学体系与结构。鲜明的办学特色，使学校在法治国家建设的相关领域大有可为。

第二，中国政法大学是一所主流的大学，始终奋进在中国高等教育尤其是法学教育发展的最前列是学校的兴校之策。2005 年，学校进入了"211 工程"，2010 年，又进入了"985 法学优势学科创新平台"，法学学科成为国家一级重点学科，中欧法学院成为全国唯一最高层次的国际法学合作项目，证据科学研究与应用创新团队在全国文科院校中唯一入选教育部长江学者和创新团队发展计划。奋进在主流的状态，使学校与社会各界的互动发展形成良性循环。

第三，中国政法大学是一所高水平大学，始终追求高质量的教学和高水平的科研是学校的强校之基。在本科生教育中，学校建成 3 个国家级人才培养模式创新实验区，在研究生教育中，已成为全国首批"专业学位研究生教育综合改革试点"院校，法律硕士专业学位获准开展专业学位研究生教育综合改革试点工作，"高级法律职业人才培养体制改革"成为国家教育体制改革试点项目。在科学研究中，诉讼法学研究院、法律史学研究院为教育部人文社会科学重点研究基地，证据科学研究院为教育部重点实验室，法庭科学技术鉴定研究所入选全国十家国家级司法鉴定机构，"钱端升法学研究成果奖"成为国家有关部门认定的全国法学学科唯一的"部级奖"，"中国法治论坛"成为全国性法学高端论坛知名品牌，中国政法大学出版社被评为全国百佳图书出版单位，《政法论坛》入选教育部高校哲学社会科学名刊工程。高水平的教育教学，使学校在国内外获得了更加广泛的尊重。

在热烈庆祝建校 60 周年时，我们当然要为法大建设的成就抒发自豪与喜悦之情，但更要使严肃思考未来艰辛而辉煌的发展之路成为校庆主题的理性安排。法大的发展绝不止于法科大校，在国家期待与法大使命相结合的望台上登高望远，法科强校的目标在向我们召唤。

从法科大校到法科强校并不像不同的两个字之间多几笔笔画那样简单和容易，这条道路是一次新的征程，从起点到终点步步都趋向观念品质、学术水准、教学质量、制度内涵、办学实力的质的飞跃。

法科强校强在有一流的法学作为学科主体，高水平的其他学科作为学科支撑，各学科的交叉融合作为学科特色。我们应该科学地汇聚学科方向，整合学科力量，平衡学科发展，强化法学整体力量和效应，强化法学与其他学科的平衡发展，强化各学科之间的交叉融合。

法科强校强在有一支始终奋进在学术前沿，善于引领学术发展方向的优秀师资队伍。我们要建设好带头人突出、梯队合理、团队精神强、后劲十足的学科队伍，扩大拔尖创新人才规模，发展更多的跨学科创新团队，在激烈的人才竞争中保持强大的实力。

法科强校强在教学和科研质量高，培养的学生综合素质优良，科研水准高，研究成果精品力作多。我们要以更大的魄力步入教学和科研改革的深水区，挑战陈旧的思想观念，更新教学体系、要素、结构、内容，创新学术发展制度、机制、平台、内涵，在深层次问题上优化教学和科研体制机制。

法科强校强在以科学化的管理保证井井有条的运行秩序和充满活力的精神面貌，以人性化的服务保证工作的高效率和师生心情的愉悦。我们要加快现代大学治理结构的探索步伐，逐步排除管理和服务痼疾，提高管理和服务的态度、水平、质量、效应，保障中心工作顺利推进。

法科强校强在有宽阔的国际化办学视野，有很强的跨文化交流的能力，有国际化程度高的师资、课程和学生结构，有能够与世界一流大学和重要国际组织合作培养人才与进行研究的平台。我们要强化国际化办学的意识，动员全校力量，拓宽交流渠道，争取更多资源，开创国际化办学的新局面。

法科强校强在有价值鲜明、主题突出、底蕴深厚、凝聚人心的校园文化，形成独具特色的人才风格、学术风格、学校风格。我们要凝聚全校的意志、智慧和力量，加强校园文化的建设与普及，健全校园文化体系，精准校园文化内涵，浓厚校园文化氛围，提高校园文化品位。

学校第七次党代会和"十二五"规划已经为我们勾画出了争取法科强校建设新成就的广阔前景，并要求通过努力实现发展模式由数量扩张向质量提升的转变，资源配置体系由点状分离向面状整合的转变，主体动力机制由被动外推向主动内驱的转变，从方向、结构、动力等方面构筑法科强校建设的促进机制。对这三个转变重大意义的认识成本和实践效能，比通常理解的要大得多，这就意味着我们实际承担的担子比我们感觉到的要沉重得多。我们必须继续解放思、实事求是、与时俱进，继续深化改革、勇于探索、大胆创新，继续突出特色、追求卓越、构建和谐，继续面加强党的建设和思想政治工作，致力于培养建设法治国家需要的更多的拔尖创新人才，致力于创造建设法治国家需要的更多的精品力作，致力于提供建设法治国家需要的更多的优质服务，使学校的办学实力和社会声誉在全面建设法科强校的奋斗中，不断实现新的历史跨越！

（选自 2012 年 5 月 16 日校庆专刊）

孜孜以求 法治天下

——写在中国政法大学建校 60 周年之际

黄　进

　　一所大学的灵魂在于她的精神。60 年来，从沙滩红楼到晓月河畔，再到军都山下，从百废待兴到百业俱兴，再到兴旺发达，法大历经坎坷，但始终向前。60 年传承不辍，60 年开拓创新，铸就了法大独特的精神品格和文化传统。

　　自诞生之日起，法大就承担起以卓越的人才培养和学术创新推进国家法治昌明、政治民主、经济发展、文化繁荣与社会和谐的使命，尤其是以推动国家法治建设为己任。这种使命抉择，深深嵌入法大的历史命脉，使法大的成长始终与"法治中国"的发展休戚相关。

　　在全体法大人的共同努力下，逐渐积淀了大家认同的法大精神，那就是："法治天下，公平正义"的法治精神；"以人为本，尊重人权"的人文精神；"实事求是，求真务实"的科学精神；"自强不息，追求卓越"的学术精神；"艰苦奋斗，坚忍不拔"的奋斗精神；"和睦相处、和衷共济、和而不同、和谐发展"的团队精神。法大的精神有大气、大度和大爱的特质，这些精神已经浓缩在学校"厚德、明法、格物、致公"的校训之中，镌刻在一代代法大人的心底。

　　在法大精神的熏陶下，法大人形成了独有的特质，那便是"经国纬政、法泽天下"的气度，"经世济民，福泽万邦"的情怀，"公平至上，正义优先"的价值观，"可夺法大名，不泯法大志""只向真理低头"的骨气，"凡我在处，便是法大"的身份文化认同，等等。这种以法治为理想、信仰和目标的使命特质，已经成为鲜明的"法大标识"。

　　60 年来，中国政法大学已成长为一所以法科为特色和优势，其他人文社会科学学科协调发展的多科性大学，是我国人文社会科学领域人才培养、科学研究、社会服务和文化传承创新的重镇。

　　法大高度重视学科建设，以学科建设为学校发展的龙头。在法大，法学学科专业在国内最为齐全，"全而强"始终是自己的特色和优势。在我国法学几乎所有的二级学科中，法大都是奠基者和开拓者之一；在众多的法学专业领域，如在法律史、民商法、经济法、诉讼法、比较法、人权法、军事法、证据法、法与经济等领域，学校都开新中国法学教育之先河；而且，德国法、美国法、欧盟法、日本法等国别法律研究均起始于法大；新中国的第一批法学博士和硕士同样诞生于中国政法大学。目前，学校共有 6 个省部级重点研究基地。

　　法大坚持以提升人才培养质量为核心来提高学校的办学水平，大力培养造就卓越法律人才和拔尖创新人才。通过创新人才培养模式、优化课程体系、强化实践教学环节，在培养应用型、复合型、创新型、国际型法律职业人才方面进行了有益的探索，人才培养质量不断提高。积极实施"有灵魂"的通识教育，奠定卓越法律人才的综合素质基础。创新以"双专业双学位模式"、本科生辅修制度、"六年融贯式"人才培养模式、国内名校交流制度、国外名校交流制度为主要内容的跨专业、跨学位、跨学校、跨国家的"四跨"人才培养模式，构建卓越法律人才的复合型、应用型知识结构。强化实践教学环节，形成了以"校内（案例研讨课程、实务技能课程、法律诊所课程）十校外（实习基地建设、分站式专业实习模式）"为主要内容的多模块整合的法学实践教学体系，提升卓越法律人才的法律实践能力。

　　作为国家对外传播中华法律文化、进行法学交流的代表性窗口，法大在实施国际化发展战略方面也取得了喜人的成果。学校先后与众多知名大学和机构建立了合作关系，每年通过多种合作交流项目派出千名左右的师生赴境外学习交流。学校先后成为"国家建设高水平大学公派研究生项目"签约院校和欧盟"伊拉斯谟 ECWLOT14 项目"合伙大学，获得"中国政府奖学金来华留学生项目"资格，加入欧亚太平洋大学联盟等国际合作项目，中欧法学院、比较法学院稳步发展，积极参与汉语国际推广，已同英国班戈大学共建孔子学院。

　　建校 60 年，是法大发展史上的重要里程碑，也是新的起点。中国政法大学将力争用 20 年左右的时间，把中国政法大学建设成为开放式、国际化、多科性、创新型的世界知名法科强校。

要实现这个目标，我们必须走"内涵发展、特色发展、创新发展、开放发展、国际发展、和谐发展"之路。

内涵发展就是走以提升质量为核心的内涵式发展之路，要在法大现有工作的基础上，着力抓人才培养、科研水平、社会服务效益和文化传承创新能力。

特色发展就是保持和发扬法大法科的特色和优势，积极发展其他人文社会科学学科并办出特色。法大加强学科建设要围绕建设以法科为特色的多科性大学的办学目标来大力加强学科建设，形成一体多元、多元一体、和谐共生、协调发展的格局。

创新发展就是以创新驱动发展、创新引领发展，以提升学校的人才、学科、科研的创新能力为核心；积极适应经济社会发展的重大需求，提升原始创新、集成创新、协同创新和引进消化吸收再创新能力；创新人才培养模式，着力培养拔尖创新人才。

开放发展就是坚持对内对外开放办学，促进学校与社会的良性互动，以优秀的人才和卓越的学术服务国家建设，服务和平、文明和发展。

国际发展就是顺应世界潮流，应对变革世界中的机遇和挑战。目前，国际化已经成为现代大学的一种生存方式。法大的目标是把自己建设成为"世界知名法科强校"，就必须走国际化发展之路。

和谐发展是我们的理想，希望我们的大学有一个很好的文化环境，大家都尊重人才，尊重知识，尊重劳动，尊重创造，敬畏学术，遵循学术规范，教书育人，教学相长。

60年一甲子，每一代法大人都有其自己的历史使命和责任。我们这一代法大人将秉承"厚德、明法、格物、致公"的校训精神，为法治天下而不懈努力！

（选自 2012 年 5 月 16 日校庆专刊）

写在母校六十五周年华诞之际

——回忆我的大学

郭晓峰

时值中国政法大学 65 年华诞，我作为 1967 届的一名学子颇为感慨。大学生活锤炼了我的思想品德，使我学到了法学理论和业务知识，为走上工作岗位打下了坚实基础。回想自己在政法战线三十余年的工作经历，虽未做出什么惊人的业绩，但也算得上是供职单位的中坚力量，为政法工作做出了应有的贡献。

初到北京政法学院的忧与喜

1963 年考上政法学院，这是我做梦也没想到的事，心里高兴极了。但是当年家乡河北保定遭遇了大水灾，庄稼颗粒无收，家中分文皆无。一想到去北京上大学，吃什么、喝什么、穿什么、用什么？学杂费怎么办？我一筹莫展，后来从公社贷了 12 元钱，收拾了两件旧衣服、一床旧被褥，怀着忐忑不安的心情，来到了北京政法学院。

来到学校，虽然心怀喜悦，但是最大的困扰和最担心的事仍然是学费和吃饭问题。像我这种情况并非个别现象，1963 年我们这批学生大概有一半以上是农村的学生，家庭都比较困难，情况大致相同。出乎意料的是，入学后第一件事，就是学校为同学解决生活问题。校方首先对学生的家庭情况进行了调查摸底，然后根据不同情况进行补助，大部分学生的学费、住宿费予以免除，特困生每月 15 元的餐费全补，军烈属生和特困生还给 3 元以下的零用补贴。这些措施，从根本上解决了大家的后顾之忧，一颗悬着的心才算放了下来。同学们对党和国家以及学校的关怀都十分感动。当把入学后的情况写信告知家里后，全家对党和政府以及学校都十分感激。

20 世纪 60 年代学校的条件不是那么好，但我觉得十分满足，比起高中的环境简直是天上人间。高中时期，特别是 1960、1961 年国家正是暂时困难时期，每天只吃两顿饭，掺着糠和野菜，而且每顿都吃不饱。到冬天，教室和宿舍大部分时间都没有取暖工具，冻饿难当。到了大学，情况都变了，有正规食堂、宿舍和澡堂，风吹不着，雨打不着，吃得饱，睡得香，好像到了"共产主义社会"一样。条件虽然变好了，但同学们的生活还是比较艰苦的。特别是农村的学生，花钱都是以角、分为单位的。

我外孙女现在也在中国政法大学上学，入学时我送她到学校，大包小包带了一大堆，虽然不是什么高档用品，但比起20世纪60年代的我，不知强了多少倍。她说同学们有时抱怨学校的伙食，我说："那是身在福中不知福！"

学习法学理论和业务知识是办学核心

当时学校虽然建校有十余年时间，但是我们国家法制建设不够健全，法学教学体系还不甚完备。尽管如此，学校还是千方百计地为学生学习法学理论广开门路，从各校借鉴经验编纂教材，请名师讲学，送教师进修，为学生学习创造条件。当时法学理论课程有刑法学、民法学、中国和外国国家与法制史，还有政治经济学、哲学、逻辑学、中共党史等。当时讲课的老师大部分都是年轻教师，他们讲课都很认真，虽然没有专家、教授头衔，但学生们对年轻老师都很尊重。6个班二百多人挤在一间教室听课，鸦雀无声。现在老校区教学楼北头较大的房间就是我们当年上课的教室。

当时的北京政法学院的办学目的之一就是培养实务中的法律工作者。为了巩固和消化所学的法学理论和业务知识，学校在学生毕业前必须组织学生到公检法机关进行实习活动。学校统一组织，分赴全国各地各级公检法机关的办案单位，理论联系实际，验证自己的学习成果。记得我们班还在北京市海淀区法院旁听过一次庭审。

大学教育为走上工作岗位打下了坚实基础

每当回忆起自己走过的路，总觉得对5年大学生活印象最深，大学生活对我的影响也是最大的。

毕业后，我走上了司法工作岗位，谨记要始终坚持重证据、重事实和严格依法办事的原则。我在人民法院从事刑事审判工作近十年，办理了许多一审刑事案件，没有出现一起错案，而且只有一起案件的被告人上诉，还被上级法院维持原判。我在办理刑事案件中主要坚持这样几点：①一定要把事实搞清楚，证据要搞扎实，不能带着疑问下判；②要敢于坚持原则，严格依法办事；③要让被告人认罪服判、心服口服。

对于把实践和证据搞清楚、搞扎实这一点，只要通过自己的努力就能做到，但要做到第二点，即坚持原则，严格依法办事，却不那么容易。20世纪70年代对刑事案件的定罪量刑是由党委决定的，法院没有决定权。那时我曾办理过一起贪污案，通过对案卷的审查和调查取证，我发现定贪污证据不足，原有证据说服力不强，应该对被告人宣告无罪。我顶着压力经多次向领导汇报，此案被退回公安机关补充侦查，案犯在看守所关押近5年，最终被无罪释放。通过办理这起案件，使我深深体会到，作为一名刑事审判法官，办案中一定要坚持原则，坚持依法办事，把事实和证据搞扎实。办一件案子要负责一辈子，要经得起历史的考验。

随后我被调到市委政法委工作，后又转调到市人大内务司法委员会工作至退休。

大学的学习和生活，使自己无限留恋——学校的培养和熏陶、师长的教诲、同学的帮助，时常浮现在自己脑海里，每逢想起这些，心里就热乎乎的。

（选自 2017 年 3 月 7 日第 508 期总第 914 期）

法大公交记忆

张永然

位于军都山下的法大校园，看得见山，望得见水，距离北京市区40公里，乘坐公交"进城"是每个法大学子校园生活必不可少的部分。以至于如何坐最快捷、最方便公交都成了法大学子的一门"专业必修课"。《法大出行指南》年年更新，从最早黑白的宣传页升级到时下广泛流传的网络微文，公交也已经成为法大人对于法大在昌平的最深的记忆。

经历在法大的20个年头，虽然北京城市和公交的发展日新月异，但学生时代的公交记忆却始终难忘。还记得1997年，受尽旅途的失望和打击后，来到这被誉为"祖国的心脏，首都的边疆"的昌平时，师兄师姐就用略带羡慕的口吻告诉我们，你们挺运气的，走高速"进城"的345支线已开通，无须忍受345路的龟速之苦了。当时听得不以为然，不就是公交车吗？何谈上运气？然而，4年的大学生活为师兄师姐的话做了最有力的注解，我们才逐渐意识到公交对于法大学子的意义。

到校后，第一次领略345支线的疯狂，是在大一的十一假期。当时车站就在学校南门口，就是一个孤零零的站牌和一个石头平台。等车的每个人都遥望着来车的东关方向，整装待发地以期最佳位置冲上车。不过当来的是345路，人群悻悻只有散去，再等着下一次冲锋。而345支线之所以受人关注，就在于师兄师姐说的走高速进城，比345路要快上一个多小时。

那次公交经历真是百味杂陈，没费太大力气挤上公交，但却遭了一路的罪。上车后就被挤在了后门的台阶处，而老式公交的台阶特高，人太多，只有前脚掌踩实，后脚跟直接悬空。但即使是这样，我也不用抓紧扶牢，因为已经被固定在拥挤的人群中，所做的是随着车身摇摆，随着人群波动而已。

当然为了少受罪，你还可以选择小巴，现在早已绝迹。等车时，不时会有各式各样的小巴过来，售票员探头大喊，北京北京，上车有座，5块一位！上车确实会有座，但可能是引擎盖、马扎、条凳等。而且你要有耐心，不到车无法再上人的程度，司机是不会开车的。当然由于小巴不打行李票，所以是假期返校时全身大包小包的我们，在挤 345 支线无望时的最佳选择。当然，那时价格也随行就市涨到十块。

对于有月票的我们，小巴只是最后的选择。月票可是学生时代的大福利，手持一张贴照片盖红章的纸板，附上一张类似现在车票大小，标明月份和金额的纸条，就能当月 10 元无限乘坐除 6、8、9 打头以外所有公交。当时往返进城票价是 9 块，再随便坐个啥车，成本就回来了。而且当时月票防伪没什么技术含量，换个照片可以全员通用。即使不换照片，售票员在人山人海中也很难发现。虽说一旦发现就给予 60～300 元的高额罚款。但貌似每个人都有过逃票的经历，被查出的只是极少数的"幸运儿"。后来，月票也涨到了 20、25 元，直到现一卡通完全取代了纸质月票。虽然更加方便，但当时甩手出示月票，飘然下车的感觉却真的难以找回。

345 支线确实便利，这并不妨碍法大在"乡下"的这个现实。为了"进城"，我们要起得要比鸡早。记得 2000 年冬上考研辅导班时，一干同学相约五点半起床，在现在的阳光商厦门前（当时还没修好）赶首班 5 点 45 的车。还好，人不多，车上还能有些位置，可以补觉。而下午返程则历经挣扎，最好去积水潭起点坐车，还可以有站的地方；而在北郊市场（现在马甸桥西）上车，你会发现貌似年轻力壮的你甚至都挤不过七旬老太！345 支线往往是在几经努力才关上车门，然后留下一群望眼欲穿的人。而如赶上雨雪等恶劣天气，那么恭喜你中签了。2001 年的国考是伴随着飘扬的大雪而来的，当时走得早，躲过高速封路，按时到了考场。而傍晚回程时，345 支线则在皑皑白雪陪伴下，在昏黄路灯映照下，慢悠悠沿着辅路近 10 点才到校。当然现在 345 支也变成了 345 快，从东关改到了朝凤庵村发车。345 路也改昌平北站出发了。

除 345 支线外，就是早已消失的 845 路。该车作为月票无效的空调车，从十三陵水库直达北京西站，全程 10 元。该车平时冷冷清清，鲜有人问津。但一到假期回家立刻爆满，大包小包直接上车奔西站，少了中间换车的麻烦。但该车走高速辅路，途经学院路、西直门，一路拥堵，曾创造过 5 个小时行车记录。后来 845 路也做了改进，非空调的大站快车，全程票价 4 元。但面对后来 919 路的强势介入，其不得不退出竞争。而 919 路作为后起之秀，其从最早的一条慢车线，到现在以 8 字开头的快慢结合，环绕法大南门、北门的多条线路，为法大学子进城提供多种选择。可惜，这些我们上学时都没有。另外，记忆中还有奔赴更远"乡下"的 314 路和 357 路，但很少乘坐。

　　作为一名法大学子，公交记忆复杂而多样。最难忘的是又挤又累，还丢过钱包。但也有着欢乐和希望，去游览故宫、颐和园，去清华、北大，去求职、求学，乃至走向全国各地都少不了他。而随着年岁的增长，随着自己成为一名法大的教师，记忆的内容也不断丰富。当前新能源出租车、区内公交正逐渐取代黑车，跨区公交直接延伸到远郊区县。地铁更成为新选择，一期、二期已经投入使用，直达蓟门桥的南延线也已经立项，不断发展的公交让法大学子与外界沟通更加顺畅和更加广阔。

（选自 2017 年 2 月 28 日第 507 期总第 913 期）

相看两不厌　只有军都山

段志义

　　天气晴好的时候，学院路开往昌平的班车一过沙河，就能清晰地看到军都山的山峦，一种回家的踏实亲切感油然而生。说起来，我和军都山有着不解之缘，我出生在军都山褶皱里的一个小山村，中师毕业分配到军都山里教小学，大学毕业又回到军都山下的政法大学新校教书，我生命的底色就是军都山的颜色，我总称自己是军都山人。军都山名字的来历，要追溯到遥远的战国时代，因地理位置重要在此设军都而得名。故现在人们把昌平北部的山称为军都山，实际上它属燕山山脉的一部分。

　　我是在军都山深处一个小山村度过的童年，童年生活是艰苦的，但也是难忘的。现在每每爬政法大学后面的山时，见到荆条，我总喜欢撷一把在手中搓搓闻闻它叶的清香，立即会联想起小时打条、割大叶草挣学费的情景。那时满山的大叶草在阳光的照耀下一片金黄，秋天山色绚丽极了，有浪漫的黄、生机的绿、狂放的红。山野的空气是那样的纯，纯得像初恋，就连儿时走的山路现在想起都是一种享受。童年时代一年可能只有过年时才能吃到一只鸡，但鸡肉真是鸡肉的味道，这一只鸡能让你回味一年。

　　十一回了趟山里老家，已是傍晚，几缕回旋在天空的乳白色的袅袅炊烟下的古老村落，夕阳西下，村庄安静，屋檐下是金黄的玉米，空气中弥漫着烧玉米秸、蒸白薯的气息，让我一下子回忆起儿时，勾起我内心深处对儿时的怀恋。

　　师范毕业被分配到军都山的一个小村教书。夜晚，常常我一个人，只有独自在孤灯下以看书为乐，以文学、哲学居多。老子的青牛、庄子的蝶梦、孔子的《论语》、唐诗宋词都会让我思绪绵绵，看书累了，我掩门而出，山区的情景常让我联想起一句唐诗、半阕宋词，那佳词丽句在空灵的心中弹拨出如弦如丝的清音，又使我有一种回肠荡气的愉悦，印象最深的是山里6月底栗子花开时，满沟飘动着一种栗子花的清香，真是"花有清香月有阴，学校院落夜沉沉"，我坐在山坡上被太阳晒得暖暖的大青石上，闻着栗子花的清香，真是一种享受！现在每到6月份，我就想再回去好好闻闻有着青春记忆的清香。青春在哪里度过的，哪里的记忆就是最难忘的！

大学毕业来到政法新校教书，教书之余我还是喜欢去军都山里闲逛，除了逛十三陵、居庸关、古长城、沟崖玉虚观古庙、辽代铁壁银山群塔、"天池"这些著名风景名胜外，我更爱逛没有开发的"野陵"，那些老松柏树就会让我欣喜万分，我坐在大松柏树下，望着苍翠森郁、老态横生的枝叶，衬着那飘渺的白云，不自觉地会发悠悠思古之情。现在有钱造许多过眼烟云的人文景观、微缩景观，却永远无法买到大树。野陵外的老树，会让你不由地生出某种敬畏，帝王们全都变成了一堆黄土，大树却在默默地看人间兴衰更迭，这些大树你越看越觉得它们姿态是那么优美、那么飘逸、出神入化，有一种沧桑的美，毫无目的地走在田野上，心情会开朗起来，内心也会有一种淡淡的喜悦！

郊野公园也很值得一逛，它在十三陵西北碓臼峪村北，是一条十余里的长沟，以怪石、清泉、水雾为特色，清幽而富有野趣。弯弯的小溪从山谷间流淌下来，清冽冽的溪水穿过乱石，水石相击，声音流畅悦耳。溯源而上，峰回水转，谷间丝毫没有人工斧凿的痕迹。沟两边的柿树，秋天一到，树叶尤其好看，杏红的，红里含着娇黄；深红的，鲜艳中透出叶脉的淡绿，在我眼中比香山红叶还美。十三陵水库，这个军都山怀抱里的月亮；昌平的西子湖，更是我常去的地方。

住在军都山下"小而美"的政法新校里，不用大热天去远处找风景，心烦的时候，到军都山深处去逛逛，漫无目的地看着山里的景色，"什么都可以想，什么都可以不想"，它让你的心放松下来，数千年农业文明的熏习，我们生命里一定有了喜慢的基因，在快节奏的生活重压下，精神容易"溃疡"，回到这里"偷得浮生半日闲"，放松一下，你会感到很舒服。人有时需要过像"宋词一样"慵懒的日子以便舒缓一下紧张的神经。

现在军都山里的农家为了致富办起农家院，做起许多人爱吃的农家饭，像"春饼宴""饹饹宴"等都很有特色，前几天应发小之邀去吃了一次"饹饹宴"，真的很好吃。我的胃是农村的胃，爱吃农家饭，特别是压饸饹真的爱吃，吃饸饹要用粗瓷大碗才有气势，同白白细细的面条比，饸饹有股倔强劲，特别是荞麦面饸饹，我更爱吃。吃荞麦面饸饹时，我眼前就会浮现出小时在老家大岭沟看到的漫山遍野的白色荞麦花海，真是"月明荞麦花如霜"。吃过几次饸饹，酒菜都太丰盛了，吃的不纯粹，酒菜是主角，饸饹成了酒后的配角。我想不喝酒，不想要任何菜，吃次纯粹的压饸饹，上一大盆饸饹，捞在粗瓷大碗里，加茄丁、醋、大蒜，吃个痛快。人类的食物，不见得非要做得很精致，粗糙点，对我这种农村的胃有一种原始的安慰，朴素永远比华丽更接近真实。

节假日见一些人去农村吃农家饭，总觉得吃不出劳作的人吃饭的香劲，于是我得出一个感悟：吃能给人带来快乐，其前提必须是饥饿。要不怎么说饥饿是最好的厨师呢？要真有心享受一顿纯粹的农家饭，先要把肚子饿得实实在在的，这时大柴锅里新玉米面蒸的酸菜馅团子给你端上来，一碟子黄酱，一把从园子里刚摘的小葱，顶花带刺的黄瓜也蘸酱，然后就着香椿芽拌芥菜丝，喝一碗熬得散着禾香味儿、稠稀适宜、汪着米油的小米绿豆粥，就这口，感觉比吃年夜饭还美。正如张中行老先生所感言的："说也邪门，明明是色香味俱佳，其中每一个放在自家餐桌上，都会立即收到锦上添花之功的好菜，要是在饭局之中就感觉不到位。可见原因未必是不合口味，而是违背了圣人之大道——过犹不及，吃得太多太好反而造成胃的痛苦"。南宋史学家郑樵在《饮食六要》中早就提出，"食品无务于淆杂，其要在于专简；食品无务于丰赢，其要在于从俭；食品无务于厌饫口腹，其要在于饮饱处中"。看来"晚食以当肉"，不应仅仅看成巧于处贫。山里人家，蔬食菜羹，用不了几个钱也能欢然一饱，幸福指数和吃山珍海味相比一点也不差。

住在军都山下"小而美"的政法校园里，让我养成了喜爱宁静、同喧嚣保持距离的心态。军都山也让我学会了简单生活。我希望物质简单一点，感情简单一点，精神也简单一点。当人生的目标简单和明确后，真的很容易让人快乐，喜欢军都山的那份安详、宁静、踏实与简单。人生这样的底色早已被军都山打上了，我怎能不爱军都山！相看两不厌，只有军都山。

（选自 2017 年 2 月 28 日第 507 期总第 913 期）

法大赞

——为中国政法大学建校 65 周年校庆而作

宋春香

中国政法大学者，简称"法大"，乃政法院校之翘楚也。其北立于昌平，上风上水之所也。南居于三环，聚学聚贤之雅也。晌午小憩，抑或赏晓月河景，以悦心性也；抑或闻柳岸花香，感念春光也。寤寐间，亦独享文化饕餮；闲游季，足可寻遗址旧事二三而赞之矣。

扶栏游思，蓟门烟雨半丘树；俯仰问道，名师威仪三寸坛。曾忆否，红楼起址，领袖书匾！曾见否，政法学院伊始，帝都风景一处！晓看者，土地不过四隅，且容四校精英；仰望者，师生无超千人，竟汇八方贤达。遇风雨，险峰过后重翻越；经沧桑，岁华着霜复理妆。一校三院犹抖擞，千呼百应再为尊。步履艰难，士气尚存；寒日虽多，雄风不减。幸哉，法大，学科学生皆为首，高端配置开先河。美哉，法大，学院路上月常晓，军都山前牛拓荒。

世纪坛前，压力总随动力起；法学苑里，改革长倚言行践。细思量，学术立校，人才强校，理念更新布战略；勤谋划，特色兴校，依法治校，优势彰显迎新天。为生者，学而思其理数；为师者，教而循其礼章。法誉圣载，使命负肩，五个中心总理托矣；国治探案，民生直观，2011 计划家国愿矣。善哉，法大，学府殿堂照法镜，法治广场思公权。美哉，法大，玉兰色秀向阳俏，桃李花娇攀枝欢。

傲立寰宇，视野宽阔连九州；雄踞沧海，法路通达入百川。搭桥梁，孔子学院林立；筑平台，留学互访频繁。君可知，法大之人，心怀厚德献青春；法大之义，五湖四海结情谊；法大之志，一流大学双眸前。君可知，厚德以同赴国强，结情以共建家园，有志以傲居华夏。君可知，修业修身修人生，法言法语壮中华。壮哉，法大，扶危济贫盖世功，兴邦治国智囊团！美哉，法大，盛世铺锦国威震，民族文化异域传！

（本文为校庆 65 周年征文）

在"听风斋"的日子

马 涛

　　曾经在我们可爱的法大校园一角，有一个叫作"听风斋"的地方，对于这个地方，也许你不甚熟悉，或者根本就不曾听闻。这不是你的过错，不是因为你对校园的格局不太了解，而是这个地方曾经只属于6个人。听风斋——竹3425，我们的宿舍，一个充满着梦想、凝聚着爱与友谊的地方。在过去求学的时光里，她俨然成为我们这些"斋民"们心灵中的一块不可或缺的精神乐土。

　　当初，我慕名求学，负笈北上，行至京郊军都山下，远离至亲，学习之余，我一时间无所适从，孤独的空虚与夜深人静的寂寥常常令我夜半难眠。加之，北国的冬，寒风凛冽，吹得窗外的松柏簌簌作响，犹怨妇哀叹、游子悲歌，时断时续，如泣如诉，这样的声响让原本难耐而又不乏祥和的夜平添了几分乐趣。每每如是，凡大风起，则夜半风声必连绵不绝。一日，闲来无事，忽想古时文人书房必有雅号，如"陋室""项脊"云云，故命之曰"听风斋"，取夜半听风之意。众人闻罢，皆以为符实情，深含人文雅韵便欣然称是。自此，"听风斋"即取代了原先毫无特色的门牌号，深深地根植于每个"斋民"的心灵深处。

　　离开"听风斋"的日子，转眼间已近十年，时光飞逝若此，适才深刻地体验到先辈感叹时光短暂之心境。抚今追昔，"斋民"们在"听风斋"内学习、成长，信誓旦旦地为追求理想而奋斗、为求得真知而论争的情景仍旧历历在目，想起这些，一切都是那样的美好，虽然当时的我们亦不免为琐事而争吵，为观念上的分歧而喋喋不休，但是"斋民"们内部绝无矛盾和相互敌意，有的只是开诚布公，有的只是彼此之间逐渐的熟识，有的只是不断加深的友谊。古语有云"兄弟隙于内而外御其辱"，我觉得用这句话来形容"听风斋""斋民"们之间的团结是最适合不过的了。

　　那时，"斋民"们每个人都很特立独行：有以事业为重型的，为社团工作而到处奔波；有以学习为主型的，每日早出晚归，习以为常；有放荡不羁型的，思之所致，随心所欲，颇具行者风范；当然，更有游戏暴力男型的，整日宅于斋内，除了必要的上课时间，几乎所有的时间都在以游戏自娱自乐。虽然，彼此之间性格各异，但是"斋民"们在一起生活得也其乐融融。也许是由于白天每个人都在忙于自己的事情，互不干涉，而到了晚上，"斋民"们聚首，那才是真正属于"斋民"们休息的时间。往往一个话题，我们可以卧谈很久；一个观点，我们可以相互论辩，直至面红耳赤、唾沫横飞，以至于太过于投入，忘记时间。夜已很深，人却仍未眠。同样的结局一遍又一遍地重演：在时间的流逝中，伴随着呼呼的风声，慢慢地带着不甘的睡意睡去。待到翌日天明，又是全新的一天，前夜之事，绝口不提，而此夜又必是一番唇枪舌剑。

怎么说呢？在我的那段大学生活中，有太多的不容易，但它也予我以人生中之最深烙印。直至今日，虽身处南国，再也没有机会亲历那些刻骨铭心的寒冬，不过，凡逢大风之日，只要听到呼呼的风声，我便会很幸福地想到我的"听风斋"以及被我称之为"斋民"的室友们，认识他们可以说是上帝对我之特别眷顾。还记得每次生日的时候，是他们向我道了一声又一声的祝福，让我在异乡不再感到孤单、落寞；每年第一场雪降临之日，便是全体"斋民"们一起吃火锅之时，雷打不动，风雪无阻，让我在寒冬伊始便感到家的温暖，不再畏惧严寒；还有每当天气有变，出门之前，耳边总会响起"斋民"们善意的提醒，"加件衣服吧，外面很冷"，"带把雨伞，别淋着"。如此等等细微之处，总有一种暖暖的力量涌在心间，令你感动、想哭，特别是在工作之后，大家各奔东西后更是如此。说真的，这样为彼此着想、真诚相待的举动，虽不是什么惊天动地的壮举，但是它足以说明每个"斋民"之间的友爱，足以说明我们的"听风斋"的温暖与爱。

"听风斋"的"斋民"们，认识你们感觉真好！是你们，或是我们，当然还有那曾经连绵的风，共同让我们的"听风斋"充满了活力，让她成为我们在法大共同的"家"以及现今所独有的回忆。但愿我们彼此之间的这种友爱、这种默契、这种"听风斋"所特有的精神能够长久地保持下去，不管将来发生什么，直到永远、永远！

写到这里，我的思绪又回到了曾经的"听风斋"。"斋民"们有说有笑，彼此迫不及待地向其他人传递着当天的收获。其中，有一位少年端坐在"听风斋"里正奋笔疾书，一丝不经意的凉风从他的发间吹过，他抬头望了望敞开的窗户，放下笔，起身走到窗前，悲伤地瞥了一眼楼下那坑坑洼洼的地面。那时的窗外正在下雪，他知道又一年的冬天到了。或许此刻外面正刮着风，但已接近午夜的"听风斋"再也不能听到那熟悉的风声了。因为几天前的黄昏，他亲眼看见一群人将窗外的那些松柏移走了，就连路旁的些许小树株也被破坏殆尽。尽管看着被移走的松柏，看着躺了一地的树枝，他的内心有万分不舍，但除了感慨世事多变，他还能做些什么？人是物非，就连树也避免不了最终悲惨的结局。没有风声的"听风斋"又如何称得上是"听风"？昔日的"听风斋"于今时已名存实亡，她的存在将注定成为属于少数人的回忆。

（本文为校庆 65 周年征文）

走在"研究生院"这座城

邓　勋

　　外界常说，"法大"的研究生院地狭人稠、硬件设施落后，吃住行都差强人意，更有人犀利地将研究生院称作"被工地包围着的学校"。身为法大研究生院的一员，我时常在想，法大真如众人眼中的那般破败不堪吗？

　　带着这份不解甚至不甘的心情，我开始重新去审视、发现和感知校园里的一切。

　　作为公认的中国法学教育的最高学府，法大研究生院的教学质量、科研表现、人才培养等强大的软实力已有目共睹、毋庸置疑。然而，真正了解并融入研究生院的人，会更加喜爱这里清幽宁静的气息，会永远难忘这片精致优美的土地。

　　研究生院北临久负盛名的"燕京八大景"之一——"蓟门烟树"，东沿元大都土城遗址公园小月河、野松林。我眼中的研究生院，是一座静雅秀丽的小城。

　　忘不了2016年11月下旬那场短暂的初雪，那是来自南方的我第一次亲眼见到真实的雪的模样。依然记得那日清晨，我拉开宿舍阳台的窗帘，霎时被漫天飘洒的雪花所惊艳，放眼望去，整个男生宿舍楼的外墙都覆上了一层厚厚的白色，晶莹剔透，可爱极了。激动得我立刻飞奔下楼去看雪，那时天刚亮，天气极冷，穿过正在兴建的图书馆和高耸的女生宿舍楼就来到了综合科研楼的门廊。前方的柏油路上依稀可见早起晨读的同学们的身影，我轻轻地踱步而去，向四周远眺，琉璃瓦、砖红墙、结冰的路面、静静的长廊，在冬雪的映照下，白茫茫的一片，显得静默、疏远，不食人间烟火，就像它们原本的样子。

　　凉亭里坐着两位头发花白的老人，爷爷挂着拐杖，奶奶依偎在侧，用刚在食堂买的热乎乎的馒头逗着身边的小狗，他们就这样恬静地说着，笑着，仿佛一切都是慢下来的，惹得行人艳羡不已。

沿着科研楼的方向，只需几步的距离，就能到达教学楼的右侧入口。此时已临近上课的时段，同学们都加快了步伐，拿着书本纷纷走进教室投入到学习中。教学楼的窗门、屋瓦和墙垣都是一式的洁白，显得格外的肃穆、寂然，门墙非常高大，因为大而变得幽深，吸引着莘莘学子那求知奋进的目光。

走到教学楼的回廊处，是几扇修长的门，门外立着几棵耀眼的枫树，树下是一大片青青的草丛，由于冰尚未消去，整个草丛看上去像一条白色的缎带，古朴别致。草丛中夹杂着许多错落有致的黄色枫叶，枫叶深深浅浅的脉络显得十分清晰，像极了透明的琥珀，使人有着美的悸动，我不小心怔住，忘了时间的流逝。

教学楼对面就是著名的"法治天下"石碑，由著名法学家江平先生题写，石碑的周围有几棵古树，树叶褪尽，只剩下稀疏的树干，远远望去，给人一种庄重威严的感觉。我缓缓地走近石碑，不由得被江平先生的科研精神与家国情怀所折服。正是对于法治国家、法治政府和法治社会的期盼，法大人相聚于此，用勤劳与智慧去践行法律人的使命，推动我国的法治进程，书写法治天下的崇高理想。前辈们的高贵灵魂与卓越成就定将彪炳史册，也将无时无刻不激励着我们——法大的未来——去追赶，去超越，去彰显年轻生命的无穷力量。

这就是我们的研究生院，虽然空间不大，但经过岁月的磨练，成为中国法学研究的重要阵地；虽然外表简朴，但却在高楼琼宇、熙熙攘攘间，独有一片法大人共同的精神家园。永远记得黄进校长在 2016 级研究生开学典礼上的寄语：时刻秉持"厚德、明法、格物、致公"的校训精神，保持一颗平静的内心，追求物质上的简单和精神上的富裕。

法大研究生院记录了太多追梦者的花样年华，也承载了法大人生命里很重要的时光。无论风雨更迭，世事沧桑，我只知道，离开会不舍，告别后会一生怀念。

（本文为校庆 65 周年征文）

六十五载观法大

兰　涵

　　　　　　　　　瞭观银素裹冬月，群星攒动待君来。
　　　　　　　　　试论天下衬英雄，杰出政法盛名堂。
　　　　　　　　　以文载道旭万斤，叙言发声法门庭。
　　　　　　　　　可助德法笑烂漫，誓言律政不老心。
　　　　　　　　　共论天下之德兴，同评大国之法治。
　　　　　　　　　齐昌宪法之精神，皆颂民商之正气。
　　　　　　　　　试看中国域辽阔，惟在军都留风骨。
　　　　　　　　　且观民情胜繁复，但有政法义长存。

　　论及法大之重业于世界，一如中华之盛名于世界。

　　数（shuo）年民法勤辛苦，百年育德致长远。且还（huan）看法大之背后，乃是老师们与学生们不分彼此的多年之付出。动心洒泪，只为求得头上青天一句公道证言。先生们在台上站立六十五年，不知看过多少自己的同学为民请命，感受到他们的荣耀与力量；也不知看见了多少求知若渴的优秀学员从法大毕业，体会着他们的不舍与热情。学生们奔走东西，废寝忘食，不知在图书馆占过多少个座位，不知背诵过了几万条法律。只是为了在今日能够群星闪耀法大。如今斯人走万方，确有法大还牵连。天涯明月共此时，且听归人诉衷情：

　　既然被称律师之名，当然便行正义之道。立存于繁华都市之中，人心不可随之凋零，奔走于沙石村落之间，功德却仍存生命之中。不论秩序井然之广厦，哪填喧嚣嘈杂之街道。每忆及先生之教诲，更觉生命之珍贵，人权之重要。雪莲开放冰雪之间才为壮观，骏马奔驰千里草原才显雄健。其名为律师，诉天下不义之状，还人民公允之举。偌大世界，值得我们探索，可唯有职业之精神，让我梦回此时之礼堂。

既然冠以法官之名。便必做人民公仆之道。身着法官袍，早已热血沸腾。庄严誓词所指之路，而今我们并肩前行。吾欲做召公商鞅之才，却有法大之精神于人心。几度春秋，上千案件交我耕耘。曾几何时，先生教诲令我思忖。那唇枪舌剑令我兴奋，看百姓笑脸何其甘醇。不敢称铁面无私，但求一切无愧于心！

既然被授检察之职，便要还人间之清明。听到了进击法治步履伴随着激昂旋律，看见了依法治国进军的滚滚铁流。这是一支坚强的队伍在奋勇地挺进，让我们相信，即使在隆冬之中，亦会有盎然的春天。执法为民，奉公如山。却为天下苍生，振臂一呼。此情此景，如何不叹？

吾有一言问苍生：

德起法兴兼天下，人才于今又几何？

答曰：

能为者，天下皆从法律之人。

敢为者，天下俱有正义之人。

必为者，天下孰曰法大之人！

叹曰：

阅尽繁华万念生，法心或与公正同。

义德置洒涛热血，高堂之内惟众卿。

欲共清风赊月色，还从落叶读秋声。

大师起处心潮涌，泄向毫端澜未平。

宠辱应似花开落，忧国何分位尊卑。

这是一群立志高远、心怀天下、坚韧不拔之人，他们会在选择之时，想起"法治天下"碑文之下，那一道道坚毅的身影。刚强如此，重于泰山。

（本文为校庆 65 周年征文）

法大与我三重境

刘婧星

我至今记得与法大初次相见的情景。同 2015 级所有的学生一样，我也是 9 月初背上行囊离开了家乡；略有不同的是，大多数同学选择公共交通工具，而因着家人的不舍，我是亲戚开车一路北上，从大清早跨过数个省市，13 个小时才抵达北京。兜兜转转绕到法大时，已是将近晚上十点。2015 年 9 月 4 日，那晚下着淅淅沥沥的雨，摇下车窗、透过浓得化不开的夜色，我指着大门，竟只知反复跟姑姑说："看！那是我的大学！"姑姑亦是含笑回我："是啊，你的大学到啦！学校看也看了，时候不早我们先去宾馆休息吧？"然而最后还是没忍住，没有赶快去宾馆休息，甚至没来得及撑起伞就跑到写着"中国政法大学"六个大字的门牌前。那时心里既激动，又怀着一丝小小的忐忑：我见法大多亲切，不知法大，会如何待我？

购齐了教辅书、布置了宿舍、充值了一卡通、选择了社团，我在法大的日子像一轴青绿山水画般缓缓展开，浓墨重彩的涂抹自然是画中引人注目的版块。而这其中，从初入大学时百般的不适应，到积极主动融入环境，是一段值得细细端详玩味的妙笔。从单纯应对升学考试的中学阶段，转入斑斓多彩的大学生活，我一度茫然不知所措。幸而有敬爱的老师，在集体大会上为我们指明健康积极的价值取向，在小班课堂中细细讲解社会思潮的人文内涵；幸而有可爱的同学，合作完成一个个看上去极富挑战性的任务，也在一次次交流中赋予我新的思考。

我曾经因为处理不好学习生活的平衡而遭受打击心情低落，夜不能寐，食不下咽，对着月光、嗅着玉兰的香都能眼泪直掉，日子过得狼狈而混沌。编辑部的米莉老师觉察到我不在状态的表现后，处理得与其说是指导老师，不如说更像是一位心思细腻的母亲：老师抽出下午的时间，听我错乱的陈述，默默不语地给我递上纸巾，安安静静地等待我找回平静和理性。她轻声细语地为我分析情况，从长远的视角给我中肯的建议。甚至下班以后，她还惦记着我这个踽踽独行在泥泞路上的小部员，特意发微信提醒我：难过归难过，一定要按时吃饭，顾好自己的身体。那份真诚和妥帖，恍然让我生出在法大也有家人的安心。从那时起，我慢慢跳出对自己因为"才大一"，所以万事迁就的纵容，开始从更高的角度去审视面对的情境，摸索出了一套转换立场的思维方式，还算平稳地度过了那段难熬的时日。

日子波澜不惊地过下去，我渐渐读出了人居法大这幅好景，除浓艳用色之外，留白的妙趣与意蕴。欣然享受来自师长朋友们如家人一般的友爱，我还试图去触摸藏于某处的"法大精神"。由于社团工作的需要，我会不时地接触到一些校友。受访的不论毕业十年之久，已在工作岗位做出成绩的师姐，或是还在学习过程中的同学，"厚德 明法 格物 致公"的校训始终以极高的频率出现在他们的录音稿中。通过无形的网络，或是面对面的交流，在受访者倾吐心声时，我恍惚觉得，这八个字的校训，不仅镌刻在宝鼎上，回荡在开学典礼的致辞中，也扎根在很多毕业师兄师姐的心里，成为他们心中指南针一般的存在。愚钝如我，其实尚不能阐释得清这 8 个方块字的奥义，只懵懵懂懂地觉得，随着在法大学习的深入，随着与各位法大人交流的加深，随着法大精神融入我的骨髓，其蒙面纱布终将揭开，庐山真面总会得以一窥。

法大已 65 岁，法大的学生像蒲公英的种子一样散布在神州大地，甚至在异国他乡落地生根，并带去了法大的信念与坚持。法大才 65 岁，一方面她已在中国的法学界、教育学界收获了极高的评价；另一方面法大依然不断地在进取和攀登。从初相见时的惶惶，到后来的亲切、信赖，再到如今的解读和认同，很幸运，我可以跟随她的脚步一同向前走去。

（本文为校庆 65 周年征文）

那时旧橙漆　而今红墙衣

吕云川

有幸和法大结缘，在法大走走停停、春来秋往，从昌平校区到新疆伊犁，再到海淀校区，法大见证了我的成长，我也亲历了法大母亲的点滴改变。

犹记得那时"南方风味"到一食堂的路面还是崎岖的石板道路，而今已是平整的柏油路；那时军都服务楼"爆饭大叔"人气超高，而今听闻转行做了复印店老板；那时学生宿舍尚未安装空调，而今已全面覆盖梅兰竹菊；那时还有刷夜的转角咖啡厅，而今已规划为教工食堂；那时新世纪超市还在军都小二楼，而今屹立在一楼服务广大师生；那时墙体还是旧橙漆，而今已穿红墙衣……

初识法大：法大，您好

2011年9月，懵懂的少年从四川北上求学，开启了认知新世界的大门。在开学典礼上，我们挥拳庄严宣誓"当我步入神圣政法学府之时……挥法律之利剑，持正义之天平……"那时热血沸腾、心怀大志。初识法大，师兄师姐热情迎新，校长很萌、很有气质，校园里学习氛围浓厚。那时也曾和同学一起吐槽学校的硬件设施，后来在求学过程中逐渐体会到"大学之大，非大楼之大，乃大师之大"。

昌平4年，发生了很多有趣的故事。兰二111宿舍见证了那段美好的时光，从参加社团和志愿服务到参加班级事务管理、参加勤工助学、遇到很有责任的辅导员、结识第一任女友、经历司法考试……很感谢4年的经历，也感谢那些帮助过我的师长，为我指引人生的道路。

毕业季：不诉离殇

2015年6月，毕业季。带着不舍的情谊离开，不舍母校，不舍恩师，也不舍曾经的这群小伙伴。希望时间可以慢些走，想要再多跟朋友聚聚，想要再多留些温存。毕业聚餐时喝了很多的酒，离别的酒格外惹人醉，想到毕业后就要各自天涯，眼泪就止不住地流，却唯有献上最好的祝福。那时班级组织了毕业旅行，我们在南戴河留下了一段难忘的故事，嬉戏、打闹、追赶、沉思……大四那年发生了很多，那年时光匆匆，来不及去感受朋友的温暖、珍惜在一起的时光。那时拍了四年以来最多的照片，像是为了弥补以前未曾珍惜的时光，也为了再多一份和法大的回忆。

转眼，毕业典礼。先是学院组织的毕业典礼，穿上学士服，学院老师送上毕业寄语，侦查学研究所的老师拨流苏，重温入学誓词，自此深深烙下"刑司人"的印记。而后学校组织毕业典礼，《肆年》播放着专属于我们的青春回忆，镌刻下"四年四度军都春，一生一世法大人"。离开法大，各自天涯，祝君前行的路上一帆风顺，我们约定不诉离殇，他日江湖再见！

新疆支教：奉献、友爱、互助、进步

2015 年 7 月底，第 17 届研支团踏上西行的道路。"到西部去、到基层去、到祖国最需要的地方去。"我们一行 20 人来到新疆生产建设兵团进行支教服务。播撒法大的种子，践行当代大学生奉献社会的精神，同时也在奉献、友爱、互助中共同进步。

支教期间，我担任四师一中七年级 5 班、6 班的数学教学，跟随江萍老师见习，每当学生们叫着"小吕老师好"的时候，我的内心都会涌上一股特别的自豪感和幸福感，教学之外也兼任部分行政工作，跟着办公室的各位老师学习基层实务工作方法。支教期间，我们还开展其他活动，如建立法大伊犁校友群，在新疆集体献礼母校 64 周年校庆；筹办四师第一中学学生模拟法庭活动，把法律传播给广大师生；宣讲团进班级，为高三的学生加油打气；开展法律大讲堂，为离退休党支部各位老师解读《老年人权益保障法》；与四师二中对接，进行图书捐赠活动，自费为四师一中住宿楼捐赠四面镜子。期间获得 2015 年度第四师可克达拉市"优秀大学生志愿者"称号，这也是对我工作的一个肯定和鼓励。

2016 年 7 月，支教生活转眼即逝，我带着对新疆的不舍和感激离开了。在这里，我遇到了很多良师益友，支教这一年于我个人而言，是一段终生难忘的经历，我也学到了很多基层实务的工作方法。那时，我们传播法大的种子，时刻严格要求自己，因为"凡我在处，便是法大"。那时，对法大是怀念的。

又回法大：老朋友，我回来了

2016 年 9 月，再次回到法大学习，更像是老朋友的重聚，场景还是那么亲切和熟悉。地铁通到了昌平校区，回来后先去昌平校区看了看，不得不说，变化还是很大的，教学楼变得"高大上"，图书馆多了监督员。客观来讲，近几年学校硬件设施确实在向好的方面发展，从石板道路到柏油路，从宿舍空调全面覆盖到海淀校区新建图书馆，从弃用的游泳池到如今的橡胶操场……

法大有变化的，也有不曾改变的。中秋节食堂免费赠送的月饼还是那么有人情味；拓荒牛还是集合的标志性地标；学活 304 还是那时的模样；兰二宿管李大爷还是那么的和蔼可亲；校花玉兰美丽依旧……

那时旧橙漆，而今红墙衣。从昌平校区到新疆伊犁，再到海淀校区，我亲历着法大母亲的点滴改变，为法大在向好的方面发展而由衷高兴。而今我和法大的缘分已经镌刻进骨髓，历练还在继续，我也将铭记恩情，继续努力前行。用我与法大的故事献礼母校 65 周年校庆，献上最美丽的祝福，衷心祝愿母校越来越好！

（本文为校庆 65 周年征文）

编 后 记

　　守望，在这个快捷又善变的时代，这个词颇具一些浪漫主义的色彩。每个人都在奔忙，接收着爆炸的信息，仓促地做出各种选择，守望什么？如何守望？然而，当我们为了编纂这本书，再次翻阅起那微微泛黄的历年校报，看着报纸上那一篇篇留着时代印记的文章，眼睛掠过那一个个熟悉或陌生的作者名字时，却实实在在地感受到了何为守望。

　　2017 年，《中国政法大学校报》仍然以一周一期的频率，准时精确地出现在这个校园里，进入读者们的视野中。作为学校建设和发展的记录者和见证者，校报，始终以办报育人为宗旨，以报道学校新闻事件和反映校园文化建设为己任，展示学校各个方面的工作成绩，记录着法大的发展历程，营造着法大的文化绿地，她是一片展现着法大情怀、凝聚着法大精神的壮美天空。

　　而支撑起这片天空最重要的力量，就是来源于始终守望着这片精神家园的作者们，他们或是让我们高山仰止的学术大家，或是才华横溢的中青年学者，或是这个校园里来来往往的莘莘学子，然而，当他们都以一名普通作者的身份，将他们的思考、情感、智慧凝聚成一篇篇优美的文章，投向校报，从而让我们的校报坚强地挺立在这个充斥着快速化、信息化、碎片化的时代，并始终葆有着新鲜活力，依旧生机勃勃。

　　因此，早在 2002 年学校五十华诞之时，就由时任主编识君带领校报编辑出版了《守望法大》一书，收录了当时已经出刊的 400 多期校报中的精品文章。时隔 15 载，正值法大 65 周年校庆之时，我们决定重启《守望法大》第二辑的编撰工作。

　　本书收录的近百篇文章，大多是从 2002 年至 2017 年 500 余期校报的上万篇文章中精选而出。此外，书中也收录了一部分大家专程为校庆撰写的征稿文章。由于时间和篇幅的关系，还有很多好文章只能遗憾割舍。但是好在校报一直在，浸染着笔墨纸香的字迹也将永远留存在一张张报纸上。

在本书的编辑过程中，我们沿用了第一辑《守望法大》的编纂思路和形式，忠于《校报》上原文章发表的栏目，以文章发表的时间为序。力图重现作者当年写作发表文章的形态，这既是对时光的一种忠实记录，也希望能让这种守望成为一种传统、一种永恒。

在2017年法大65岁生日到来之际，我们推出这本书，旨在展现法大薪火相传的精神追求，师生们始终如一的爱校情怀，还有砥砺前行的奋进步伐，希望能引导更多的法大学人，从中获取力量、汲取滋养，并将其转换成推动学校向"世界一流法科强校"迈进的强大精神动力。

今日，依然，《守望法大》就是守望我们自己的家园。

刘　杰
2017 年 3 月 20 日